文成天縱

國家圖書館古籍目録資料三種

下

徐蜀 編

广西师范大学出版社
GUANGXI NORMAL UNIVERSITY PRESS
·桂林·

下册目録

京師圖書館善本簡明書目

夏曾佑編

蕭規曹隨的夏曾佑《京師圖書館善本簡明書目》

夏曾佑（一八六三至一九二四）字穗卿，號碎佛，筆名別士。浙江仁和（今屬杭州）人。光緒十六年（一八九〇）中進士，授禮部主事，後改任安徽祁門縣知事。光緒三十一年（一九〇五），清政府『預備立憲』，派載澤等五大臣出洋考察，夏爲隨員之一。光緒三十二年（一九〇六）赴日考察回國後，任泗州知州、兩江總督署文案。一九一二年蔡元培任教育總長，任命夏曾佑爲社會教育司司長。一九一三年二月，京師圖書館館長江瀚調任四川鹽運使，夏曾佑以社會教育司司長身份代行館長職務，同年八月被任命爲館長。一九一八年一月去職。

夏曾佑主持館務期間，在重編善本書目的同時，還遵照教育部的指示抓了兩項工作：

一、搬遷新址。一九一三年十月二十九日，教育部發文：『查北京圖書館創自前清，曾經學部奏定地址，嗣因鼎革，未及開辦。民國肇造，日不暇給，因京城圖書館係舉國觀聽，姑就舊藏書處暫行開館。今國家粗定，不能不謀所以進行，仰社會教育司轉飭北京圖書館暫行停止閲書。』十二月，教育部令京師圖書館『暫行停辦，以圖改組擴充』（《中國國家圖書館館史資料長編》上，國家圖書館出版社，二〇〇九年，第四十八至四十九頁）。一九一七年一月二十六日，京師圖書館在方家胡同國子監南學舊址重新開館。

二、强化書籍管理。一九一五年十一月二十九日教育部飭令第四二六號：『查京師圖書館爲首都册府，所藏珍本甚多，一切事宜亟應妥爲布置，以期盡善。該館長莅事以來，整理圖書，修繕屋宇，業已具有端緒。惟尚有種種事宜，應於開館之先預爲加意：一，書籍當蓋印編號也。該館所藏書籍，多係舊槧精刊，版本種類甚多，審認頗爲不易，自非悉加大字戳記，難免抽換。且現在陳列，僅照經、史、子、集四部編目，卷帙浩繁，檢點不易。應分別部類，編列號數，刊印標籤，逐册粘貼，依序陳列，以便收發檢查。』（《中國國家圖書館館史資料長編》上，第四九頁）。同年十二月二十二日，教育部再發布飭令第四六五號，發交『京師圖書館收藏印』石章一方。飭令云：『爲飭知事，前因該館所藏書籍多係舊槧精刊，版本種類甚多，審認頗爲不易，非悉加大字戳記，難免抽換，業將書籍當加蓋印章辦法飭該館在案。茲特發交石章一方，文曰「京師圖書館收藏印」，仰即遵照前飭，將該館所藏書籍逐册多蓋是項印章，以昭慎重而便稽查。此飭。』（《中國國家圖書館館史資料長編》上，第五〇頁）。

以上教育部加强書籍管理的各項措施，意在杜絶書籍丢失，此前坊間傳聞，京師圖書館曾以古籍贈達官貴人，恐非空穴來風。然教育部相關精神此後並未落實到位。值得注意的是，教育部指示『書籍當蓋印編號也』，針對的是所有館藏，所謂『非悉加大字戳記，難免抽換』之『悉加』，特指所有圖書。然京師館於『編列號數，刊印標籤，逐册粘貼，依序陳列』一項，没有施行；『將該館所藏書籍逐册多蓋是項印章，以昭慎重而便稽查』之措施，僅限於善本書目中的書籍，且遺漏不少。故十幾年後，在趙萬里所編一九三三版《國立北平圖書館善本書目》中，許多繆目、江目、夏目曾有之書未見踪影。這裏僅舉數例：

經部：繆、江、夏三目皆有之姚氏藏書《周易兼義》兩種宋刻本（夏目著録爲《周易正義》）；徐氏藏書《讀禮通考》一百二十卷，清徐乾學撰，稿本；清内閣藏書《詩集傳》十卷，元刻本；姚氏藏書《毛詩故訓傳》三十卷，清段玉裁撰，家刻本，黄丕烈校，顧鳳藻過録本；姚氏藏書《樂書正誤》一卷，影宋朱墨本。

史部：姚氏藏書《古史》六十卷，宋蘇轍撰，宋刊本；徐氏藏書《三朝野紀》七卷，明李遜之輯，舊抄本；姚氏藏書《平宋録》三卷，舊題元平慶安撰，舊抄本。

子部：姚氏藏書《荀子》二十卷，宋刊四子纂圖互注本；瞿氏藏書《荀子考異》全卷，宋錢佃撰，影抄本；姚氏藏書《新刊分類近思録》十四卷，宋朱熹、吕祖謙撰，宋刻巾箱本（存卷七至十）。

集部：姚氏藏書《陶淵明集》六卷，清陳焯手抄本；清内閣藏書《分類補注李太白詩集》二十五卷，朝鮮活字本（存卷一至二、六至九、十二至十四）；國子監南學藏書《會昌一品集》二十卷別集十卷外集四卷，唐李德裕撰，明抄本，陸心源據明本校，又以影宋抄本覆校。

上述未見之書，繆、江、夏三目全有者居多，夏目皆有。夏目所載之書，不足京師圖書館典籍總數的五分之一，遺失之書已不在少數，庫中未編書之狀況，可想而知。究其原因，蓋由時局不穩，經濟凋敝，經費、人手嚴重不足，管理者缺乏經驗造成。

另，前引教育部第四六五號令，謂發交『京師圖書館收藏印』石章一方，當爲『京師圖書館收藏之印』，不知是原始檔案還是《中國國家圖書館館史資料長編》記載有誤。現存國圖館藏及抗戰時期運至美國，後藏於台北故宫博物院的善本書中，確有不少鈐蓋了『京師圖書館收藏之印』，而且不止一種，僅長方形印章就有兩種；還有一種正方形，印文一樣。同時期還有一種長方形印章，印文爲『京師圖書館藏書記』，大多鈐蓋在明刻本中，爲數不少。

夏目是京師圖書館第一部官方審核通過、正式出版發行的善本書目。此前繆目、江目雖亦上報學部或教育部，備案而已，無須批復，雖排印于《古學彙刊》《教育部編纂處月刊》中，皆爲刊物之附庸，與前言、凡例、版權俱全之夏目，不可同日而語。

夏目共收書一千一百四十四部，其中經部一百八十七部，史部三百五十八部，子部三百七十五部，集部二百二十四部；對比江目經部一百二十五部，史部三百三十九部，子部一百九十二部，集部二百零六部，總計八百六十二部，夏目總數多出了二百八十部，增長不少。但夏目中某些書收録副本甚多，實際增加品種並不多。例如子部《内訓》收副本十四部，《勸善書》收副本一百二十六部，僅此便多達一百四十部。

夏目前言對之前繆、江、王三目做了簡要評價，並舉例説明改進措施。但總體上看，夏目相對于江目，並無實質性的改進和提高，書的品種和數量變化不大，體例一依其舊，甚至書名都照搬無誤。

京師圖書館善本書目

詳爲呈送本館善本書目懇請鑒定事案查上年十二月奉
鈞部飭開查管理圖書全濕目錄該館現有書目均係寫本
又所歸門類亦間有失當者應逐册查對送部釐定付印以
資考覈等因當查本館書籍甚多擬先從善本書著手而善
本書目前此編纂者共有三本一爲前館長繆荃孫所定現
印於古學彙刊內一爲前館長江瀚所定現存
鈞部社會教育司及本館內一爲前館員王懋鎔所編現存
鈞部圖書室內三者之中以繆本爲最詳而草創成書不能
無誤江本王本蓋卽就繆本蕞錄而成所不同者僅增删書
目十數種耳茲就現藏書籍與各家目錄詳加校正有原書
具存而各目失載者如元豐類稿是也有繆目收入而江氏
删去者如萬姓統譜是也有誤定撰人者如蘭臺法鑒錄但
觀書序題名卽以爲褚鈇撰是也有臆改書名者如六經三

注粹鈔佚去易詩二編即以爲四經三注鈔是也有謬認時代者如春秋通說乃宋黃仲炎所撰而以爲淸人選詩補注乃明劉履所撰而以爲宋人是也有錯題卷數者如尙書要義二十卷而以爲十七卷太白詩集二十五卷而以爲三十卷是也至於分別門類排次先後亦多難解如元之通制條格薈集法令者也而入之職官類宋之乾象新書記載占驗者也而置諸推步類書敍指南所記者故事成語而列之藝術天人歸德頌所美者文治武功而歸之釋教貢性之華幼武之詩集則以元人而厠宋明著作之林高昌華夷之譯語則以小學而隸禮制範圍之內若斯之類悉數難終自非重加編摩不足據爲徵信謹督同館員檢查原書並根據四庫全書提要及晁陳以來各家目錄悉心釐正繕成定本所有與繆目不同之處均分疏於各條下以便考覈理合檢同淸

册一份詳請
鈞部鑒核示遵以便付印而資信守謹詳
教育總長
附送書目一份
京師圖書館館長夏曾佑 主任彭清鵬

教育部指令第三十二號
令京師圖書館館長夏曾佑 主任彭清鵬
呈送該館善本書目四册由
據詳並附送本館善本書目四册均閲悉京師圖書館爲首
都册府儲藏甚富秘笈尤多自應編定目録印行以重典掌
而便尋覽茲該館先從所藏善本書籍著手編訂以期漸次
完成辦法甚善所呈各册係就現藏書籍與繆江兩前館長
王前館員所編詳加校理部帙數目門類以及撰人姓氏皆

有訂正較原編尤爲完密自應由館印行以廣流播而資考

覈此令

中華民國五年八月二十一日

教育總長范源廉

京師圖書館善本書目例言

自七略以降各家書目分類互有不同本編一以清四庫全書總目爲準因其流通最廣人所習見也

凡四庫全書總目已收之書分別部屬排次先後悉仍其舊以昭畫一如實有甲乙兩類可收而四庫收入甲類者則互見其目於乙類藉便尋檢

凡舊籍爲四庫全書總目所未收者茲詳察本書内容參考各家書目分別編次不敢望文生義致蹈樹萱錄之譏

繆氏所編書目刻入古學彙刊海内多有其書凡本編與繆目互殊之處均分疏於各條下庶幾長短異同瞭然可見

本編因籌備開館倉猝成書疏謬之處仍懼不免尚希博雅加以匡正

1

京師圖書館善本簡明書目

經部

易類

周易鄭注一卷 清內閣書
宋王應麟輯元刊本 一册

周易正義九卷略例一卷釋文一卷 歸安姚氏書
宋刊本 五册
按前人書目所謂周易正義十卷者包舉略例而言繆
目作周易正義十卷略例一卷正蓋失於檢點茲依本書
更正

周易正義九卷 歸安姚氏書
宋刊本有澹園之印朱文方印醉茗齋書畫記朱文長印
存七之九 四册

漢上易集傳十一卷 清內閣書

宋朱震撰宋刋本有晉府書畫之印朱文鈐記

存三之十一　六册

大易粹言七十卷 清內閣書

宋曾穜撰宋刋本刻甚精

存六十之六十七　二册

按四庫總目作十卷提要云曾穜合方聞一編

周易集說殘卷 清內閣書

宋俞琰撰元至正九年刋本

存下經一卷　一册

按四庫總目作四十卷此本下經僅一卷似不足四十卷之數千頃堂書目云今世傳本十卷其卽此本歟

又一部 清內閣書

元刋本

存爻傳上下　彖傳上　象辭上下　文言　說卦　序卦　雜卦　二册

大易輯說十卷 歸安姚氏書
元王申子撰舊鈔本有秀水朱氏潛采堂圖書朱文方印
四册

周易本義集成十二卷 歸安姚氏書
元熊良輔撰元至治二年刊本 八册

又一部 清內閣書
元刊本同上
存五之十 五卷缺一二五三頁 二册

周易會通十四卷 清內閣書
元董眞卿撰明洪武戊辰刊本
存一之十 十二册

周易參義十二卷 歸安姚氏書
元梁寅撰元刊本

存三之十 一册

周易傳義大全二十四卷 海虞瞿氏書

明胡廣等撰明刊本 三十二册

又一部 清内閣書

明鈔大字本

存四之十四 五册

又一部 清内閣書

明刊本

存九之十七卷 十之十一卷 二十三之二十四 九卷均有缺頁 五册

又一部 清内閣書

明刊本

存二十三之二十四 二十三卷缺首頁 一册

周易像象述六卷 海虞瞿氏書

明吳桂森撰明刊本　十册

按四庫總目作五卷

易守二十二卷　歸安姚氏書

清葉佩蓀撰舊鈔本　六册

1

書類

尙書正義二十卷清內閣書

金刊本

存六之十　十六之二十　二册

又一部清內閣書

明李元陽刊十三經本　十册

書集傳音釋六卷清內閣書

宋蔡沈注元鄒季友音釋元刊本　七册

又一部清內閣書

元刊本

存三之六　四册

又一部清內閣書

元刊本　六册

尚書要義二十卷 歸安姚氏書
宋魏了翁撰傳鈔本 十二册
按是書四庫總目所收祇十七卷嗣阮文達得所佚三卷上之於是二十卷復完此本首尾具足繆目誤作十七卷今正

書傳大全十卷 清內閣書
明胡廣等撰明刊本
存卷六之七 又十書序 三册
按以下二部繆目未載

又一部 清內閣書
明刊本
存卷七 一册

又一部 清內閣書
明彭勗通釋董鏞音點明宣德己卯刊本 十册

按四庫存目有彭勗書傳大全通釋六卷

尙書百家彙解八卷海虞瞿氏書

明俞鯤撰明刋本　八册

按此書四庫未收

尙書旁訓二卷清內閣書

不著撰人名氏黑口大字本刻精似明人刋

存下卷　一册

按此書四庫未收

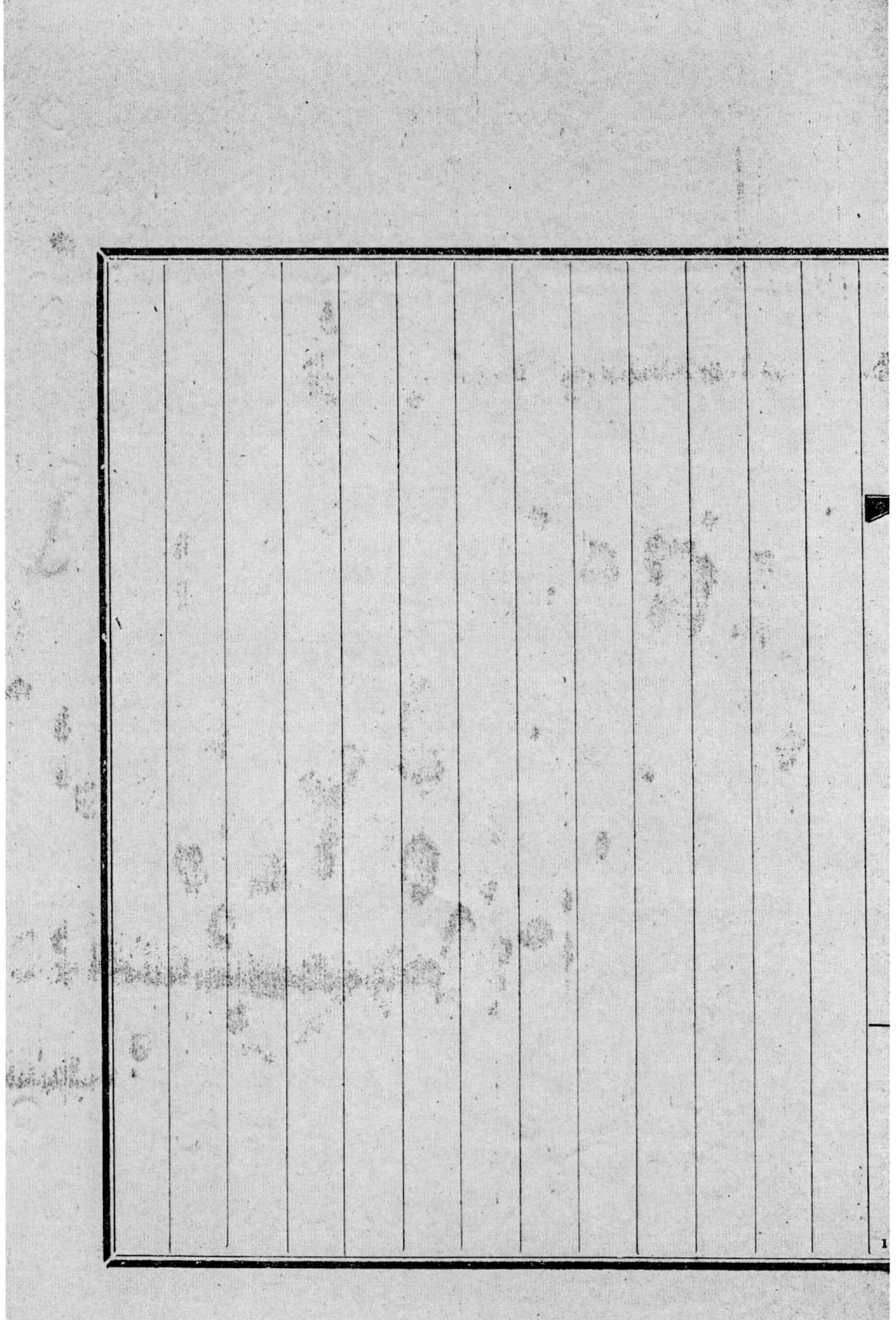

詩類

詩集傳二十卷 清內閣書

宋朱熹撰宋刊大字本蝴蝶裝

存九之十二 十八之二十 二册

按四庫總目所收爲通行八卷本

又一部

明刊本

存五之八 一册

詩集傳十卷 清內閣書

元刊本

存五之十 二册

呂氏家塾讀詩記三十二卷 歸安姚氏書

宋呂祖謙撰明刊本

存一之六　十七　五册

毛詩要義二十卷歸安姚氏書
宋魏了翁撰影鈔本有臨寫錢天樹莫友芝跋二十一册
按此書四庫未收

詩童子問二十卷清內閣書
宋輔廣撰元刋本
存四之十二　一册

詩攷一卷
宋王應麟撰元刋本　一册

詩傳通釋二十卷清內閣書
元劉瑾撰元至正壬辰刋本　八册

又一部清內閣書
元刋本　十六册

又一部 清內閣書

元刊本 十二册

詩傳大全二十卷 清內閣書

明胡廣等撰明刊本

存十一之十五 二册

毛詩故訓傳三十卷 歸安姚氏書

清段玉裁撰家刻本黃丕烈校顧鳳藻過本 四册

韓詩外傳十卷 歸安姚氏書

漢韓嬰撰明刊本第二葉未脫最爲善本 八册

明經題斷詩義矜式五卷 清內閣書

元林泉生撰元刊本 一册

按此書四庫未收

禮類

周禮六卷附攷工記 歸安姚氏書
明陳鳳梧刊經註本清馬銓以明本釋文校訖蔡孫峰臨校 四册

周禮十二卷 歸安姚氏書
明繙岳本 十二册

周禮正義四十二卷 歸安姚氏書
明李元陽刊十三經本
存一之四十 十五册

周禮正義四十二卷 清內閣書
明閩人詮校應櫝刊本 二十册

周禮述註六卷附周禮二氏改官文議 清內閣書
明金瑤述明刊本 五册

按此書四庫存目繆目未載

儀禮註疏十三卷歸安姚氏書

明李元陽刋十三經本

存三之六　八之十三　九册

按此書繆目未載

儀禮集説十七卷清內閣書

元敖繼公撰元刋本蝶裝

存十七一卷首尾缺　一册

經禮補逸九卷清內閣書

元汪克寬撰明刋本

存一之五　二册

禮記註疏六十三卷歸安姚氏書

明汲古閣刋本過惠棟校　二十册

禮記集說一百六十卷 清內閣書
宋衛湜撰舊鈔本 六十册
雲莊禮記集說三十卷 歸安姚氏書
元陳澔撰明刊本
存卷二 四之十 十二 十八 九册
禮記集說大全三十卷 清內閣書
明胡廣等撰明刊大字本 十八册
按以下五部繆目均未載
又一部 清內閣書
明刊本
存二之三十 十五册
又一部 清內閣書
明刊本

存九之十　二十三之二十七　二册

日講禮記解義六十四卷 清內閣書

精寫本有纂修謄錄等官銜名有經依石經校五字

二十册

又一部 清內閣書

稿本　二十册

三禮攷注十卷 清內閣書

元吳澄撰明萬歷刊本　六册

三禮義疏一百七十八卷 清內閣書

精寫本 周禮四十八卷 禮記八十二卷 儀禮四十八卷　一百八十二册

按以下二部繆目均未載

又一部 清內閣書

稿本　一百八十二册

禮書二百卷　清內閣書

宋陳祥道撰宋刊本蝶裝

存一之十六　二十八之六十四　一百十八之一百二十九　七册

又一部

宋刊本蝶裝

存六之十六　二十八之三十六　二册

讀禮通考一百二十卷　南陵徐氏書

清徐乾學撰稿本　三十三册

1

春秋類

春秋左傳三十卷 清內閣書
宋刊大字本蝶裝
存六七 十二 十六 二十九 四册
巾箱本左傳一百九十八葉 歸安姚氏書
宋刊本 八册

春秋經傳集解三十卷 歸安姚氏書
晉杜預撰明繙宋本 八册

春秋經左傳句解七十卷 歸安姚氏書
宋林堯叟撰元刊本有棲雲樓朱文腰圓印 二十四册
按此書經義考作四十卷四庫所收僅有左傳杜林合注五十卷

又一部 清內閣書
元刊本

存一之三十一　四十三之五十六　三册

精選東萊先生博議句解二十五卷　歸安姚氏書

宋呂祖謙撰元刋本

存一之八　四册

春秋左傳類編　海虞瞿氏書

宋呂祖謙撰傳鈔本　六册

按此書四庫未收直齋書録解題云是書六卷此本不分卷

左傳詁二十卷　歸安姚氏書

清洪亮吉撰舊鈔本　八册

春秋公羊傳讖六卷　歸安姚氏書

宋葉夢得撰舊鈔本　二册

按四庫所收尚有左傳讖十卷穀梁讖六卷統名春秋讖

春秋穀梁注疏二十卷　清内閣書

宋監本鈔配
存十一之二十　一册
又一部歸安姚氏書
宋十行本此宋印　四册
春秋集傳辨疑十卷附微指三卷歸安姚氏書
唐陸淳撰舊鈔本據龔翔麟刻本寫　四册
春秋胡傳三十卷歸安姚氏書
宋胡安國撰宋刊巾箱本紙印極精
存一之四十一二十四之十七二十一二十二十五　十册
又一部清內閣書
元刊本
存二十一之三十　一册
又一部清內閣書

十二

元刊本

存一之五　一册

又一部　清內閣書

明鈔本

存一之三　十一之十五　三册

春秋集注十一卷　歸安姚氏書

宋張洽撰宋刊大字本

存七之十一　六册

按四庫所收尚有綱領一卷

春秋通說　歸安姚氏書

宋黃仲炎撰鈔本　三册

按繆目云國朝黃若晦撰此書罕見按直齋書錄解題云春秋通說十三卷永嘉黃仲炎若晦撰四庫提要謂此書卷首有進書表及自序此本不分卷序亦佚故繆氏以爲清人

春秋本義三十卷清內閣書
元程端學撰元刊本
存十十一　十六七　二十五六　三册
春秋三傳辨疑二十卷清內閣書
元程端學撰元刊本
存六之十四　六册
春秋胡傳附錄纂疏三十卷清內閣書
元汪克寬撰元刊本
存二十三之二十六　首尾有缺頁　一册
春秋四傳三十八卷歸安姚氏書
不著編輯者名氏明刊本　十册
按此書四庫存目
春秋集傳大全三十七卷清內閣書

十三

明胡廣等撰明抄本　十一册

存十六之三十七

按此下二書繆目未載

明刊本　一册

又一部清内閣書

存三十五之三十七

春秋傳義十五卷清内閣書

清張爾岐撰稿本　十四册

存一之十一　十三之十五

按四庫存目作春秋傳議四卷

總經類

六經雅言圖辨八卷 歸安姚氏書

舊鈔本原題莆陽二鄭先生 六册

按此書四庫未收

六經三注粹鈔 歸安姚氏書

明許順義撰明刊本

存書 春秋 禮記 周禮 二十册

按繆目作四經三注鈔茲據四庫提要更正

六藝堂詩禮七編 歸安姚氏書

清丁晏撰鈔本

存 禮記釋注四卷 儀禮釋注二卷 周禮釋注二卷 詩攷補注三卷 十二册

十四

四書類

孟子注疏十四卷 歸安姚氏書

明李元陽刊十三經本 七册

論語集注十卷 清內閣書

宋朱熹撰明刊本

存卷六之七 一册

按此書繆目未載

孟子集注十四卷 歸安姚氏書

宋朱熹撰明經廠本 六册

讀晦庵孟子集解衍義十四卷 清內閣書

不著撰人名氏元刊本

存七之十四 一册

按四庫未收繆目云各家書目均未著錄按錢氏補元史藝文志有孟子衍義十四卷不詳撰人殆即此書

十五

四書待問二十二卷 海虞瞿氏書

元蕭鑑編傳鈔本　四册

按此書見四庫未收書目

四書集義精要三十卷 清内閣書

元劉因撰元刊大字本

存一二 五之八 十一之十九 二十二之二十八　九册

按是書卷首牒文稱本書共三十卷與元史本傳合四庫全書所收僅二十八卷至孟子滕文公上篇止非完帙也繆目作二十八卷今改正

讀四書叢説八卷 清内閣書

元許謙撰元刊本

存孟子二卷 大學一卷 中庸一卷　九册

按四庫所收僅四卷與此本現存卷數相同

又一部 海虞瞿氏書

影寫元刊本與刊本格式同而首尾無缺　六册

四書箋注批點　清內閣書

元王侗撰元刊本

存大學章句一卷 中庸章句一卷 大學或問一卷 中庸或問一卷　一册

按此書四庫未收

四書集說啓蒙　清內閣書

元景星撰明刊本

存大學一卷 中庸一卷 孟子一之六卷　二册

按四庫所收僅學庸此本有孟子

孟子節文七卷　清內閣書

明劉三吾撰明洪武刻本　八部各二册

按此書四庫未收

大學章句或問大全　清內閣書

明胡廣等撰明刊本　一册

按以下書七部繆目均無

論語集注大全二十卷清內閣書

明胡廣等撰明刊本

存三之二十　七册

又一部清內閣書

明刊本

存三之二十　七册

又一部清內閣書

明刊本

存三之十　十三之二十　六册

又一部清內閣書

明刊本

存六之七　十三之二十　四册

孟子集注大全十卷清內閣書

明胡廣等撰明刊本

存三之十　四册

又一部

明刊本

存四之七　一册

十七

1

樂類

樂書二百卷　清内閣書

宋陳暘撰宋刊本卷首有長方朱文蘇州常熟虞山精舍至樂樓主人河南行御史陳察原習之記又有白文程稷私印朱文育氏聯珠印　三十册

又一部　清内閣書

宋刊本蝶裝此與禮書印裝皆出同時故俱用藍皮存六十之七十五一百零三之一百二十八一百五十三之一百七十八一百七十八卷存前二頁　六册

又一部　清内閣書

宋刊本蝶裝卷首有御府圖書末有緝熙殿書籍印皆朱文

存八十二之一百一百七十之一百八十一一百七十及一百八十一兩卷均只存一頁　二册

又一部 清內閣書

元刋本

存八十三之一百十　一册

按繆目無此部

樂書正誤一卷 歸安姚氏書

宋林子冲撰影宋朱墨本　一册

律呂正聲六十卷 清內閣書

明王邦直撰明刋本

存五之十四 二十之二十四 三十之三十九 四十五之五十六　七册

按此書四庫存目

小學類

爾雅注疏十一卷 歸安姚氏書
宋刊本有吳興姚氏遼雅堂鑒藏書畫圖籍之印 八册

爾雅新義二十卷 歸安姚氏書
宋陸佃撰舊精鈔本有嘉定陳詩庭跋 六册
按此書見四庫未收書目

埤雅二十卷 歸安姚氏書
宋陸佃撰明刊本 三册
按繆目無此書

以上訓詁類

急就篇注四卷 清內閣書
漢史游撰宋王應麟注元刊本 一册

又一部 清內閣書

十九

明刊本　四册

說文解字十五卷　歸安姚氏書

明汲古閣本有紅筆校語　六册

又一部　歸安姚氏書

刋本有桂馥校籤孟廣均跋　六册

又一部　歸安姚氏書

唐翰題蕉安校藤花榭本　六册

說文繫傳四十卷　歸安姚氏書

南唐徐鍇撰影汪氏宋本有宋印葆淳白文小印

存三十之四十　二册

按繆目誤作十二卷茲更正

說文繫傳四十卷校勘記三卷　歸安姚氏書

祁刻宣紙初印本　八册

按繆目無此書江目有之

說文校議十五卷 歸安姚氏書

清嚴可均姚文田同撰孫星衍商訂稿本有朱筆校語

二册

說文解字考異三十卷 歸安姚氏書

清姚文田輯嚴可均同纂稿本塗乙鈎勒並夾細籤

二十八册

又一部 歸安姚氏書

清本亦有朱筆校語

二十八册

說文解字鏡十二卷 歸安姚氏書

清顧瞻輯注以明刻五音韻補刻本顧瞻手注於上改題

此名

十二册

說文解字義證五十卷 歸安姚氏書

清桂馥撰精寫本有朱筆校語

缺第十四一卷　四十九册

歷代鐘鼎彝器欵式法帖二十卷　歸安姚氏書

宋薛尚功撰明朱謀垔刊本　四册

按繆目入金石類玆依四庫書目移置於此

增修復古編二卷　歸安姚氏書

宋張有撰吳均增補舊鈔本首有錫山龍亭華氏珍藏白

文長方印世濟美堂項氏圖籍朱文長印汲古閣朱文小

方印吳兎牀書印朱文長印　二册

按繆目未載增補人名

龍龕手鑑四卷　歸安姚氏書

遼僧行均撰影宋鈔本　三册

四聲篇十五卷　清内閣書

金韓道昭撰元刋本

存十之十二　一冊

按四庫存目作四聲篇海繆目入音韵類茲依四庫書目移置於此

續復古編四卷　歸安姚氏書

元曹本撰傳鈔本　四冊

按此書見四庫未收書目

六書故三十三卷　清內閣書

元戴侗撰元刋本有都省書畫之印禮部評驗書畫關防

存一之三六十四之十八二十之二十八三十一之三十三重第六一卷　十四冊

六書正譌五卷　歸安姚氏書

元周伯琦撰元刋本有寒靑閣圖書印白文方印白鶴山

樵朱白文方印　五冊

又一部　清內閣書

明刊本　二册

金石韻府五卷　歸安姚氏書

明朱雲撰明嘉靖朱印刊本　五册

按此書四庫未收按存目有廣金石韵府五卷提要云因明朱時望金石韵府而作故曰廣或者此册已登秘府而於編次之時佚之歟繆目未載江目入音韵之屬茲移置於此

摭古遺文二卷　歸安姚氏書

明李登撰明刊本　二册

按此書四庫存目

高昌譯語不分卷　清內閣書

緜紙藍格寫本口上有四夷館三字　一册

按此書四庫未收繆目入政書類茲依華夷譯語之例改列於此

華夷譯語不分卷　清內閣書

明火源潔撰原刊本　六部共六册

按此書繆目入政書類茲依四庫存目移置於此

以上字書類

增修互注禮部韻略五卷 清內閣書

宋毛晃增注宋刊本

存二之五　三五兩卷卷尾均有缺頁　四册

禮部韻略五卷 清內閣書

元刊本

存一之三　三卷卷尾有缺頁　一册

又一部 清內閣書

元刊本

存二之四　二册

新刊韻略五卷 歸安姚氏書

影寫元本　三册

五音集韻十五卷 清內閣書
金韓道昭撰金刋本卷首有晉府書畫之印卷末有敬德
堂圖書印子子孫孫永寶用朱文鈐記
存一之三 一册
又一部 清內閣書
元刋配本
存一之三 五之九 二册
按以下書四部繆目均未載
古今韻會舉要三十卷 歸安姚氏書
元熊忠撰明修補元刋本 三十二册
又一部 歸安姚氏書
精鈔本 十六册
毛詩古音考四卷 歸安姚氏書

1

明陳第撰明鈔本　四册

以上韻書類

京師圖書館善本簡明書目

史部

正史類

史記一百三十卷 清內閣書

漢司馬遷撰宋裴駰集解元刊明補本

存紀七之十二 表一之五 世家一之八 列傳十七之二十九六十三之七十 五册

又一部 歸安姚氏書

宋裴駰集解唐司馬貞索隱張守節正義明秦藩刊本

二十册

漢書一百二十卷 清內閣書

漢班固撰唐顏師古注宋紹興刊大字本蝶裝有晉府圖書之印

存紀六之十二 志四上下七中上下八上 五册

又一部 清內閣書

宋刊大字本

存表四之八志四上之五下傳六十四上之六十五 四册

又一部 清內閣書

元修宋淳化本配補

存紀一之五志七中上之十傳十三之二十三十一之六十五十八之六十四六十七下之

七十又重本志七中之七下傳六十九上之七十下 十册

按繆目無重本江目有

又一部 清內閣書

明補元本

存志四下之六傳一之十八三十四上之三十八五十二之五十七上六十九中之七十 七册

按傳一之十八繆目作六之十八江目與現存卷數同

又一部 清內閣書

元刊本 四冊

存紀一之十二傳二十六之三十六十三之六十六上

又一部 清內閣書

明正統刊本 配補

存紀一之五七之十二志七之十表一之七下傳七之五十四六十之七十 十六冊

又一部 清內閣書

明正統刊本 配補

存傳七之二十五三十六之四十一六十之六十四上重十三二十之二十五三十六之四十一

又重二十之二十五 八冊

按繆目江目所記重本均少於現存之數

又一部 歸安姚氏書

明刊本 二十八冊

按繆目不載此書江目有之

新斠漢書地理志十六卷 歸安姚氏書

清錢坫原刻本徐松朱墨筆校補 四册

後漢書一百二十卷 清内閣書

宋范曄撰唐章懷太子賢注宋刊大字本蝶裝

存傳一之十一四十八九 十六之二十七五十五之八十 三十下之三十八附十四十五

零篇 二十三册 附零葉一本

按繆目無零頁江目有

又一部 清内閣書

宋刊大字本行欵同前特前本用黄綾裝而此用藍紙又

與大字本漢書相同

存紀一之三 志六之九十三之十五十九之三十 傳七之八十六之十九二十五之三十

上三十九之四十一四十五之五十一五十又八之六十四六十七之七十五七十八之八十重

本志十九之二十六 傳六十七之六十九上 二十六册

按繆目無重本江目有

又一部清內閣書

宋刊本

存紀四之八傳四十八九六十四之六十六七十一之七十二下七十六七志一二六之九

十三之十五　九册

又一部清內閣書

宋刊大字本

存傳四之六十五之十九二十二之二十四三十三之四十四五十三之五十五六十四下之六

十九下志十一之二十二　十四册

又一部清內閣書

元刊本每卷有晉府書畫之印卷末有敬德堂圖書印子

孫孫永寶用皆朱文鈐記

存紀四之九傳十二之二十一三十九之四十二四十七之四十九五十二之五十四五十八

之六十六十九之七十七十七八志一之三十五之二十　十四册

又一部清內閣書

元大德九年刊本

存紀一之四傳一之七二十之二十五三十六之四十一之四十九之五十七七十二之八十

志十一之十九　九册

又一部清內閣書

元刊明修本行欵與前同配補

存傳七之二十四三十二之四十二五十一之五十七志一之八一之七又　九册

按五十一之五十七繆目作五十七之十疑有譌字重本志一之七亦未載江目與現存卷數同

又一部清內閣書

元刊明修本行欵與前同補較多印較後

存傳一之十五二十八之三十六六十之六十四下重三十二之三十三　六册

按繆目無六十之六十四上江目有繆江目均無重本

又一部清內閣書

明正統刊本配補

存紀一二八之十傳一之五十一之三十三十五之七十六重六十五三志一之三十全

十八册

按繆目無紀八之十江目有繆江目均無重本

又一部清內閣書

明正統刊本

存紀全志一傳一之五十一之四十二四十九之五十三六十之六十五七十一之七十五

十二册

按繆目無志江目有

三國志六十五卷清內閣書

晉陳壽撰宋裴松之注元刊本

存傳十五之十九十九一卷只存十頁

一册

晉書一百三十卷 清內閣書

唐房喬等撰何超音義宋刊本

存志一之三八之十六傳十六之三十一四十之五十一六十七之七十載記十八之三十

音義全 十四册

又一部 清內閣書

宋刊元明遞修本

存目錄 紀十卷全 志一二七之十八 傳一之十八二十三之三十八四十九之五

十七六十二之六十八載記四之三十附音義下卷缺後數頁又重本紀五之十之志

一二七之十九之十二傳七之十八四十八之五十四載記六之十二 三十册

按繆目未載重本

又一部 清內閣書

元刊本

存目錄 音義 紀一之十全傳十六之十九二十四之二十九三十九之四十八之二

五十五之七十　十六册

又一部　清内閣書

元刊明補本

存紀一之六傳四十七之五十三六十之六十四七十載記一之五十四之二十六　六册

晉書載記十一卷　歸安姚氏書

明刊本　七册

按此書繆目未載

宋書一百卷　清内閣書

梁沈約撰宋蜀大字本蝶裝有朱文晉府圖書之印及敬

德堂圖書印鈐記

存紀二之十志一二四之十八二十二十一二十九傳一之八十二之三十二三十五

之四十三五十三之五十八　三十八册

又一部　清内閣書

宋刊本

存志五之八十三四十七八二十之二十一傳十二之十七十一之二十二 二十二册

又一部清内閣書

明刊本蝶裝

存紀六之七 一册

按繆目江目均未載此書

梁書五十六卷清内閣書

唐姚思廉撰宋刊本蝶裝

存紀一之六全傳五之十五二十之三十五四十之四十二四十五之四十八 十四册

按繆目所記現存卷數與此不符盖并本紀數之以傳第一卷爲第七卷也

陳書三十六卷清内閣書

唐姚思廉撰宋刊本

存傳二十二之三十 三册

魏書一百十四卷清內閣書

北齊魏收撰宋刊蜀大字本有晉府圖書之印配七本

存目錄一卷紀一之十二目錄缺首葉十二卷尾有缺葉傳一之三十五四十二之五十八六十六之七十七重三十一一卷卷四缺五首三葉十七卷尾有缺葉卷三十三缺首二葉志之六八之十十三之十四十七之十八重九十兩卷　三十五册

按繆目未載重本缺葉

又一部清內閣書

宋刊蜀大字本配一本

存十之十四、七中下二十四之二十八三十二六十之六十三八十之八十二　五册

又一部歸安姚氏書

宋刊蜀大字本行款同前有缺葉　四十册

北齊書五十卷清內閣書

唐李百藥撰宋刊蜀大字本每册首尾均有白文橋氏家

六

藏印

存傳二十七之四十二　五册

隋書八十五卷　清內閣書

唐魏徵等撰元刊雜配本

存紀一之五全志三之五八之十一十四之二十一十九之二十四三十傳一之十八二

十三之三十九又重八之十一十五二十五之二十八　二十五册

按繆目無重本又傳二十三之三十九脫去十九二字

又一部　歸安姚氏書

元刊本　二十册

又一部　清內閣書

元刊雜配本

存志十六之十九傳一之七五之二十二三十七之五十又重傳四十五之五十八册

按繆目江目均無此書

南史八十卷 清內閣書

唐李延壽撰元刊本 十二册

又一部 清內閣書

元刊本

存紀一之六傳一之五二十七之三十三六十一之七十 六册

又一部 清內閣書

元刊本每册首尾有朱文晉府書畫之印及敬德堂圖書印鈐記

存傳二十四之二十七三十二之五十六六十一之六十三 八册

按二十四之二十七繆目二字作三字三十二之五十六作四十二之六十六江目與現存卷數同

又一部 清內閣書

元刊本蝶裝

存紀四之七傳一之五二十八之三十三十四之四十二五十八之六十 九册

又一部 清內閣書

元刊本蝭裝 配一本

存傳六之十十二三三十四之三十六四十三四五十五之五十七 六册

又一部 清內閣書

元刊本

存紀二三 六七 二册

按繆目未載此書江目有

又一部 清內閣書

元刊本

存紀一之十傳一之八二十七之三十六五十五之七十 六册

北史一百卷 清內閣書

唐李延壽撰元刊本 二十册

又一部 清內閣書

元刊本

存紀一之十二傳十一之二十九五十七之七十四　七册

按繆目無以下四部江目有

又一部　清內閣書

元刊本

存紀三之五九之十二傳十二之二十五四十九之五十一五十七之五十九　十册

又一部　清內閣書

元刊本蝶裝　配補

存紀二之四九之十傳五六十九之二十二十三四四十之四十三四十六之四十八六十六
七十七十四之七十六八十三四　十二册

又一部　清內閣書

元刊本蝶裝

存紀二之五傳十三四二十六之二十八三十五六四十五之四十九六十六之七十三

八

又一部清內閣書　十册

元刊本有晉府書畫之印及敬德堂圖書印朱文鈐記

存紀一之八傳五之七十之十二十六七二十四之二十八三十三四三十七之四十二五十二之八十五　二十二册

又一部清內閣書

元刊配本口上有信州路弋陽學等字

存紀一之十二傳一二五之二十二十九之五十二五十六之五十九六十二之七十一七十四之八十五八十七八又重紀五傳三十七四十四八十三四　四十册

按繆目江目無本紀七八及重本

又一部歸安姚氏書

元刊本首册配明萬歷本

存紀全傳一之十五四十一三之八十八　十六册

按繆目謂此書完全江目所記與現存卷數相合

唐書二百二十五卷 歸安姚氏書

宋歐陽修宋祁撰宋刊明補本 四十八册

按繆目云宋刊本江目亦然

又一部 清內閣書

宋刊元補本

存目錄 紀一之十 志一之三十三三十五之三十七 表十下十四五 傳十七之三十四八十一之一百四十上一百四十五之一百四十七 二十二册

按繆目江目有志三十四

又一部 清內閣書

宋刊本蝶裝字極精

存表十二中下十四上下 傳一百四十之一百四十五 三册

又一部 清內閣書

宋刊本有元修元補等葉又有宣德九年知府宋補

存序目全紀一之十全志一之六十五之十八下三十四之四十七表十二中之十五下傳一之三二十五之三十三十七之五十一六十一之六十九七十八之九十七一百〇五之一百十九一百二十五之一百五十　二十五册

按傳九十七繆目作九十一江目亦作九十七

又一部清內閣書

元刊本蜨裝

存目錄　志五之十三上十六之三十九上表四之九十下之十五傳二十三之三十三十五之四十七五十一之五十七六十五之六十七八十七之九十四一百〇四之一百二十一百二十四五一百二十九之一百四十六一百五十釋音十二之二十五　四十九册

按此部繆目但記册數未載存卷下三部同江目僅最後一部無卷數

又一部清內閣書

元刊本蜨裝

存目錄　紀一之七　志十一之二十四十三之五十　表八之十三　傳十七之二十一四
十七之五十六十五之七十七十六之九十九十六之一百○一一百○七之一百三十一百三十五
之一百三十九一百四十七之一百四十九　音義十二之二十　三十一册

又一部清內閣書

元刊本

存紀一之十　志一之三十六四十五之五十　表一之六十下之十二　傳一之六十四之二
十一二十九之四十二五十五之九十八一百○六之一百二十一一百二十七之一百三十二一百
三十九之一百四十一一百四十六下之一百五十　二十七册

又一部清內閣書

元刊本　六十六册

按此書紙脆未查存卷

又一部清內閣書

宋元明三朝板

存紀一之十志十五之十八上四十七之五十表一之十一十四五傳六之十四十三之四十

八七十九之九十九十七之一百〇六一百二十四之一百二十八一百四十二下之一百五十

按繆目謂下二部全江目卽不全所設册數亦與現存者相同

十八册

又一部清內閣書

宋元明三朝板

存志一之十四十九之二十七四十七之五十表十一之十三傳七之五十六六十八之七十

九八十三之九十五一百十七之一百二十二一百二十七之一百三十二一百三十九之一百四十六

一百四十九之一百五十又重本傳五十之五十一七十三之七十四七十九之九十二一百十

七之一百二十二一百四十上之一百四十一

二十七册

又一部歸安姚氏書

南監元刊本

八十册

又一部歸安姚氏書

南監黑口本印有補版　三十册

五代史記七十五卷　清內閣書

宋歐陽修撰徐無黨注宋刊本

存十之二十一二十二之二十九重十二之二十八五十一之五十八六十四之七十四　六册

按十之二十一繆目作十二之二十一七十四繆目作七十五不載重本

又一部　清內閣書

元刊本蝶裝

存一之十六三十三之七十四　八册

又一部　歸安姚氏書

元刊大德本

存四十三之六十六　八册

按六十六繆目作六十八江目亦作六十六

又一部　歸安姚氏書

明汪文盛刊本高斅傳汝舟校　十二冊

宋史四百九十六卷　清內閣書

元托克托等撰元刊本蝶裝

存紀十九之二十二四十三四志四六七十七之二十二十八九三十七之三十九五十六七六十三之六十五七十四之七十六七十九之八十九十之九十七九十一只四頁一百之一百○三一百○八九一百十三九葉一百二十三一百二十六一百二十八一百三十之一百三十一一百三十四之一百三十八表六卷七頁八十二八十三二十七三十傳二十二三二十六上七葉二十八三十二三三十六之三十八三十八十四頁五十之五十一六十六十一不全六十四之六十七七十之七十一七十八九九十二三九十六七一百之一百○二一百○七八一百十一二一百十七八一百四十八九一百五十一二一百五十八之一百六十三一百六十八之一百七十一百八十八九二百之二百○四二百○九之二百十二二百二十二百二十一只四頁　六十二冊

按繆目無傳一百

又一部　清內閣書

元刊本蝶裝
存志二十三二十九三十六　三冊

遼史一百十六卷　清內閣書
元托克托等撰元刊初印本有修史官員姓名
存紀三十卷全　志一之十七上二十七之三十一　表八卷全　傳一之二十八重一之二十　九冊
按繆目無志二十七之三十一及重本江目無志三十
又一部　清內閣書
晉府本蝶裝
存紀二十四之三十　志一之十四十八之三十一　表一之八全　傳一之十一　三十二冊
又一部　清內閣書
元刊本
存志一之十四十八之三十一　傳一之二十六　八冊
按繆目作傳一之三十一江目同

十二

又一部 清内閣書

元刊本

存紀一之三十至 志一之十七上十七之三十一 二 表一之八 傳一之二十八 八册

按繆目作傳一之二十少二十一之二十八江目同

又一部 清内閣書

元刊本

存紀一之三十 志一之十四 表八卷 四册

又一部 清内閣書

元刊本

存紀一之十一十五之三十 二 志一之六 表七之八 傳一之八 三册

又一部 清内閣書

明内府鈔朱絲闌本

存紀一之八十五之三十 志一之三十一 表一之八 傳一之四十六 十九册

遼史拾遺二十四卷續三卷歸安姚氏書

清厲鶚撰舊鈔本　十册

按繆目誤作續五卷江目同

金史一百三十五卷清内閣書

元托克托等撰元刊本

存目錄上　志十六七　二十一之二十六三十三四　三十六之三十八　傳四十一四十九　十三册

又一部清内閣書

按此部繆目未載江目有之

元刊本蝶裝有敬德堂圖書記子子孫孫永寶用兩印

存目錄上下　紀三五　志五之十　十四之二十七二十九之三十四　三十六之三十九

表一之三　傳三之五十　十三之十八　二十之二十二二十五之二十八　三十一之四十一　四十

六　四十八之五十二　五十九之六十二　六十六七　七十　七十二三　六十册

十二

按繆目有傳六十三

又一部　清內閣書

元刊本蝶裝

存紀七之十三　志四之六十五之十九二十三之二十六三十四之三十六　表一二　傳十之十二十八之二十五二十九之三十五三十九之四十一四十五之四十七重五十一之五十八又重本傳四十五之四十七五十五之五十八　十八册

按繆目無重本

又一部　清內閣書

元刊本

存紀六之十一　志二十一之二十五　傳一之九三十一零葉六十一之六十六　四册

又一部　清內閣書

明內府鈔朱絲闌本

存紀二之四七之十九　志一（半卷）三之九十三之三十九　表一之四　傳一之三不全八之十二

十六之三十二三十五之四十九五十二之五十六五十九之六十九七十二三四十四册

按繆目有傳五十及五十一江目同

元史二百十卷 清內閣書

明宋濂等撰明刊初印本白皮紙蝶裝

存紀三十五之四十三志九之十一十七下之二十三十六七四十二之四十四五十之五十

三傳二十六之三十三十七之四十 九册

又一部 清內閣書

明刊本蝶裝

存目錄 連表六卷 紀十七之十九 志一之三上九之十二十二之二十五

二十八之三十三十六之三十八四十一之五十 傳一之十二五十之五十六六十七之七十

十七册

又一部 清內閣書

明刊本蝶裝

存紀二十八之三十一志一二五之十二二十六之二十八四十四之四十八表一之六至

傳一之五十三之十六二十一之二十四二十八之三十一三十六之五十三五十七之八十一

九十五之九十七　二十四册

又一部清內閣書

明內府鈔朱絲闌本

存紀一之三十四三十九之四十七志一之九十二之三十六三十九之五十三表一之五上

傳一之二十二十四之七十七十四之九十七　七十二册

按繆目無傳十八之二十多二十一之二十三江目與現存卷數同

又一部清內閣書

明鈔黑格本

存目錄一本紀五之九二十一之三十五四十一之四十七志四五八之十一二十

七之二十九五十二十三表六傳十六七二十一二三十七八五十五六六十一九之八十一九

十之九十七　二十九册

明史三百三十二卷清內閣書

清張廷玉等撰進呈寫本字畫精整　一百十二册

又一部清內閣書

黃綾寫本朱圈句讀

存目錄　紀五之十五十之二十四　二　志一之七十五　表一之十三　傳一之一百五十二一百六十六之一百七十一百八十之二百二十　一百零三册

正史類補遺

漢藝文志考證十卷清內閣書

宋王應麟撰元刊本　一册

按此書繆目附玉海後

又一部清內閣書

元刊本

存六之十　一册

2

編年類

元經十卷 歸安姚氏書

隋王通撰明藍格舊鈔本 三册

通歷十五卷 海虞瞿氏書

唐馬總撰傳鈔本 六册

資治通鑑二百九十四卷 歸安姚氏書

宋司馬光撰宋刊本有汪印士鍾白文閬原珍賞朱文小方聯珠印

存二十二之三十六 五册

按繆目存一之三十六江目存二十之三十八

又一部 清內閣書

宋刊本蜨裝

存四之五九之十一十五之十七二十四之二十九三十九之五十九六十三之六十五七十六

十六

之七十八一百五十八之一百六十九一百七十七之一百七十九二百四十二三二百四十五之二百四十七二百八十六七

二十二册

又一部 清內閣書

宋刊本蝶裝有禮部評驗書畫關防官印都省書畫之印

朱文方印

存目錄一本又七十四之八十一九十之九十二一百二十二一百二十六一百二十八零篇一百三十二三一百四十五之一百四十七一百六十之一百六十二一百七十二之一百七十四一百八十七之一百九十一一百九十三之一百九十五二百二十五之二百二十七二百四十之二百四十二二百五十四五

十六册

音注資治通鑑二百九十四卷 清內閣書

按繆目有一百九十二無二百四十之二百四十二江目同

元胡三省音注元刊雜配本有姜氏圖書朱文方印

存三十九之四十二五十一七十七之八十八十五之八十七一百○一二一百○六之一百○八

一百四十二之一百四十四　一百六十之一百六十二一百八十四五　二百十二　二百十九之二百二十

一　二百四十三之二百四十五二百六十七之二百六十九　十四册

按繆目江目均有一百四十五無二百四十三之二百四十五繆目有二百六十一之二百六十六江目無

又一部　清內閣書

元刊本有晉府書畫之印及敬德堂圖書印朱文鈐記子子孫孫永寶用朱文方印

存一百七十三之一百七十五二百五十三之二百五十五　二册

又一部　清內閣書

元刊本

存四十之四十二　九十五之九十七　一百二十二之一百二十四　一百二十八之一百三十　一百六十七之一百六十九　五册

按四十二繆目作四十七　一百二十八繆目作一百二十江目與現存卷數同

又一部　清內閣書

元刊本蜨裝

存五十三四六十三之六十八七十一七十二七十六八十一二八十五之八十八九十七八一百十五一百二十三之一百二十六一百三十一之一百三十四一百四十七八一百五十七八一百六十三四一百六十七八一百七十九之一百八十六一百九十三四二百十七八二百四十六之二百四十八二百六十二三二百八十之二百八十一 二十九册

又一部 清內閣書

元刊本

存三十四之三十六六十二三八十二之八十四八十八九九十七之九十九一百二十七一百四十之一百四十一一百四十五之一百四十七一百七十二之一百七十四一百七十八之一百八十一百八十七之一百八十九二百〇三四二百四十一之二百四十三二百五十七之二百五十九二百七十四二百九十三四 十六册

又一部 清內閣書

元刊明印本

存九之十一 二十五六 四十一之四十四 六十一之六十四 七十八之八十 八十九之九十 一百〇九十 一百二十一之一百二十九 一百四十五之一百四十八 一百五十四之一百五十六 一百八十一之一百八十四 一百八十九之一百九十一 二百〇七八 二百十七之二百二十 二百二十九之二百三十五 二百五十三之二百五十六 二百六十六之二百七十一 二百七十三之二百七十九 二百八十一二 二百八十四 二十三册

按一百八十一之一百八十四及一百八十九之一百九十一繆目均無江目與現存卷數同

又一部 清內閣書

元刊明印本

存四十之四十四 一百十九之一百二十二 一百五十一之一百五十四 一百五十九之一百六十二 一百八十九之一百九十五 二百五十五之二百五十七 二百五十九之二百六十 二百七十一之二百七十四 十册

按此書繆目未載江目有之

通鑑釋文辨誤十三卷 清內閣書

十八

一

元胡三省撰元刋本
存一之六　一册
通鑑地理通釋十四卷清內閣書
宋王應麟撰元刋本　四册
按此書繆目附玉海後
又一部清內閣書
明刋蝶裝本
存十二之十四　一册
按繆目江目均無此書
通鑑外紀十卷歸安姚氏書
宋劉恕撰舊鈔本　十二册
按此書繆目未載江目有之繆目以下各書排次多與時代不合茲依四庫書目爲之釐正如左
資治通鑑綱目五十九卷歸安姚氏書

宋朱熹撰宋刊本前序及卷一鈔配亦缺一葉刊印俱精
有蕘竹堂藏書朱文大長方印
存一之三十一三十三之三十九四十一之五十九　五十七册
按繆目不云缺三十一卷及四十卷
又一部歸安姚氏書
明刊本
存十三十五六　三册
按繆目無以下三部
又一部清内閣書
舊鈔本
存一三四三十一之四十一四十三之五十五十二三五十七五十九　二十六册
又一部清内閣書
明刊配本

十九　一

存三十二十四二十四二十九之三十一三十三三十五六四十一五十一重五十三

五十九　十五册

又一部清內閣書

明弘治刻本書法集覽發明考異俱全

存十二三二十之二十二二十五六四十之四十一五十六之五十九　六册

資治通鑑綱目發明五十九卷清內閣書

宋尹起莘撰明刊本　四册

按此書單行本四庫未收

又一部清內閣書

明刊本

存一之三十一四十五之五十八重十四之三十一　四册

按繆目無重本五十八作五十九

又一部清內閣書

明刊本

存十四之二十二　四十之五十九　四册

按繆目無此書

資治通鑑綱目書法五十九卷　清內閣書

宋劉友益撰元刊配本

存三之六　十九之三十四　五十三之五十九　重四十九之五十九　五册

按此書單行本四庫未收

資治通鑑綱目集覽五十九卷　清內閣書

宋王幼學撰明刊配本殘破不完有晉府書畫之印及敬德堂圖書印朱文鈐記子子孫孫永寶用朱文方印

存一之十四　十八之五十九　四册

按此書單行本四庫未收

又一部　清內閣書

二十

元刊配本

存一之四八之五十九　十二册又重三册

又一部清內閣書

明刊大字本

存四之八　一册

按繆目無此部

大事記十二卷解題十二卷歸安姚氏書

宋呂祖謙撰明刊黑口本

存二之十二　解題全　二十六册

此書繆目入史評類茲依四庫書目移置於此

太平寶訓政事紀年五卷海虞瞿氏書

不著撰人名氏傳寫本　二册

按此書繆目入職官類茲依四庫書目移置於此四庫未收

皇朝編年備要三十卷 歸安姚氏書
宋陳均撰影宋精鈔本有錢大昕跋 十二册

通鑑前編十八卷 清內閣書
宋金履祥撰元刊本蝶裝
存十八一卷 一册

宋史全文資治通鑑前集十八卷後集十五卷 清內閣書
前集署李燾撰後集劉時舉撰元刊本 六册

又一部 清內閣書
元刊本
存後集 三之八 一册

宋史全書續資治通鑑三十六卷附宋季朝事實二卷 清內閣書
不著撰人名氏明刊配本
存五六七八之三十六 二十五重六七 宋季朝事實全 六册

二十一

少微通鑑節要五十卷 清内閣書

宋江贄編朝鮮刊本

存二之四十二之十五二十七之三十一三十六之四十一四十五之四十七 六册

通鑑續編二十四卷 清内閣書

元陳桱撰元刊本有至正二十一年周伯溫序 六册

按繆目尚有不全之一部

又一部 清内閣書

元刊配本 十二册

又一部 歸安姚氏書

元刊本有至正二十二年歲次壬寅叢桂堂識 二十四册

資治通鑑節要續編殘卷 清内閣書

不著編輯者名氏明刊本

存十六七二十三之二十九 八册

按以下各書繆目均不載茲依江目收入

增修陸狀元集百家注資治通鑑詳節一百二十卷 清內閣書

元張晉亨撰元刊大小配本

存一之四十四十七之七十一八十一之一百一百十之一百二十重一之十一二十三之三十一

三十一之四十六十一之七十六十七之八十七十九之八十六九十一之一百九册又重七册

又一部 清內閣書

元刊本殘破

存八十四之九十一 一册

元史續編十六卷 清內閣書

明胡粹中撰明刊本

存一之四

按江目入別史類茲依四庫書目改隸於此

明通鑑綱目殘卷 清內閣書

黄綾寫本朱圈句讀是書卽乾隆十一年張廷玉等初修

通鑑綱目三編稿本

存前紀上下一之四六之九十四册

十三二十又清本二册

紀事本末類

通鑑紀事本末四十二卷 歸安姚氏書

宋袁樞撰宋刊大字本 五十二册

又一部 清內閣書

宋刊本蝴蝶裝白皮紙

存七十六十八九四十一 五册

又一部 清內閣書

宋刊本蝴蝶裝殘破不完

存二四六七十一十三之十七二十二十四二十七半本三十一三十九四十一 十七册

按繆目有三十七

又一部 清內閣書

宋刊鈔配本

二十三

存十九二十四鈔二十六二十八鈔三十三十三三十九之四十一　九册

又一部　清內閣書

明紅格鈔本

存二十二十一二十三二十五六三十七八　七册

又一部　清內閣書

宋刊小字本蝴蝶裝繇紙書法秀整體兼顔柳譌字極少遠

勝大字本

存三之二十八三十三十二三十四三十六之三十七三十九之四十二　三十五册

按繆目有三十八無三十六

又一部　清內閣書

宋刊大字本多缺葉

存二之九十一之十九二十一之二十二二十七之三十三三十五三十七之四十一　二七十四册

按繆目無此書

別史類

踐阼王會篇解各一卷　清內閣書

宋王應麟撰元刊本　一册

按繆目附玉海後

隆平集二十卷　歸安姚氏書

宋曾鞏撰明刊本有怡府世寶朱文大方印

存一之六十三之二十　六册

按繆目十三誤作三十

古史六十卷　歸安姚氏書

宋蘇轍撰宋刊本列傳三十三之三十七五卷係鈔配　十六册

又一部　歸安姚氏書

宋刊本

存　世家十五之十六　列傳一之十七二十七之三十　七册

按繆目未記現存卷數

宋太宗實錄八十卷 海虞瞿氏書

宋錢若水等同撰傳鈔本

存二十六之三十七十六七十九之八十 二冊

通志二百卷 清內閣書

宋鄭樵撰元刊大字初印本蜨裝

缺九十、九十二以殘本配補 一百七十冊

又一部 清內閣書

元刊本蜨裝

存三下十上十七八二十一之二十二四十之四十一四十四五七十七八十四下九十八

九十九一百〇九上一百四十九之一百五十二一百七十三之一百八十一一百八十四之一百八十

六一百九十之一百九十六一百九十八之二百 三十六冊

按不全之通志七部現存卷數與繆目江目所記多不相符且行款彼此相同無由知繆目某條所指爲某本

玆不復一一分疏以淆觀覽

又一部 歸安姚氏書

元至治二年刊本舊印 一百二十册

又一部 清內閣書

元刊本蝶裝

存目錄二 一之十 十二之十七 十九 二十一之三十九 四十九之六十二 六十四之六十七 七十一之七十四 七十七之八十 八十二 八十四之八十六 八十九 九十三之九十六 九十八之一百〇二 一百〇七八 一百十二之一百三十六 一百三十八之一百六十九 一百七十二之一百八十六 一百八十八之二百 重六十五 六十八之七十 一百二十七 一百七十 一百四十三册

又一部 清內閣書

元刊本蝶裝

存目錄 忠義傳至四夷傳 又四之五 十上 十二之十四 五十五之五十七 六十七八 七十四之七十七 八十四下 八十九 一百〇九上 一百十八下 一百三十八之一百四十五 一百四十九

二十五

之一百五十一百五十二一百五十四之一百五十六一百五十八九一百六十二之一百六十九一

百七十二之一百七十八一百八十一一百九十一百九十四一百九十九之二百重一百五十

四十八冊

又一部 清內閣書

元刊本蝶裝

存一之三六上十十五上三十一之三十六五十一二五十五之五十七七十九之八十九

十六九十八上九十九一百○二上一百○七一百二十二三一百二十六一百三十一之一百三

十三一百三十五之一百四十八一百五十三三頁一百五十四之一百五十八一百六十一百六十

三之一百六十七一百七十二

四十三冊

又一部 清內閣書

元刊本破爛

存一之三下六九之十十六七二十二十五之二十七四十三之四十九五十四之五十七

六十六之七十七十八九八十一之八十七九十一九十七一百一百○二之一百○五一百○

七一百十一一百十五下之一百十六一百十八一百二十一百二十五六一百二十八九一百三十三之一百三十八一百四十一之一百四十五一百四十七之一百五十三一百六十一之一百六十三重一百六十二一百七十一二一百七十五之一百七十八一百八十一之一百八十四一百九十一之一百九十四一百九十七之二百　六十一册

又一部清內閣書

元刊本蜨裝破爛

存五十下十五上十六二十八之三十三十六之三十九五十八九六十五之六十八八十八十三一百十二一百十八一百二十四之一百二十六一百二十八之一百三十一百四十二三一百四十五六一百五十一一百五十七一百六十一二一百九十四五一百九十七八　二十七册

又一部歸安姚氏書

明刊本

存一之九十八一百之一百二十四一百二十七之一百五十二　七十三册

二十六

又一部 清內閣書

明刋本殘破

存二之四 十三之十八 二十一之七十六 七十九之九十 九十三之九十七 九十九之一百〇一 一百〇五 一百〇六 一百十一之一百二十七 一百二十九之一百三十二 一百四十之一百六十七 一百七十一之二百 重一百二十五之一百二十六 八十一册

契丹國志二十七卷 歸安姚氏書

宋葉隆禮撰舊鈔本 二册

十八史略十卷 清內閣書

元曾先之撰元刋本 五册

元史略四卷 清內閣書

元梁寅撰明洪武十九年刋本 一册

明太祖實錄二百五十七卷 清內閣書

明姚廣孝等修明紅格寫本

存一之十三二十五之二百五十七　二十一册

太宗實錄一百三十卷清內閣書

明張輔等修明紅格寫本

存十之十五　一册

宣宗實錄一百十卷清內閣書

明張輔等修明紅格寫本　十三册

英宗實錄三百六十一卷清內閣書附郕王

明孫繼宗等修明紅格寫本

存一之一百八十七一百九十二之二百○九二百十七之二百四十二二百七十四之三百六十一

三十四册

按繆目有一百八十八之一百九十一

憲宗實錄二百九十三卷清內閣書

明劉吉等修明紅格寫本　二十九册

二十七

孝宗實錄二百二十四卷　清內閣書

明李東陽等修明紅格寫本

存一之四十九　五十九之一百七十七　二百○三之二百二十四　二十四册

又一部　歸安姚氏書

綠格舊鈔本

存弘治二年六月止以下缺　八册

武宗實錄二百七十七卷　清內閣書

明費宏等修明紅格寫本

存一之一百五十三　一百六十三之一百九十七　二十册

按繆目無七十之七十三及一百六十三有一百九十八之二百七十七

世宗實錄五百二十八卷　清內閣書

明徐楷等修張居正等續成明紅格寫本

存一之二十一　六十之七十一　八十四之一百二十一百三十五之一百四十五　一百九十七之二百

〇七　二百二十之二百四十四二百五十七之二百六十七　二百八十二之二百九十三　三百三十二之三百五十五　四百〇六之四百十七四百三十一之四百四十二　四百六十八之四百七十九　四百九十二之五百二十八　二十一册

按繆目有二百六十八九無四百三十一

穆宗實錄七十卷 清內閣書

明張居正等修明紅格寫本

存十六之二十一　四十一之四十六　五十九之六十四　三册

神宗實錄五百九十六卷附泰昌七卷 清內閣書

明溫體仁等修明紅格寫本

存一之三百四十二　三百五十五之五百九十六　光宗實錄一之七　四十九册

熹宗實錄八十六卷 清內閣書

明葉向高等修明紅格寫本

存一之四十二　五十五之八十四八十六　重五十五之六十六　十四册

按繆目有八十五無重本

明史槀三百十卷 清内閣書

清王鴻緒撰進呈寫本

缺傳二百九十五之二百九十七 七十八册
三百〇一之三百〇四

按繆目入正史兹依四庫書目移置於此缺傳四卷繆
目亦未言及

明史歷志稿十六卷 清内閣書

舊鈔本 十六册

按繆目入正史兹依四庫書目例移置於此

雜史類

國語二十一卷 歸安姚氏書

明刊本過錄顧廣圻校天聖本 二册

又一部 歸安姚氏書

校本過段玉裁校有顧廣圻跋 四册

國語二十一卷附古文音釋 歸安姚氏書

明許宗魯刊本 十册

戰國策校注十卷 清內閣書

元吳師道撰元刊本

存卷四 一册

又一部 清內閣書

元刊本

存八之十 一册

二十九

貞觀政要十卷 清內閣書

唐吳兢撰明經廠大字本

存一五六 二册

南燼紀聞錄二卷 歸安姚氏書

原題宋辛棄疾撰舊鈔本 一册

按四庫存目有靖康蒙塵錄提要云與世所傳南燼紀聞文多相同蓋坊賈改易其名以欺世者

平宋錄三卷 歸安姚氏書

舊題元平慶安撰舊鈔本有雪苑宋氏蘭揮藏書記朱文長印 一册

皇明典故紀聞十八卷 清內閣書

明余繼登撰明刊本

存三之十四 十七之十八 八册

按此書繆目入政書類茲依四庫書目改錄於此

謨烈輯遺二十卷 歸安姚氏書首册不列卷數

明魯府輯本癸丑年九月十五日印有明善堂覽書畫印

記白文長方印安樂堂藏書記朱文長方印　八册

按此書繆目入傳記類茲按所輯多屬雜史改入此類

明倫大典二十四卷 清內閣書

明張居正等撰官刊本

存九十一之十五十七之二十二十二三　十二册

按四庫書目未收繆目入政書茲依明史藝文志收入此類

酌中志略不分卷 歸安姚氏書

明劉若愚撰舊鈔本　三册

酌中志餘不分卷 歸安姚氏書

不著撰人名氏舊鈔本　一册

按四庫未收即東林點將錄及逆案之合鈔本

三十　一

三朝野紀七卷南陵徐氏書

明李遜之輯舊鈔本　六册

按四庫書目未收

刧灰録附録別集歸安姚氏書

珠江寓舫記舊鈔本此即馮甦滇黔筆記之別本　六册

按四庫雜史存目有見聞隨筆二卷即此書

荒書一卷歸安姚氏書

清費密編舊鈔本紀明末蜀事　一册

按此書四庫未收

詔令奏議類

兩漢詔令二十三卷 清內閣書
西漢十二卷宋林宓編東漢十一卷宋樓昉編元刊本
存一之四 一册

洪武賜諸番詔敕一卷 清內閣書
明刊本 一册
按四庫未收繆目入職官類茲依通例改隸於此

陸宣公奏議二十二卷 清內閣書
唐陸贄撰明刊本 三册

重刊陸宣公奏議二十二卷 清內閣書
明宣德刊本
存一之六 一册

陸宣公奏議纂注十二卷 清內閣書

元潘仁注元刊大字本卷首有白文文府胡盧印清眞軒
方印
存一之六 九之十　四册
按潘仁注四庫未收

范文正公政府奏議二卷清內閣書
宋范仲淹撰元刊本　二册

包孝肅奏議十卷清內閣書
宋包拯撰明正統刊本　一册

又一部清內閣書
明正統刊本　一册

國朝諸臣奏議一百五十卷清內閣書
宋趙汝愚撰宋刊配本破爛有大德四年九月補葉
存目錄一本 一之十 十九之三十 三十五之一百五十 重五十八　二十四册

按繆目不云配本下一部同

又一部清內閣書

宋刊配本破爛

存三十六之三十八 四十二 九十之九十四 一百○一之一百○五 一百○八之一百十 一百十三之一百十九 一百二十二之一百二十六 一百二十八 九 一百三十三 一百三十九之一百四十一 一百四十五之一百四十八 十一冊

又一部清內閣書

宋刊本破碎不便檢查

存三十四之三十七 六十二之六十八 七十八之八十九 九十八之一百○四 一百十之一百十一 一百二十六之一百三十 一百三十三之一百四十一 十五冊

又一部清內閣書

宋刊本蝶裝破爛

存一之八 五十一二 五十九 六十七之八十二 一百○九之一百十四 四冊

三十二

又一部 清內閣書

雜配本

存一之九二十四五五十八之七十一九十七之一百〇四一百二十六之一百三十五 六冊

又一部 清內閣書

雜配本

存一之八一百十之一百十九 三冊

歷代名臣奏議三百五十卷 清內閣書

明黃淮楊士奇等撰明刊本

存二百五十七之二百六十一二百六十五之二百七十二百七十六之二百七十七 六冊

總督宣大山西軍門奏議十一卷 清內閣書

明楊時寧撰明刊本 十一冊

按此書四庫未收

吏戶禮曹章奏 清內閣書

清梁清寬彙鈔順治元年鈔本　五册

治河奏牘二十四卷清內閣書

清張鵬翮撰寫本

存二之四　八之二十　十二　十四　二十二册

三十三

傳記類

闕里志十三卷 清內閣書

明陳鎬修明刊本

存十之十三 三册

按此書四庫存目

又一部 清內閣書

明刊本

存十之十二 三册

以上聖賢

金陀粹編二十八卷續三十卷 歸安姚氏書

宋岳珂撰明繙宋本 十六册

闗王事迹五卷 清內閣書

元胡琦撰明刊本 一册

按此書四庫未收

又十三部清內閣書

明刊本　十三册

鄖王劉公家傳三卷海虞瞿氏書

不著撰人名氏傳寫本三卷有缺葉　一册

按此書四庫未收

宋史岳飛傳附岳忠武廟名賢詩清內閣書

元僧可觀編元刊本　三册每部一册

按附詩四庫未收

以上名人

高士傳三卷附虞般佐高士傳一卷歸安姚氏書

魏嵇康撰清周世敬輯舊寫本　一册

紹興十八年同年録歸安姚氏書、

精鈔本有瓊川吳氏收藏圖書朱文方印　二册

十朝名臣言行錄四十卷　歸安姚氏書

宋刊本有怡親王寶朱文方印　二十四卷後有缺葉　二十四册

稗史集傳一卷　海虞瞿氏書

元徐顯撰傳寫本　一册

按四庫存目作稗傳徐顯繆目作徐顯卿茲更正

元朝名臣事略十五卷　歸安姚氏書

元蘇天爵撰傳鈔本　六册

鄭氏旌義編三卷　清內閣書

明鄭濤等輯洪武丁丑刊黑口本　一册

按此書四庫存目

相鑑二十卷　清內閣書

明太祖欽定明刊蝭裝本有晉府書畫之印朱文方印　殘破

存賢臣一之四七之十六姦臣一二　八册

按此書四庫未收茲依千頃堂書目收入傳記

古今列女傳三卷清內閣書

明仁孝皇后撰明經廠大字本

存一兩本三　三册

四史外戚傳四卷清內閣書

不著撰人名氏明刊本　四册每部二册

按此書四庫未收明史云永樂中編輯外戚傳未知即此書否也

中州人物志十六卷歸安姚氏書

明朱睦㮮撰隆慶刊本　六册

按以下三書四庫均未收

常熟先賢事略十六卷海虞瞿氏書

明馮復京嗣宗撰明萬曆刊本　二册

諸王會要不分卷 清內閣書

不著編輯者名氏明寫本卷首有晉府書畫之印卷尾有

敬德堂圖書印子子孫孫永寶用朱文鈐記　一册

以上總錄

三十六

2

附譜牒

宗藩慶系錄殘卷 清內閣書

宋寫本破爛

存太祖位下 第六世卷四 第七世卷十三 十七

太宗位下 第六世卷二十 第七世卷十八 十九

三只葉 二十三 二十七八 三十 三十

四 三十九

魏王位下 卷七 第六世卷二三 九缺末葉 十二

第七世卷八 二十二之二十三 三十

五六只半葉 二十二册

按以下二書四庫未收

仙源類譜殘卷 清內閣書

宋寫本破爛

存太祖位下　第六世卷一　二十二　第七世卷二

二十二　二十六（缺下半葉）　三十　四十五

太宗位下　第六世卷四（缺下半葉）　六　二十一　三十九

四十一　五十六　第七世卷（缺上半葉）　二十

七　四十四　五十　六十二（缺末葉）　九十

六（缺末葉）　九十八　一百　一百十一

一百十四　一百二十二　一百二十五

一百三十一　一百三十八（缺後半卷）　一百四

十　又零葉約一册（不知卷數）　二十九册

史鈔類

通鑑總類二十卷 清內閣書

宋沈樞撰元刊本　二十四册

又一部 清內閣書

元刊配本有晉府書畫之印　二十册

又一部 清內閣書

元刊本　十二册

又一部 清內閣書

雜配本

存三之五七之十四重五八十一十四　十册

眉山新編諸史策要殘卷 清內閣書

不著撰人名氏宋刊小字本蝶裝

存史記六卷 全

三十八　一

前漢書二十七卷一之十五二十二之二十七
後漢書二十六卷全
魏志七卷一之四
蜀志二卷全
吳志五卷全
晉書卷六之二十一
南齊書三卷全
梁書三卷全
陳書二卷全
元魏書八卷全
周書二卷全
北齊書二卷全
隋書三卷全

唐書二十卷一之四十之十三　二十五册

按此書四庫未收

東西漢詳節三十卷歸安姚氏書

宋刊本眉上標事題首行眉山先生東漢叙錄次行唐庚

子西纂有揭印傒斯朱文方印極佳卷尾又作吕大著點

校三劉互注

存一之八十九之三十　十四册

按此書四庫未收

十七史詳節二百七十卷清内閣書

宋吕祖謙撰元刊小字本

存史記二十卷全

東漢三十卷五之九十二之三十二

三十九

三國志二十卷 十一之 二十

南史二十五卷 一之七十 七之二十五

北史二十八卷 一之八十九之 二十八重一之八

隋書二十卷 全

按此書四庫存目

十二册

又一部 歸安姚氏書

元刊小字本

存史記二十卷 一之七十 五之二十

西漢三十卷 一之二十五 二十八之三十

東漢三十卷 全

三國志二十卷 全

晉書三十卷 全

北史二十八卷 全

隋書二十卷 全

南史二十五卷 一三之二十五

唐書六十卷 一之九十一之六十

五代史十卷 全

一百十六册

歷代史鈔不分卷 歸安姚氏書

不著編輯者名氏舊鈔本 八册

按以下三書四庫均未收

歷代通鑑纂要殘卷 清內閣書

不著編輯者名氏明刊本

存五之七十五之二十二二十七之三十六四十一之四十四四十六之六十六十五六七十之七十二七十四之七十六八十二八十四之八十六八十八之九十二 三十七册

四十一

史鉞二十卷　歸安姚氏書

明晏璧撰嘉靖刊本有白文明善堂覽書畫印記　十册

按此書繆目入史評類茲考其體例實係類鈔改隸於此

時令類

月令通考十六卷 清內閣書

明盧翰撰萬歷己丑刋本 五册

按繆目作十四卷今更正

輿地類

三輔黄圖六卷 歸安姚氏書

不著撰人名氏明刊本 一册

按此書版本與下一部明刊黑口本相同繆目作元刊似誤

又一部 歸安姚氏書

明刊黑口本 二册

以上宮殿

太平寰宇記二百卷 清内閣書

宋樂史撰舊鈔本

存一之三五之二十四四十之五十七八十九之九十五一百〇三之一百〇五一百十二一百二十之一百三十二一百四十三之一百四十八一百五十七一百七十二之二百重五十二之五十五一百三十二 十九册

輿地總圖二册 歸安姚氏書

不著撰人名氏明精鈔本圖表均極精　二册

按此圖四庫未收

寰宇通志一百十九卷清內閣書

明陳循等編明刊本

存十之二十二四十五六五十之一百十五　三十三册

按此書四庫未收

明一統志九十卷清內閣書

明李賢等撰明官刊配本

存八之三十五三十七之八十七八十九之九十　三十六册

又一部清內閣書

明官刊配本

存八之十十四之二十二十四二十九之三十五三十八之四十六十三四六十九之七十一

七十七八卷十十三十三十一七十七八均破爛　十三册

又一部清內閣書

明官刋配本

存八之三十五三十八之四十四十五之六十六六十九之七十八八十一二八十五 三十冊

又一部清內閣書

明官刋配本

存十一之三十五五十九之六十六十三之六十六六十九之七十八八十一二 二十三冊

又一部清內閣書

明官刋配本

存十四之十八二十八九三十二之三十四重三十二三破爛七十七八 八冊

地理沿革表四十七卷本館購進書

清陳芳績撰舊鈔本 十四冊

方輿路程考略清內閣書

清汪士鋐等纂寫本

存直隸三冊四川三冊湖南十四冊安徽一冊浙江七冊廣東七冊河南二十冊陝西二十二冊江西九冊福建五冊 九十一冊

以上總志

新安志十卷 歸安姚氏書

宋羅願撰乾隆刻本據影宋本校 四冊

仙溪志四卷 海虞瞿氏書

宋黃巖孫編傳寫本 四冊

按此書四庫未收

咸淳臨安志一百卷 歸安姚氏書

宋潛說友撰舊鈔本有臣弘謀印白文榕門朱文兩大方印張篆字元健朱文方印師子林舊主人朱文長方印又有汪士鍾讀書朱文小長方印

存一之六十三六十五之八十九九十一之九十七 四十冊

琴川志十五卷海虞瞿氏書

宋鮑廉撰毛刻初印本　六册

按此書四庫未收

琴川志補記十卷海虞瞿氏書

淸黃廷鑑撰道光刊本　一册

琴川三志補記續八卷海虞瞿氏書

淸黃廷鑑輯道光刊本　二册

至正金陵新志十五卷淸內閣書

元張鉉撰元刊本每册首有白文朱氏伯京印末有朱文

東倉朱伯京家藏圖書印

存一二破爛四六十一十三下　五册

又一部淸內閣書

元刊本

四十四

存四之十五　六册

又一部清內閣書

舊鈔本蝶裝未行編寫儒生劉溟呂益翟庸徐震

存一十二四十五四十五　四册

明順天府志六卷歸安姚氏書

明沈應文修萬曆癸巳刋本　十二册

按此書四庫未收

宣府鎮志四十二卷歸安姚氏書

明孫世芳修嘉靖刋本　十二册

按此書四庫未收

欽定日下舊聞考一百二十卷歸安姚氏書

清高宗敕撰舊寫本　三十六册

以上都會郡縣

水經注四十卷 歸安姚氏書

魏酈道元撰明嚴氏刻鍾譚評本另有朱筆標何焯校本

五册

水經注釋四十卷 歸安姚氏書

清趙一清撰舊鈔本有拜經樓吳氏藏書朱文方印愚谷白文圓印

十册

天台山志一卷 海虞瞿氏書

不著撰人名氏傳寫本 一册

按以下三書四庫存目

仙都志二卷 海虞瞿氏書

元道士陳性定撰傳寫本 一册

龍虎山志三卷續一卷 清內閣書

元元明善撰元刋明修本 殘破 六册二部

太和山志十五卷 清內閣書

明任自垣撰明永樂刋本 四册二部

按四庫存目有太岳太和山志十七卷乃明萬歷中田玉所修提要謂嘉靖間王佐始創爲志蓋未見此書也

又一部 清內閣書

明永樂刋本

存一之四七之十五 二册

又一部 清內閣書

明大字寫本

存四之十四 三册

濂溪志十卷 清內閣書

明胥從化編萬歷壬辰刋本

存一二七之十 四册

以上山川

破山興福寺志五卷 海虞瞿氏書

明程嘉燧輯崇禎刊本有錢謙益序　一册

精忠廟志十卷 清內閣書

明張應登撰明刊本

存一　三之十　五册

按此書四庫未收

以上古蹟

武林舊事六卷 歸安姚氏書

宋周密撰明刊本　二册

西事珥八卷 歸安姚氏書

明魏濬撰舊鈔本有舊史徐釚白文方印菊莊徐氏藏書

朱文長方印　二册

以上瑣記

四十六

山海經圖讚見子部小説類

大明清類天文分野之書見子部天文算法類

2

職官類

唐六典三十卷 歸安姚氏書

唐玄宗御撰李林甫註明刋本 十册

按繆目江目均只立政書一類今依四庫例取唐六典以下四種別錄職官類中此書繆目未收江目有之

三事忠告四卷 清內閣書

元張養浩撰明刋本 一册

憲綱事類一卷附風憲忠告一卷御史箴集解一卷 清內閣書

明洪武中御史臺進明刋本 一册

按繆江二目均只題憲綱事類一卷

蘭臺法鑒錄殘卷 清內閣書

明何出光撰萬曆二十五年刋本

存一之二 一册

按此書四庫未收繆目亦不載江目有之

2

政書類

通典二百卷 清內閣書

唐杜佑撰舊鈔本

存一之七 十四之二十八 四十四之六十五 八十之八十四 八十八之一百二十四 一百三十之一百六十 一百七十一之一百八十 一百八十五之二百 二十八册

按繆目作存一之七以後各卷不載江目有之八十之八十四江目作七十三之八十四一百八十五之二百

江目不載

增入諸儒議論杜氏通典詳節四十二卷 清內閣書

不著撰人名氏元至元刊本 十册

按繆目江目均作通典詳節

又一部 清內閣書

元刊本 破爛 四册

按此部繆目不載江目有之

四十八

五代會要三十卷 歸安姚氏書

宋王溥撰舊鈔本乾隆甲寅華滔重訂 八册

文獻通考三百四十八卷 清內閣書

宋馬端臨撰元刊配本

存一之七十三 七十七之一百四十八 卷一百〇四 五破爛 一百五十六之一百六十七 一百七十一之一百八十七 一百九十三之二百三十三 二百四十五之二百五十三 二百五十七之二百七十七 二百八十七之三百四十八 重三一 百〇一二 一百三十六之一 百三十八 九十册

按此部繆目不載存卷江目所載與現存卷數相同惟記重卷耳按不全之文獻通攷現存十二部與江目同繆目只作五部至其現存卷數與繆江二目所記多不相符各部行欵相同繆目某條所指當爲某本實亦無由臆測兹不復一一分疏

又一部 清內閣書

元刊本蝶裝

存七十九之八十一 九十七之一百十九 一百二十 五之一百二十七 一百三十一 一百三十六 一

百四十六之一百五十一 一百七十九之二百○九 二百十三之二百二十四 二百二十九之二百三十八 二百四十三之二百四十九 二百五十三四 二百五十七之二百六十一 二百六十五之二百八十二

三十九册

又一部 清內閣書

元刊本

存 二十五之六十 六十六之七十六 九十七之九十九 一百○三之一百○五 一百十五之一百十七 一百二十八之一百三十一 一百三十六之一百四十五 二百七十四之二百七十七 二百九十五之二百九十八 三百○三之三百十一

二十七册

又一部 清內閣書

元刊本 破爛

存 目錄 九之十二 三十七之五十三 七十六之八十 八十九之九十三 九十八之一百○八 一百十五之一百十九 一百二十六之一百三十一 一百四十六之一百五十二 一百五十九之一百六十四 一百七十六之一百八十三 一百九十三之二百○九 二百七十二之二百七十八 二百八十七之二百九

四十九

十三百三十八之三百四十二 十九冊

又一部 清內閣書

元刊本

存三十七之五十八十九之九十五一百〇二之一百二十九一百四十四之一百七十一上一百八十之一百八十七二百二十八之二百三十三二百三十五之二百四十三二百四十五之二百五十七二百六十四之二百六十九 十七冊

又一部 清內閣書

元刊配本

存八之十三十之十三三十四之三十九六十五之六十九八十之八十三八十五之九十九十之九十五一百〇一之一百〇六一百十六之一百十九一百三十二之一百三十五一百九十三之二百〇一二百三十四二百四十四三百三十二之三百三十九 計十二冊又二半冊

又一部 清內閣書

元刊配本

存目錄 四之五十二 五十四之六十三 六十八之七十 八十之八十一 八十八之一百 一百○六之一百十 一百○八之一百十四 一百十二之一百二十 一百三十五之一百四十五 一百四十三之一百四十九 一百九十一之一百九十九 二百三十二之二百三十八 二百四十六之二百五十二 二百六十六之二百七十一 二百七十八之二百八十二 二百八十四五 二百九十六之三百○五 三百三十三之三百三十七 三百四十三之三百四十八 卷三四七八破爛 重四十二三 四十七 五十八

三十二册

又一部清內閣書

元刊配本破爛

存三之二十五 二十三之三十一 三十六之三十九 五十八之六十二 七十一之七十四 七十九之八十四 九十一之九十五 九十七之一百 一百之一百○九 一百二十八 一百三十七之一百四十二 一百八十八之一百九十二 二百十六之二百二十四 二百三十四之二百四十 二百六十六之二百七十一 重二十三之二十五

二十册

又一部清內閣書

元刊本蜨裝

存九之十七 三十五之三十七 四十八之五十二 五十七之六十八 七十三之八十一 九十五之九十八 一百十八之一百二十二 一百三十九之一百五十 一百五十六之一百六十四 一百八十一之一百八十六 二百二十七之二百三十三 二百五十四之二百五十八 二百六十五之二百七十九 二百八十六之二百九十六 三百二十二之三百三十六　二十六册

又一部 清內閣書

元刊本蜨裝

存四十七之五十 五十四之五十七 六十一之六十四 七十之八十二 一百之一百十七 一百五十八之一百六十七 一百七十一之一百九十五 二百二十五之二百三十五 二百四十四之二百五十五 二百五十七之二百七十七 二百八十五之二百九十八 三百〇八之三百十一 三百十八之三百二十一 三百二十五之三百二十八 三百三十三之三百三十六 三百四十一之三百四十四　四十一册

又一部 清內閣書

元刊配本

存一百十七之一百二十一 一百二十八之一百四十四 一百六十二之一百六十九 一百七十四之一百七十九 一百九十三之二百〇六 二百十五之二百五十五 二百九十六之三百〇五 三百十五之三百二十三 三百二十七之三百四十八 一百六十六 七 二百十九之二百二十九 重 二十一冊

又一部 清內閣書

元刊配本

存四十四之九十四 一百三十九之一百四十二 一百六十七之一百七十三 二百五十之二百五十五 二百六十之二百七十一 二百九十二之二百九十五 三百十五之三百十八 重六十四之七十 八十五之八十九 二十冊

文獻通考詳節 歸安姚氏書

不著撰人名氏舊鈔本 八冊

祖訓錄 清內閣書

明洪武六年頒布諸王緜紙鈔本 一冊

五十一

大明會典一百八十卷 清內閣書

弘治官刊本

存目錄八之十 十九之二十二 二十六之三十四 四十之四十一 六十之六十七 八十一之八十三

一百〇八九 一百十七八 一百八十 一百二十三四 一百二十八九 一百三十四之一百三十七

一百四十五六 一百四十九 一百五十五之一百五十七 一百六十之一百七十一 一百七

十四之一百八十　三十七冊

按繆目未記現存卷數

又一部二百二十八卷 清內閣書

明張居正等撰萬歷四年官刊本

存十四之四十二 一百十九之一百三十二 一百三十六之一百五十一 一百五十五之一百五十八

二百〇九 十 二百十四之二百十八 二百十五卷末有缺葉　三十二冊

按繆目不載一百五十五之一百五十八及二百二十六之二百二十八數卷

又一部 清內閣書

明萬歷官刊本

存四十三之五十四六十之七十六八十四之八十六九十一之九十五　二十一册

又一部清內閣書

明萬歷官刊配本破爛

存四十七七十九八十一百二十七之一百三十二一百四十一之一百四十六一百五十之一百

五十二一百五十四五一百七十一之一百七十五重一百七十三之一百七十五一百九十四五二

百○八二百十二三二百十九之二百二十七　十六册

按此部繆目未收江目只多載一百二十三一卷

又一部清內閣書

明萬歷官刊本

存十十一八十一二一百五十九之一百六十二一百八十一之一百八十五一百九十六之二百

○八二百十三之二百二十八　十册

按繆目所記作存十十一一百八十一之一百八十五二百○一之二百○八二百十二之二百十五二百二

五十二一

十之二百二十八江目未記第十一卷

又一部 清內閣書

明刊配本

存序目一之二十二 二十四之八十 八十二之一百二十 一百二十三之一百五十五 一百五十八

一百六十七之一百七十 一百七十六 一百九十九 二百〇一之二百十五 二百十九之二百二十八

卷六十三 八十四 二百二十七係抄配 一百二十四册

按繆目所記作存一之二十二 二十四之八十 八十三之一百六十一 一百八十一之一百九十九

二百〇一之二百十五 二百十九之二百二十八 江目所記較見存多一百七十一之一百七十五五卷

又一部 清內閣書

明萬歷鈔本

存序 三之十二 十六之五十六 五十八九 六十一之八十七 一百〇一之一百〇九 一百十二三

一百十六之一百四十七 一百五十之二百二十八 一百二十一册

按繆目多收第一百一十卷

以上通制

大唐郊祀錄十卷 海虞瞿氏書

唐王涇撰傳寫本 四冊

太常因革禮一百卷 歸安姚氏書

宋蘇洵撰舊鈔本 原缺五十一之六十七卷 六冊

此書見阮文達四庫未收書目

廟學典禮六卷 海虞瞿氏書

不著撰人名氏傳寫本 三冊

聖朝通制孔子廟祀一卷 海虞瞿氏書

傳寫本 一冊

按此書四庫未收

大明集禮五十三卷 清內閣書

明徐一夔等撰明官刊配本

存四七 八 十一二 二十七 之三十七 四十六七 五十三　十二册

謚法通攷十八卷　清內閣書

明王圻撰萬歷二十四年刊本　十六册

乘輿儀仗做法一卷　清內閣書

明官書刊本　二册

按此書四庫未收

紀年鴻史十二卷　歸安姚氏書

不著撰人名氏明鈔本卷首序稱兄典曰則甫書不知其

何姓也有白文䌛兒留良印

存一之六 九之十二　三册

按此書四庫未收繆目亦不載江目錄入編年類今查書原體例改列於此並記存卷

太常紀要十五卷　清內閣書

清江蘩撰康熙四十一年刊本　四册

聖孝鴻篇四卷 清內閣書

清官書舊鈔本 四册

以上禮制

大元海運記二卷 海虞瞿氏書

不著撰人名氏清胡書農重編傳鈔本 二册

按此書四庫未收繆目亦不載江目有之

兩淮鹽法志十二卷 清內閣書

明史起鰲撰嘉靖辛亥刊本

存一之六 十之十二 五册

按繆江二目未記存卷

福建鹺政全書二卷 清內閣書

明周昌晉修天啓丁卯刊本

存卷一上半 二 二册

五十四

按繆目作存一三江目作存一二

河東運司志十卷清內閣書

清馮達道修順治庚子刊本　五册

夏鎮漕渠志略二卷清內閣書

清胡廷佐修順治十年刊本　四册

新修長蘆鹽法志二十卷附援證十編清內閣書

清顔檢等編舊鈔本　二十四册

按繆江二目均未載

以上邦計

故唐疏律議三十卷歸安姚氏書

唐長孫無忌等撰舊鈔本有嚴長明校藏印朱文長印師竹齋藏朱文小長印孔繼涵題記　五册

又一部清內閣書

元刊配本

存六之十九十三之十五重　二冊

按繆目不記重卷江目有之

又一部附纂例　清內閣書

明刊蝶裝本

存二十七之三十纂例存一冊至擅興止　二冊

元通制條格三十五卷　清內閣書

鈔本　雜令　僧道　營繕　三門

存二十七之三十　一冊

按此書四庫未收繆江二目並作二十五卷繆目不記存卷江目有之

洪武大誥一卷　清內閣書

明太祖御製明刊本　二部各一冊

按以下二種繆目均置子部法家今移隸政書法令之屬

五十五

洪武大誥續編一卷 清內閣書

明太祖御製明刊本 二部各一册

洪武大誥武臣一卷

明太祖御製明刊本 一册

按此書繆目當法家類今改隸於此

以上法令

目錄類

秘書省續編二卷 歸安姚氏書

鈔本師石山房過錄 一册

按此書繆目未記江目有之

國史經籍志五卷 歸安姚氏書

明焦竑撰舊鈔本 五册

千頃堂書目三十二卷 歸安姚氏書

清黄虞稷撰咫進齋鈔本姚覲元手校 十六册

按繆目作二十二卷

曹楝亭書目三册 歸安姚氏書

清曹寅撰舊鈔本有曾在當湖胡鎣江家朱文長方印

三册

江蘇采輯遺書總目二册 歸安姚氏書

五十六

清高晉等編傳鈔本　二册

孫氏祠堂書目四卷　歸安姚氏書

清孫星衍撰舊鈔本　二册

按繆目題作平津館書目

金石類

隸釋十九卷 歸安姚氏書

宋洪适撰舊寫本 六册

按繆目作二十卷

二王帖三卷 歸安姚氏書

宋許開編清康熙年俞良貴刊本歸安姚衡跋 四册

寶刻叢編二十卷 歸安姚氏書

宋陳思纂舊鈔本 六册

按繆目題作寶刻類編不知撰人名氏江目所記與此相同

金薤琳瑯二十卷 歸安姚氏書

明都穆撰精鈔本有蕭爽齋書畫記朱文長方印朱敷之印白文西村朱文兩小方印又兩大方印 四册

吳下冢墓遺文三卷 海虞瞿氏書

明都穆撰傳鈔本　一册

吳下塚墓遺文續三卷　海虞瞿氏書

明葉恭煥撰傳鈔本　三册

金陵古金石攷一卷　陽安姚氏書

明顧起元撰舊鈔本有江恂私印白文于九朱文方印蠅

鬘館珍藏書畫印記朱文長印　一册

歷代鐘鼎彝器款式法帖　見經部小學類字書之屬

史評類

致堂讀史管見三十卷 清內閣書

宋胡寅撰宋刊本

存七之十五十九之二十四破爛不能查卷數 十册

皇朝大事記九卷中興大事記四卷 歸安姚氏書

宋呂中撰明藍格鈔本有黃虞稷白文方印圜客朱文聯珠方印慕齋監定朱文圓印宛平王氏家藏白文方印燕趙胡茨村氏藏書印白文大方印愛日精廬藏書朱文方印士禮居藏朱文長印有黃虞稷跋 十册

通鑑答問五卷 清內閣書

宋王應麟撰明刊蝶裝本

存一 一册

按此二部繆江二目均附玉海後今依四庫例置此

又一部　清內閣書
明刊蝶裝本
存四之五　一册

京師圖書館善本簡明書目

子部

儒家類

荀子二十卷 歸安姚氏書

周荀況撰唐楊倞註宋刋四子纂圖互注本 六册

荀子考異全卷 海虞瞿氏書

宋錢佃撰影鈔本 一册

按此書四庫未收

新書十卷 歸安姚氏書

漢賈誼撰明刋本 四册

新序十卷 清內閣書

漢劉向撰元刋大字本 三册

又一部 清內閣書

明刊大字本　三册
按繆目無下二部
又一部　清內閣書
明刊配本蝶裝　二册
又一部　清內閣書
明刊本
存四之十　二册
說苑二十卷　清內閣書
漢劉向撰元刊本
存一之一三　二册
按繆目無此部
又一部　歸安姚氏書
明刊本　首二卷係鈔補　八册

又一部　清內閣書

明刊大字本　五册

又一部　清內閣書

明刊本蜨裝

存五之六　一册

按繆目無以下三部

又一部　清內閣書

明刊本

存一之四　一册

又一部　清內閣書

明刊本

存一之四　一册

又一部　清內閣書

明刊配本九卷首十二卷尾十三卷首均有缺葉 五册

說苑新序合刻三十卷 歸安姚氏書

明刊本 六册

揚子法言十卷 歸安姚氏書

漢揚雄撰宋司馬光集注宋刊四子纂圖互注本 四册

又一部 歸安姚氏書

明刊本 三册

文中子中說十卷

隋王通撰宋阮逸注宋刊四子纂圖互注本 四册

又一部 歸安姚氏書

明刊本 二册

伊洛淵源錄十四卷 海虞瞿氏書

宋朱熹撰明刊本 六册

按此書四庫未收

新刊分類近思錄十四卷 歸安姚氏書

宋朱熹呂祖謙同撰宋刊巾箱本

存七之十 四册

近思錄集解十四卷 清內閣書

明朝鮮刊大字本 四册

朱子成書不分卷 清內閣書

元刊本末册有晉府書畫之印敬德堂圖書記

存太極圖通書西銘正蒙易學啓蒙律呂新書六種 四册

按此書四庫未收

朱子語類大全百四十卷 清內閣書

宋黎靖德編明成化刊本

存一之六十五之三十五四十四之六十一八十三之九十 八册

文公先生經世大訓十六卷清內閣書

明余祐撰明天啓刊本

存一之十三　五册

按四庫儒家存目作徐祐編

晦菴先生朱文公語錄殘卷清內閣書

不著撰人名氏元鈔藍格本

存二五六十三
二十九之三十三　四册

按此書四庫未收

木鐘集十一卷清內閣書

宋陳埴撰明刊本　四册

大學衍義四十三卷清內閣書

宋眞德秀撰宋刊本蝴蝶裝

存一之九　二册

又一部　清內閣書

明翻宋本　三十二册

又一部　清內閣書

元刊本

存一之三十六三十八之四十三　五册

又一部　清內閣書

元白口大字本字近趙體

存一之九十九之二十三三十四之四十三　六册

又一部　清內閣書

元刊本蝴蝶裝

存三十二之三十五三十六之三十九　二册

又一部　清內閣書

明刊大字本

存一之十一二十二之二十六三十一之三十四四十三　五册

又一部清內閣書

宋刊小字本

存一之十一　八册

又一部清內閣書

明經廠本

存六之三十四十一之四十三　五册

又一部清內閣書

元刊本

存十三之三十四　二册

又一部清內閣書

宋刊本

存十八之二十二　二册

又一部 清內閣書

朝鮮本

存一之四 十之四十三 九册

又一部 清內閣書

元刊本破爛 二册

眞西山讀書記六十一卷 清內閣書

宋眞德秀撰宋刊本有延祐五年補刊

存甲集五之六 十一 二 十八 二十 乙集四 四册

黃氏日鈔九十五卷 清內閣書

宋黃震撰明刊本

存十一之十三 三十七之四 十二 七十七之八十六 三册

又一部 清內閣書

元刊本

存六五之六九　一册

性理羣書句解前集二十三卷後集二十三卷　清內閣書

宋熊節編宋刋本

存前集全有缺頁後集十七之二十三　三册

按四庫所收但有前集二十三卷

聖學心法四卷　清內閣書

明成祖御撰官刋大字本　四册

按四庫儒家存目

又一部　清內閣書

明鈔本　四册

內訓一卷　清內閣書

明仁孝文皇后撰官刋大字本蜨裝十五部各一册內二部無注

性理大全七十卷　清內閣書

明胡廣等撰明刊大字本　三十册

又一部　清內閣書

官刊大字本

存五十二之七十　九册

按繆目無此部

又一部　清內閣書

明刊小字本

存一二六之八十之十三四十三之四十六　四册

又一部　清內閣書

明精鈔本

存序目卷一四五八之十十五六二十一二　六册

又一部　清內閣書

明刊本

存五六之五七　一册

按繆目無以下七部

又一部　清內閣書

明刊配本

存一之八十一之七十　二十九册

又一部　清內閣書

明刊配本

存一之四十一之七十　二十七册

又一部　清內閣書

明刊配本

存一之四十四之十五二十之二十五二十九之三十四四十三之五十一五十之七十

十九册

又一部　清內閣書

明刊配本

存一之四二十之二十五二十九之三十四四十三之四十五四十九之五十一五十九之七十　十五册

又一部　清內閣書

明鈔本

存一之八十四之十五二十六之二十八四十六之五十八六十一之七十　十六册

又一部　清內閣書

明刊本

存二十二之二十五二十九之三十一四十九之五十一五十七之五十八六十三之七十　九册

五倫書六十二卷　清內閣書

明宣宗御撰正統中英宗製序官刊本　六十二册

按此書四庫未收明史藝文志入儒家兹仍之

又一部　清內閣書

明刊大字雜配本

存一之二十三二十五之四十六之二十四十八之六十二

五十六册

3

兵家類

兵要望江南詞一卷 歸安姚氏書

唐易靜撰舊鈔本有當湖小重山館胡氏蓬江珍藏朱文長方印 一册

按此書四庫兵家存目

武經總要四十卷 清內閣書

宋曾公亮等撰舊鈔綿紙藍格本

存 前集一之四 六之七 後集五之八 十三之十七 五册

又一部 清內閣書

亦綿紙本鈔手更舊

存前集一之四 一册

虎鈐經二十卷 歸安姚氏書

宋許洞撰元鈔本用大德公事紙鈔有晉陽家藏朱文方

印天籟閣朱文長印竹垞朱文方印花山馬仲安家藏善本朱文方印鞠農白文小長印吳翌鳳家藏文苑白文長印　四册

百將傳十卷 清內閣書

宋張預撰朝鮮刊本

存二三五七八十　六册

按此書四庫兵家存目

法家類

刑統賦疏全卷 海虞瞿氏書

宋傅霖撰元沈仲緯疏傳鈔本賦共八韻　四册

按此書四庫未收

刑統賦解二卷 海虞瞿氏書

元郄　韻釋元王亮增注傳鈔本　二册

按此書四庫法家存目

粗解刑統賦全卷 海虞瞿氏書

元孟奎解傳鈔本缺末二條　與下種共訂一册

按以下二書四庫均未收

刑統賦注一卷 海虞瞿氏書

不著撰人姓名傳鈔本缺前二韻

醫家類

肘後備急方八卷　歸安姚氏書

晉葛洪撰明刊本有袁又愷藏書朱文方印五硯樓圖書朱文大長方印　八册

大德重校聖濟總錄二百卷　歸安姚氏書

宋徽宗敕編元刊本

存六十五　六　七十一　九十三　一百五十　四册

按四庫所收惟有聖濟總錄纂要二十六卷

大觀本草三十卷　歸安姚氏書

宋唐慎微撰宋刊本圖亦甚精

存十二　十三　一册

政和經史記證類備用本草三十卷　歸安姚氏書

宋唐慎微撰元刊本刻印絕精　二十四册

類證普濟本事方十卷歸安姚氏書
宋許叔微撰舊鈔本有韓印之圻白文禮春朱文兩方印
古柏山房朱文方印　二册
張仲景注解傷寒百證歌五卷附傷寒發微論二卷海虞瞿氏書
宋許叔微述傳寫本　四册
按此書四庫未收
外科集驗方一卷歸安姚氏書
楊清叟編明刊本有怡府世寶朱文方印明善堂安樂堂
兩印
按以下三種四庫均未收
秘傳外科方一卷
明刊本
仙授理傷續斷方一卷

舊題藺道者所傳明刊本　以上三種共三冊

普濟方四百二十六卷

明周定王橚撰舊鈔本密行小字氣息古雅首有曾藏汪閬源家朱文長印

存八之十十六之二十一二十三之二十七三十四之三十六四十之四十三一百二十四一百三十二之一一百三十四一百四十九一百五十四一百六十八之一百六十五　二十八冊

又一部清內閣書

明刊本

存三十一三十四四十五六四十九五十二五十八六十三七十二八十八十二八十四八十七八一百零四一百十六一百四十　十六冊

玉機微義五十卷清內閣書

明徐用誠撰劉純續增元刊本

存七之五十　五冊

本草原始十二卷 清內閣書

明李中立撰明刊本 八册

按以下二種四庫未收

回回藥方三十六卷 清內閣書

不著撰人名氏舊鈔本

存下卷目録十二三十三十四 四册

纂圖類方馬經殘卷 清內閣書

不著撰人名氏舊鈔本

存五六七五無首七無尾 一册

按四庫醫家存目作六卷

足經圖附說三葉 清內閣書

彩筆畫 三頁

天文算學類

六經天文編二卷 清內閣書

宋王應麟撰明刊蝶裝 二册

大明清類天文分野之書二十四卷 本館購進書

明武十七年官修官刊大字本 十册

按此書四庫天文算學類存目

西域歷法通徑殘卷 清內閣書

明劉信編輯刻格舊鈔本

存十一之十四 二十一之二十四 四册

按此書繆目入地理類以爲名爲天文實則地志自屬的論茲以善本書目均依據四庫提要編纂故仍收入天算類而於地理類互見其目

古今律歷考七十二卷 清內閣書

明邢雲路撰明刊本

存十一之十六 十二之二十五　九册

西洋新法歷書一百卷　清內閣書

明徐光啓等修明刊清修本

存二十一種　五十四册

以上推步

算法全能集二卷　清內閣書

元賈亨撰元刊本　四部各一册

以上算法

術數類

觀象玩占五十卷 歸安姚氏書

舊題唐李淳風撰明鈔紅格本 二十册

按以上二書四庫術數類存目

元珠密語十七卷 歸安姚氏書

舊題唐王冰撰舊鈔本黃丕烈跋有武林高深甫妙賞樓藏書朱文長印曾藏汪閬源家朱文長印士禮居白文方印 四册

景祐乾象新書三十卷拾遺十卷 歸安姚氏書

宋楊惟德等撰明鈔綿紙藍格本有何印元錫白文夢華館藏書印白文兩方印李兆洛白文方印 三十二册

按此書四庫未收繆目入天算類茲以所記均屬占驗改隸於此

景祐太乙福應經集要十卷 淸內閣書

宋楊惟德等撰舊鈔本

存一之五　一册

按此書四庫未收

天文秘書不分卷　歸安姚氏書

不著撰人名氏舊鈔本　二十册

按此書四庫未收繆目入天算茲以記載占候改列於此

天元玉歷祥異賦十卷　清內閣書

不著撰人名氏舊鈔五色繪圖本明洪熙皇帝製序十册

按此書四庫未收術數類存目有注解祥異賦七卷提要云與此書相類

大統通占殘卷　清內閣書

明劉哲編明鈔本

存五之六十一十五之十六三十六之四十一五十四之五十七　八册

按此書四庫未收明史藝文志作四卷與現存卷數多寡不符

以上占候

龍法　清內閣書

不著撰人名氏舊鈔本　五册

按此書四庫未收

以上相宅相墓

焦氏易林注　清內閣書

漢焦贛撰注不著撰人名氏宋刊本蝶裝

存三四七之十十三四　四册

按注文四庫未收

六壬管見十二卷　清內閣書

明官應震撰舊鈔本

存一之四　二册

按此書四庫未收

以上占卜

太乙統宗寶鑑二十卷 歸安姚氏書

明吳珫撰舊鈔本 六册

此書四庫術數類存目

選擇歷書五卷 清内閣書

洪武九年欽天監奉敕撰定明刊本 五册

按以下三種四庫均未收

統歷彙集元龜殘卷 清内閣書

不著撰人名氏舊鈔本

存二十五六 一册

命書 清内閣書

不著撰人名氏舊鈔本

存甲子十七册 甲寅二十二册 甲辰八册 甲午十六册 甲申十册

甲戌二十三冊　乙丑二十冊　乙卯五冊　乙巳四冊　乙未六冊
乙酉十冊　乙亥九冊　丙子十二冊　丙寅十一冊　丙辰九冊
丙午六冊　丙申五冊　丙戌九冊　丁亥一冊　戊子十冊
戊寅二冊　戊辰十九冊　戊午六冊　戊戌十一冊　庚子七冊
庚寅十五冊　庚午九冊　庚申十九冊　庚戌十六冊　辛丑四冊
辛未十六冊　辛酉十六冊　辛亥十二冊　壬寅四冊　壬辰九冊
壬子十二冊　壬午一冊　壬申十九冊
以上陰陽五行

十五

3

藝術類

宣和畫譜二十卷 歸安姚氏書

不著撰人名氏刊本 四册

書畫史二卷 歸安姚氏書

宋米芾撰明翻宋本摹印極精 四册

書學會編十四卷 歸安姚氏書

明黃瑜集編天順壬午刊本內分法帖釋文十卷書史一卷法帖刊誤二卷法帖譜集一卷 四册

按四庫藝術類存目提要云譌脫不可讀

欣賞繪妙續編丙集全卷 清內閣書

東海生康伯父撰明萬歷刊本 一册

按此書四庫未收繆目亦無之

十六 一

3

譜錄類

考古圖十卷　歸安姚氏書

宋呂大臨撰元刊本　四册

按四庫所收尚有續考古圖五卷釋文一卷

至大重修宣和博古圖錄三十卷　歸安姚氏書

宋王黼撰元刊大字本有孫印星衍白文方印繡衣執法大夫印白文方印　十五册

又一部　清內閣書

行款與上同印在先今存鐘四爲周至漢鑑三爲龍鳳門至鐵鑑門　一册

新纂香譜四卷　海虞瞿氏書

宋陳敬撰傳鈔本存卷一卷二

存一二　二册

雜家類

呂氏春秋二十六卷 歸安姚氏書

秦呂不韋撰元刊本有周印良金朱文方印毗陵周氏九松汪叟藏書記朱文長方印 十二册

淮南鴻烈解要略間詁二十八卷 歸安姚氏書

漢淮南王劉安撰高誘註舊鈔本有蕘圃手校朱文大方印士禮居藏白文方印 四册

按蕘圃跋云淮南子世有二本一爲二十一卷出於宋本一爲二十八卷出於道藏按四庫所收爲二十一卷本此則出於道藏者也

劉子二卷 歸安姚氏書

北齊劉晝撰影鈔宋本首有石研齋秦氏印朱文長方印 二册

按四庫總目作十卷

顏氏家訓二卷 歸安姚氏書

隋顏之推撰明程伯祥刊本 二册

長短經九卷 歸安姚氏書

唐趙蕤撰舊鈔本後有杭州淨戒院新印七字 四册

畸人十篇二卷 清內閣書

明利瑪竇撰明刊本 二册

按繆目無此書江目有之

以上雜學

白虎通德論二卷 歸安姚氏書

漢班固撰元刊本 四册

按四庫總目作四卷繆目作明刻本

容齋隨筆十六卷四筆十六卷 清內閣書

宋洪邁撰宋刊本此書宋刻罕見

存隨筆一之五四筆一之五　二册
按繆目誤作五卷今改正
程氏考古編十卷　清內閣書
宋程大昌撰舊鈔本　四册
程氏續考古編十卷　海虞瞿氏書
傳寫本卷端有王芑孫跋舊爲何焯藏書　二册
按此書四庫未收
芥隱筆記一卷　歸安姚氏書
宋龔頤正撰舊寫本有湘城九霞野逸龔文照紫鋐堂藏
書白文長印文照之印白文野夫所藏朱文連珠小方印
一册
困學紀聞二十卷　歸安姚氏書
宋王應麟撰淸乾隆馬曰璐刊本錢大昕校語瞿中溶錄

於書眉　六册

考訂困學紀聞集證二十卷　歸安姚氏書

十箋本香山黃培芳校　十二册

以上雜考

論衡三十卷　歸安姚氏書

漢王充撰通津草堂刊本有洛下王孫世家朱文方印陸氏子淵白文方印飛雲閣朱文圓印松窗小隱朱文方印　十四册

封氏見聞記十卷　歸安姚氏書

唐封演撰舊鈔本　一册

吹劍錄不分卷　歸安姚氏書

宋俞文豹撰舊鈔本有高銓之印白文固叟朱文兩方印　二册

按四庫入雜家存目

霏雪錄一卷 歸安姚氏書

明鎦績撰舊鈔本 一册

棗林外索三卷 歸安姚氏書

清談遷撰舊鈔本 三册

按此書四庫未收

以上雜說

意林五卷 本館購進書

唐馬總撰舊鈔本 八册

按繆目無此書江目有

紺珠集十三卷 歸安姚氏書

不著撰人名氏舊鈔本 四册

自警編五卷 清內閣書

宋趙善璙撰宋刊本　四册

存一二四五卷

按四庫總目作九卷

又一部 清内閣書

存一二四卷　三册

說郛一百二十卷 清内閣書

元陶宗儀編舊鈔本

存三四二十三之二十七二十八之二十九三十之三十二　五册

宗藩昭鑒錄不分卷 清内閣書

明陶凱等編明鈔朱絲闌本　二册

按此書繆目入官制兹依四庫全書雜家存目改隸此類

勸善書二十卷 清内閣書

明仁孝文皇后撰官刊大字本　二十部各十册

按此書繆目入儒家類茲依四庫全書雜家存目改列
於此又二十部繆目作一部

又一部 清內閣書
明官刊大字本
存一之二五之二十 九册
按以上各大字本及鈔本繆目均未載

又一部 清內閣書
明官刊大字本
存一之十四十七之二十 九册

又六部 清內閣書
明官刊大字本
俱存十一之二十 各五册

又四部 清內閣書
明官刊大字本

俱存十五之二十　各三册
又一部清內閣書
舊鈔本
存三之四十四之十五　四册
又九十三部清內閣書
按繆目未載部數
明官刋藍皮小字本　每部五册
又一部清內閣書
明官刋藍皮小字本破爛
存五之二十重九之十二四卷　五册
爲善陰隲十卷清內閣書
明永樂中編官刋大字本　二部各一册
按此書繆目入儒家類茲依四庫全書雜家存目改編

歷代臣鑑三十七卷　清內閣書

明宣宗御製明刊本

存一之二十九三十四之三十七　九冊

按此書繆目入傳記類茲依四庫全書雜家存目改編

碎金二卷　清內閣書

不著撰人名氏明刊本大字行書寫刻俱精　一冊

按此書四庫未收

又一部　清內閣書

明刊小字本　一冊

策塲便覽十卷　清內閣書

明馬子諒撰明刊本

存一之四　一冊

按此書四庫未收

二十二

以上雜纂

天學初函五十四卷 本館購進書

明徐光啓等編崇禎間刊本 三十二册

按四庫雜家存目作五十二卷

傳是樓彙鈔十一種 歸安姚氏書

明李東陽等撰舊鈔本 五册

按此書四庫未收

以上雜編

類書類

藝文類聚一百卷 歸安姚氏書

唐歐陽詢撰明胡纘宗刊本陸采跋清同治間杭州譚獻
借陳氏帶經堂馮己蒼錢求赤校本過錄於胡本上

二十册

大唐類要一百六十卷 歸安姚氏書

唐虞世南撰藝海樓鈔本朱筆校有莫友芝丁日昌二記

二十四册

按四庫總目未收曝書亭集云即虞氏北堂書鈔今世
所行者出陳禹謨刪補盡失其舊類要大略出於原書

初學記三十卷 歸安姚氏書

唐徐堅等撰明項氏刊本有華山馬仲安藏書本朱文方
印金星軺藏書記朱文長方印

三十二册

元和姓纂十卷 歸安姚氏書

唐林寶撰舊鈔本　五册

按繆目無此書江目有之四庫總目作十八卷

太平御覽一千卷　歸安姚氏書

宋李昉等撰明藍格寫本有日本人印　一百册

又一部　清内閣書

明鈔本

存目録一之四　卷一之十六　二十一之二十六　七十二之八十一　三百○四之三百十三　五百二十六之五百三十五　五百五十六之五百六十六　六百二十九之六百三十八　七百○七之七百二十七　七百七十三之七百八十四　八百○三之八百十二　八百四十七之八百六十二　八百八十四之九百四十五　各卷首尾多有缺頁　十九册

册府元龜一千卷　清内閣書

宋王欽若等撰宋刊本蝶裝有晉府書畫之印

存四十一之四十五　五十六之六十　二百七十一之二百七十五　三百四十一之三百四十五　三百五

十六之三百七十五 三百八十六之三百九十 三百九十六之四百 四百十一之四百十五 四百五十六之四百六十 四百七十一之四百七十五 四百九十一之四百九十五 五百八十六之五百九十

十五冊

又一部 歸安姚氏書

明鈔彙萃本

存六百〇七之七百〇五 七百〇九之七百十六 七百三十三之七百三十六 七百四十一 七百五十七之七百六十 八百〇一二 八百〇七之八百一十 八百十三四 八百六十六之八百七十五 九百三十四五 九百三十九 九百四十三 九百四十八九 ·九百五十七之九百六十六

十四冊

國朝册府畫一元龜甲集九十卷乙集七十四卷 清內閣書

不知何人所撰舊鈔本所載宋事至徽欽爲止

存甲集 三十六之四十三 六十九之七十六 八十五之九十 乙集 目錄二冊 十六之二十二

七冊

按此書四庫未收

二十四

事物紀原十卷 歸安姚氏書

宋高承撰明刊本照宋本校過首卷係鈔補 十册

按此書繆目收入雜家類茲依四庫總目改編

書叙指南十二卷 歸安姚氏書

宋任廣編明嘉靖刊本有錢氏叔寶白文方印黃丕烈跋 四册

按此書繆目誤入藝術類茲依四庫總目更正

錦繡萬花谷前集四十卷後集四十卷 歸安姚氏書

不著撰人名氏宋刊本鈔配

存前集目錄二册一之八十一之十九二十一之二十五二十九三十一之三十三三十五之四十後集二之三十七 四十三册

按四庫總目尚有續集四十卷

古今事文類聚前集六十卷後集五十卷續集二十八卷別

集三十二卷新前集三十六卷外集十五卷 清內閣書

前後續別四集宋祝穆撰新外二集元富大用撰

新集缺十二之十四 四十八册

按四庫總目尙有遺集十五卷元祝淵撰

又一部 清內閣書

元刊本 重複破爛 五十六册

又一部 清內閣書

元刊本 破爛不完 二十九册

又一部 清內閣書

明刊本蝶裝

存前集五十之五十四後集十之十四十九之二十一三十三之三十六別集九之十二

五册

山堂先生羣書考索前集六十六卷後集六十五卷續集五

十六卷別集二十五卷 清內閣書

宋章如愚撰元刊小字本舊缺前集十七之二十續集一二兩卷今轉取歸安卷氏書補配以成完書 三十二册

又一部 歸安姚氏書

前集缺十八之二十五十九之六十六 續集缺目錄一之二 七十四册

又一部 歸安姚氏書

元刊小字重複本 破爛不完

古今源流至論後集十卷別集十卷 歸安姚氏書

後集宋林駉撰別集宋黃履翁撰元刊本

存後集六之十別集六之十 四册

按四庫總目尚有前集續集各十卷均林駉撰

玉海二百四卷 歸安姚氏書

宋王應麟撰元刊本

重六十一之六十二二卷又八十之八十二三卷係鈔補　二百册

按四庫總目題作玉海二百卷附辭學指南四卷

又一部　清內閣書

元刊本蝶裝

存十八之二十三四十之四十一四十七六十五七十四之七十五七十八之七十九九十五之九十六一百之一百〇二一百十一百二十三一百三十六之一百三十八一百五十五之一百五十六一百六十五之一百六十六一百七十一此卷係鈔補一百九十一之一百九十三上一百九十六之一百九十七二百之二百〇一　二十三册

又一部　清內閣書

元刊本

存目錄全一之二六之八十二之十六十九之二十三三十七之四十七五十二五十四之五十九六十五之七十二七十五之八十七九十二之九十六一百〇二之一百〇九一百十一之一百二十二一百三十之一百三十一一百三十四之一百四十二一百九十六之一百九十九　三十一册

又一部 清内閣書

元刊本

存三十三之四十二 四十六之四十七 六十四之六十五 六十九之七十六 九十八之一百 一百○五之一百○七 一百二十三之一百二十五 一百二十八之一百三十三 一百六十三之一百六十五 一百七十之一百七十二 一百七十七之一百八十 一百八十二之一百八十三 一百八十八之一百九十九

二十一册

又一部 清内閣書

元刊本

存一百七十三之一百七十六

二册

又一部 清内閣書

明刊蝶裝本

存目録全 一之二十五 三十六之四十 四十三之五十二 五十五之六十 六十四之一百 一百○三之一百○四 一百○七之一百○九 一百十一之一百十九 一百三十之一百三十九 一百四十七之

一百五十二 一百五十五之一百六十四 一百六十八之一百六十九 一百七十一之一百七十七 一百九十之二百〇一 六十五册

又一部 清內閣書

明刊蝶裝本

存十之十一 十四之十五 五十九之六十 六十八之六十九 八十一之八十二 九十五之九十八 一百〇七之一百〇九 一百十三之一百十四 一百十七之一百十九 一百三十四之一百三十九 一百五十五之一百五十九 一七八前三頁 十五册

又一部 清內閣書

明刊本

存二之三 二十二之二十九 三十二之三十八上 四十一之四十八 五十四之五十五 七十九之八十 八十三之九十二 一百〇九之一百十 一百十五之一百十六 一百二十之一百二十一 一百五十三之一百五十四 一百六十七之一百六十八 一百七十三之一百七十六 一百七十九之一百八十 一百八十六之一百八十七 一百九十七之二百〇一 三十册

又一部 清內閣書

明刊本

存十之十二 十六之二十一 三十七之四十四 五十七之五十八 六十六之六十七 九十八之一百 一百〇四之一百〇六 一百十三之一百十五 一百二十八之一百三十 一百四十六之一百四十八 一百五十二之一百五十四 一百六十四之一百六十九 一百八十二之一百八十四 二百之二百〇一 十八册

小學紺珠十卷 清內閣書

宋王應麟撰明刊蝴蝶裝本

存五之六 一册

又一部 清內閣書

明刊本

存一之八 三册

姓氏急就篇二卷 清內閣書

宋王應麟撰明刊蝶裝本　二册

增廣事聯詩學大全三十卷　歸安姚氏書

元刊本

存十五之三十　四册

按此書四庫未收繆目無江目有

永樂大典二萬二千八百七十七卷　清翰林院書

明解縉等撰嘉靖重錄正本此書尚有四册留教育部

存二支七百八十二之七百八十四八灰二千七百四十三四 二千八百○八之二千八百十三

九眞二千九百四十八之二千九百五十五 三千○三四 三千一百五十之三千一百五十一

三千五百○七八 三千五百二十七八 三千五百四十九 三千五百八十六七

十八陽六千五百二十三四 六千五百八十四 六千七百六十四之六千七百六十七 七千一

百○四五 七千二百四十一二 七千三百二十九 七千三百七十八九 七千三百八

十五之七千三百八十八 七千四百四十九之七千四百五十 七千四百五十三之七千

四百六十七千四百六十一二七千六百五十之七千六百五十一

十九庚 七千七百○一二七千八百八十九之七千八百九十七千八百九十一之七千八百九

十五七千九百六十三八千一百九十九八千五百○六七

二十尤 八千八百四十四五八千九百○九之八千九百十八千九百八十之八千九百八十一

六姥 一萬○八百七十六七

一送 一萬三千○十八一萬三千○二十一萬三千○七

十四之一萬三千○七十五

四霽 一萬四千○四十六一萬四千○四十九之一萬四千○五十二

七泰 一萬五千一百

三十八九

五御 一萬四千四百六十一二

一屋 一萬九千九百三十一

二質 二萬○一百二十一二二萬○一百九十七二萬二百○四五二萬三百十之二萬三

百十一二萬四百二十四五二萬四百二十六七八 六十册

按此書四庫存目總目不載

小說類

續墨客揮犀十卷 海虞瞿氏書

宋彭乘撰傳寫本 二册

按此書繆目入雜家據四庫總目墨客揮犀入小說家茲仿其例改列於此繆目又謂是書傳本絕稀各家書目皆謂已佚不知阮文達四庫未收書目即有之可謂失之眉睫矣

北窗炙輠錄二卷 歸安姚氏書

宋施德操撰姚覲元手鈔本 一册

按四庫總目作一卷

桯史十二卷 歸安姚氏書

宋岳珂撰元刊本有夢鷗僊館朱文小方印 六册

按四庫總目作十五卷

歸潛志十四卷 歸安姚氏書

元劉祁撰舊鈔本 二册

以上雜事

山海經圖讚十三卷 歸安姚氏書

舊鈔本有葉樹廉印白文石君朱文聯珠兩方印樸學齋朱文方印歸來草堂朱文大方印孫氏從添白文慶增氏朱文兩方印 一册

博異志一卷 海虞瞿氏書

按繆目入地理類茲依四庫總目改列於此而仍互見於地理類

題谷神子名還古撰或曰姓鄭氏傳寫本 一册

廣異記二十卷 歸安姚氏書

唐戴孚撰精鈔本有汪士鍾白文長印 十册

按此書四庫未收

燈下閒談二卷 海虞瞿氏書

不著撰人名氏影鈔本 一册

按此書四庫未收

青瑣高議二十卷清內閣書

宋劉斧撰墨格鈔本　二册

存前集一之五
後集一之五

按四庫小說類存目

以上異聞

酉陽雜俎二十卷歸安姚氏書

唐段成式撰舊鈔本朱筆校首有江山劉履芬彥清父收

得朱文方印　四册

以上瑣語

三十一

波羅密經一卷 歸安姚氏書

梁扶南三藏曼陀羅仙譯宋刊本有鬱岡精舍白文方印笪字朱文圓印江上外史朱文方印繡衣御史章白文方印 一冊

按繆江目錄排次此類著述先後多與時代不符茲均爲釐正不復一一注明以省繁冗原目具在可比類而觀也四庫總目所收僅法苑珠林五燈會元二種又繆目未載此書譯者姓名

釋迦成道記一卷 清內閣書

唐王勃撰明成化庚子刊大字本 一冊

法苑珠林一百卷 清內閣書

唐釋道世撰明鈔朱絲闌本鈔極精

存目錄一之八十一之十九二十三之三十三十三之三十九四十一六之五十三五十七之六十六十五之六十七七十一之七十八八十七之八十九九十七之一百 二十一冊

三十一

按四庫總目作一百二十卷釋藏目錄均作百卷

黃檗心要一卷 清內閣書

唐裴休撰並序明永樂刊本　一册

頓悟入道要門論二卷 清內閣書

唐沙門慧海撰舊鈔本　一册

華嚴原人論解二卷 清內閣書

唐沙門宗密述元沙門圓覺解明刊本蝶裝

存卷中　一册

按繆目誤作沙門圓覺述

景德傳燈錄三十卷 歸安姚氏書

宋沙門道原編宋刊本有巢鶴堂白文小方印田藻珍玩朱文方印上湖朱文小長方印葉印時愷白文方印襄虞朱文方印

存十二之十三 十一 二册
按繆目作四卷茲依各家目錄更正

五燈會元二十卷清內閣書
宋釋普濟編宋刊本
存五之十八 七册

又一部清內閣書
明鈔本
存一之五 九三 二十 六册

翻譯名義集十四卷歸安姚氏書
宋姑蘇景德等僧法雲編元刊本有漢陽葉名澧潤臣印
白文方印 八册

又一部清內閣書
宋刊本

三十二

存卷六　一册

龍舒淨土文十四卷 清內閣書

宋王日休虛中撰明永樂十九年重刊元本 破爛　四册

又一部 清內閣書

明刊本 破爛

存一之九　三册

禪林寶訓四卷 清內閣書

宋釋士珪宗杲輯明沙門淨善重集明刊本 破爛　一册

按繆目不載原輯人名茲據閱藏知津補

東林和尚雲門庵主頌古一卷 清內閣書

宋釋士珪宗杲撰宋刊本　一册

按繆目誤作釋悟本撰茲據士珪後序更正

佛果圜悟禪碧巖集十卷 清內閣書

宋釋克勤撰元刊本

存一之五　一册

按繆目不載撰人茲據讀書志補

宗門武庫一卷附雪堂和尚拾遺錄清內閣書

宋比丘道謙編明洪武翻宋刊本　一册

大慧普覺禪師年譜一卷海虞瞿氏書

宋釋祖詠編傳寫本　二册

釋氏通鑑十二卷清內閣書

宋釋本覺編集明刊本

存一之六　一册

密哩斡巴上師道果十卷清內閣書

元持呪沙門莎南屹羅譯明鈔本

存卷十　一册

蒙山和尚普說一卷 清內閣書

元釋知訥撰舊鈔本 一册

按繆目不載撰人茲據閱藏知津補

別岸和尚語錄一卷 清內閣書

元釋若舟撰元刋本 一册

按繆目不載撰人茲據本書附錄補

福源石屋珙禪師語錄一卷 清內閣書

元釋清珙撰門人至柔編明刋本 一册

按繆目不載撰人茲據千頃堂書目補

楞嚴會解十卷 清內閣書

元師子林沙門維則撰明刋本有誦清芬齋收藏朱文長方印菴摩羅室朱文方印長白熙元造石象一區願一切書永脫諸厄白文扁方印有象 五册

按繆目作明沙門維則撰茲據千頃堂書目改正

禪林類聚二十卷 清內閣書

元比丘智鏡集明刊本

存十三四 一册

按繆目未載撰人時代茲據千頃堂書目補

三教平心論一卷 清內閣書

元劉謐撰元刊本 一册

神僧傳九卷 清內閣書

明成祖御撰明刊本 三册

按四庫釋家存目有此書提要以爲元人撰千頃堂書目云明成祖編輯按書有永樂十五年御製序略云神僧傳散見經典觀者未能周徧間采輯爲九卷刻梓以傳則黃氏之言信矣

又四部 清內閣書

明刊本 十二册

三十四

又一部 清內閣書

明刊本

存四之九重四五六三卷 三册

諸佛如來菩薩尊者名稱歌曲一卷 清內閣書

明成祖撰永樂十八年刊本 一册

按綴目未載撰人茲據千頃堂書目補

普庵語錄四卷 清內閣書

明釋 撰明永樂刊本

存一三 二册

大明三藏法數四十卷 清內閣書

明釋一如撰明鈔本

存四五二十三 四册

按千頃堂書目作十八卷此本所存者尚有二十三卷當是從釋藏四十卷本中鈔出書

道家類

道德經講義十二卷 歸安姚氏書

題宋左街鑒義主管教門公事祐聖觀虛白齋高士呂知常撰進明刊本有籤後人受之甫讀書記朱文方印越谿草堂朱文方印明善堂覽書畫記白文長方印安樂堂藏書記長方印 四册

按此書四庫未收

列子八卷 海虞瞿氏書

周列禦寇撰元刊本 二册

莊子注十卷 歸安姚氏書

晉郭象注宋刊四子纂圖互注本

存一之八 六册

又一部 歸安姚氏書

明世德堂六子本有朱筆圈點　六册

參同契二卷 歸安姚氏書

魏伯陽撰明鈔本　二册

周易參同契發揮三卷釋疑一卷 歸安姚氏書

宋俞琰撰明刊本　六册

三子口義十八卷 歸安姚氏書

宋林希逸撰明刊本　四册

按四庫總目僅收莊子口義十卷提要云爲三子口義之一

雲笈七籤一百二十卷 清內閣書

宋張君房撰明張萱刊本

存一之十一 二十之二十二 二十七之三十 三十五之四十五 五十之五十三 五十八之六十 八十七之一百〇五　十五册

按繆目作一百二十二卷茲依各家書目更正

上清靈寶大成金書四十卷目錄一卷 清內閣書

明周思德撰宣德七年刊本　四十一册

按以下四種四庫未收

靈寶聚玄經三卷 清內閣書

明鈔本　三册

太和山啓聖實錄四卷 清內閣書

明刊本　一册

按以下二書繆目收入傳記考四庫總目於王欽若之翊聖保德傳楊智遠之梅仙觀記均入道家此二書侈陳符應實與相類改隸於此或較爲允洽歟

祠山事要指掌集十卷 清內閣書

明盛希年撰宣德癸丑刊本　一册

京師圖書館善本簡明書目

集部

別集類

稽康集十卷 歸安姚氏書

魏稽康撰明吳寬叢書堂鈔本有陳貞蓮書畫記朱文界格方印張燕昌黃丕烈跋 二册

陶淵明集十卷 歸安姚氏書

晉陶潛撰明翻宋本 四册

按四庫所收僅八卷無孝傳及四八目

又一部六卷 歸安姚氏書

清陳焯手鈔本邊上題川中子書下湘管齋珍秘無軒前後有跋 二册

分類補注李太白詩集二十五卷 歸安姚氏書

唐李白撰宋楊齊賢集注元蕭士贇删注元刊本　三册

存目錄　卷一　二

按繆目作三十卷未云存若干卷按四庫書目作分類補注李太白集三十卷提要云前二十五卷爲古賦樂府詩歌後五卷爲雜文則詩集實有二十五卷

又一部　清內閣書

朝鮮活字本

存一　二　六之九　十二之十四　五册

集千家注批點杜工部詩集二十卷　清內閣書

唐杜甫撰劉會孟評點元刊本　十册

又一部　清內閣書

元刊本

存六之十　一册

又一部　清內閣書

明刊本

存六之十四卷六首有缺葉　一册

集千家注分類杜工部詩集二十五卷

東萊徐居仁編次臨川黃鶴補注元刊本紙印精絕有鬻

及借人爲不孝朱文大方印缺卷六七存卷中偶有缺葉　二十二册

杜詩千家注六卷歸安姚氏書

元黃鶴補注范梈批選元刊本字畫精朗　五册

千家注杜詩全集二十卷文集二卷海虞瞿氏書

明刊本　十二册

纂注分類杜詩二十五卷清內閣書

不著編纂人名朝鮮活字本與千家注本小有出入

存目錄卷三五之九十一之十五十七之十九二十一之二十四　十七册

七家批錢注杜詩二十卷歸安姚氏書

清錢謙益注七家批者顧炎武王弘撰潘耒王士禛閻若璩杜濬鐵保是也長洲吳起潛錄　四册

按四庫書目不收繆目收入詩文評類玆依四庫書目例改列於此

顏魯公文集十五卷年譜一卷行狀一卷 歸安姚氏書

唐顏眞卿撰咫進齋鈔本　二册

按四庫所收爲留刻本有補遺附錄各一卷

顏魯公年譜一卷行狀一卷碑銘一卷本傳二卷文集補遺一卷 歸安姚氏書

明活字本　二册

劉隨州集十一卷 歸安姚氏書

唐劉長卿撰明藍格綿紙鈔本　二册

朱文公校昌黎集四十卷外集十卷遺文一卷 歸安姚氏書

唐韓愈撰宋王伯大編元刊本每半葉十三行行二十三

字中有補鈔數葉　二十四册

又一部　歸安姚氏書

元刊本行欵與上同　八册

又本集四十卷　歸安姚氏書

元刊本行欵與上同　十二册

又外集十卷　歸安姚氏書

明刊本　二册

柳先生文集四十三卷別集二卷外集二卷　歸安姚氏書

唐柳宗元撰舊題宋童宗說注釋張敦頤音辨潘緯音義

元刊本

缺卷四十餘卷亦有缺葉　十六册

按四庫所收無別集外集

又一部　歸安姚氏書

元刊本行款與上同無別外集有馮登府跋　十二册

又一部　清內閣書

朝鮮本

存三之六　一册

呂和叔文集十卷　歸安姚氏書

唐呂溫撰姚世鈺傳鈔馮氏不借本有吳興姚氏文房朱文方印世鈺朱文聯珠印陳貞蓮書畫記朱文界格方印董芮夫姚世鈺跋　四册

按四庫所收卽此本題作呂衡州集

皇甫持正文集六卷　歸安姚氏書

唐皇甫湜撰舊寫明刊本首有讀易樓秘笈印朱文長印　二册

長江集十卷　歸安姚氏書

唐賈島撰明刋本有野夫朱文胡盧印九霞逸史珍玩朱文小方印長洲龔氏羣玉山房藏書記印　一册

又一部　歸安姚氏書

汲古閣本據錢氏宋本校　一册

又一部　歸安姚氏書

明鈔本有上黨馮氏私印朱文繆篆長方印上黨朱文小印求赤朱文小聯珠方印馮班定遠白文方印何焯跋　三册

項子遷詩集一卷　歸安姚氏書

唐項斯撰舊鈔本有石君朱文胡盧印石君朱文方印寶研堂朱文長方印胥江朱文方印　一册

按四庫書目未收

李君虞集二卷　歸安姚氏書

唐李益撰舊鈔本有石君朱文方印石君朱文胡盧印樹蓮居士白文大方印葉萬跋　一册

按四庫書目未收

會昌一品集二十卷別集十卷外集四卷 清國子監南學書

唐李德裕撰明鈔本歸安陸心源據明正嘉時刊本校又以影宋鈔本覆校有跋　三册

溫廷筠詩七卷別集一卷 歸安姚氏書

唐溫廷筠撰虞山馮武鈔本照宋刻繕寫有擁萬堂印白文大方印馮寶伯藏書記朱文方印花叢朱方腰圓印　一册

按四庫書目所收爲顧嗣立補箋本

薛許昌詩集十卷 歸安姚氏書

唐薛能撰汲古閣本何小山校墨筆黏簽　一册

按四庫書目未收

三聖集一卷 歸安姚氏書

唐寒山子撰元釋梵琦和元刊本 一册

按此書四庫未收

皮日休文藪十卷 歸安姚氏書

唐皮日休撰舊鈔本 六册

唐風集三卷 歸安姚氏書

唐杜荀鶴撰清馮武家藏南宋版鈔本又據北宋版校

一册

咸平集三十卷 歸安姚氏書

宋田錫撰舊鈔本有平江陳氏西昀藏書兩朱文方印西昀草堂朱文大方印西昀草堂藏本朱文長印陳噂之印朱文方印 四册

張乖崖集十二卷附錄一卷 歸安姚氏書

宋張詠撰舊鈔本有五硯樓朱文長印廷檮之印袁氏又
愷朱文兩方印　二册

小畜集三十卷　歸安姚氏書
宋王禹偁撰舊鈔本有朱筆校字過錄明謝肇淛跋　十二册

范文正公集二十卷別集四卷　清內閣書
宋范仲淹撰元刊本蝶裝
存目錄一之七卷四僅存十一三四兩葉　一册
按繆目存卷七及卷十之二十

又一部　清內閣書

元刊配本
存一之四六七兩卷均有缺葉十三之二十附錄五種各一卷　三册

又一部　歸安姚氏書

元刊本
存十七之二十　一册
按繆目無此本
范文正公集附錄十二種二十一卷歸安姚氏書
元刊本　八册
鉅鹿東觀集十卷歸安姚氏書
宋魏野撰舊鈔本張紹仁以朱筆照宋本校有紹仁之印
朱白文學安朱文兩聯珠印訒盦白文方印　一册
蘇魏公集七十二卷歸安姚氏書
宋蘇頌撰舊鈔本有蓺芸主人朱文汪印士鍾白文聯珠
方印　十二册
按繆目作七十三卷三字當是二字之誤
古靈先生文集二十五卷歸安姚氏書

六

宋陳襄撰舊鈔本有海寧楊芸士藏書之印朱文方印楊
印文蓀芸士兩方印　八册
按此書繆目置於后山詩注之後時代參差玆依四庫書目次第更正

傳家集八十卷歸安姚氏書
宋司馬光撰明刊本　二十四册

趙清獻文集十六卷清內閣書
宋趙抃撰宋刊本
存七之十六　一册
按此書繆目置擊壤集之後玆依四庫書目更正

元豐類稿五十卷清內閣書
宋曾鞏撰明正統刊本
存十八之五十　三册
按是書繆江王三目均未收此次補錄

范太史集五十五卷歸安姚氏書
宋范祖禹撰傳寫文瀾閣本有勞格白文小長方印　十六册
按此書與古靈先生集繆目均置於后山詩注之後茲更正

伊川擊壤集二十卷清內閣書
宋邵雍撰明刊本
存六之十　一册

歐陽文忠公集一百五十三卷附錄五卷
宋歐陽修撰宋刊本蝶裝上加批語並朱圈句讀
存年譜目錄一之一百四十二居士集二十之二十四四十六之五十外集五十一之六十四六十八之七十五表奏書啓四六集九十五六奏議一百〇二之一百十四雜著一百十七之一百二十七集古錄跋尾一百三十四之一百三十七一百四十一二書簡一百四十四之一百四十六內有補鈔數葉　二十册

七

按繆目存目録全茲查有缺頁又雜箸存百十七之百二十茲查多七卷

又一部　清内閣書

宋刊本蝶裝亦上加批語並朱圈句讀

存　外集五十一之六十五七十一之七十五易童子問七十六之七十八外制集七十九之八十一内制集八十二之八十九奏議一百〇二之一百十四雜著一百十五之一百十八一百二十五之一百三十三集古録跋尾一百三十四之一百四十三附録一之三　十九册

又一部　清内閣書

宋刊本蝶裝行款與上同惟前兩本宇寛而肥此瘦而緊稍有不同耳

存　年譜全目録全居士集四之七外集五十五之六十七七十二三六十二至六十五共四卷係鈔配内制集八十七之八十九奏議一百十二之一百十四雜著一百十五之一百十七一百二十一之一百二十四書簡一百四十六一葉半一百四十八一葉半

一百四十九之一百五十二一百五十三九葉半十五册

按繆目未記六十二之六十五係鈔配

又一部清內閣書

宋刊本行款與上同晉府收藏

存居士集四十之五十奏議九十七之一百〇一書簡一百五十之一百五十三四册

按繆目未載此本江目有之

又一部清內閣書

明刊配本

存居士集十之五十外集五十五之六十五七十之七十五外制集七十九之八十

一內制集八十二之八五重一册十表奏書啓四六集九十三之九十六奏

議一百〇二之一百〇八一百十三四雜著一百十七之一百二十三一百三十一之一百三十三

集古錄跋尾一百三十四之一百三十六一百四十之一百四十三書簡一百四十七之一百

五十三附錄三之五三十一册

按繆目云居士傳全江目卽缺九卷

又一部五十卷 清內閣書

明刊配本卽居士集

存一之九十一之二十四三十六之五十重十一之二十四一冊 四冊

又一部 清內閣書

明寫考異本卽居士集

存七之二十三三十二之五十 四冊

居士集五十卷 清內閣書

明刊本蝶裝

存十一之三十 二冊

又一部 歸安姚氏書

明刊本有秦印致舜靜虛居士白文兩小方印

存三之二十五 五冊

范忠宣集二十卷

宋范純仁撰元刊本

存七之十四 一册

臨川先生文集一百卷清內閣書

宋王安石撰明刊本

存目錄上下二十八之三十六四十之四十重五十九五十九之六十九八十一之九十一六六十八十一之九十一 七册

按四庫書目作臨川集

蘇文忠公集一百十五卷清內閣書

宋蘇軾撰宋刊大字本本雖破爛刻極精

存文集三十二三奏議六十七三十八四十各存一葉 册

按繆目未收此本江目有之

又一部清內閣書

明刊黑口本

存一之四十一之四十六五十二之六十七七十一之七十八八十五之八十七九十一之九十三九十七之一百〇四　二十二冊

又一部清內閣書

明刊本

存卷二八之十十五之十七二十二十五三十六　十冊

又一部清內閣書

明刊本

存二十三之二十五三十八之四十六十之六十三八十五之八十七　四冊

按繆目有陶齋重刊成化本東坡七集一百五卷江目不藏茲查己改置普通書目

東坡和陶詩四卷清內閣書

宋蘇軾和宋刊本蜨裝　一冊

王狀元集諸家注分類東坡先生詩二十五卷清內閣書

舊題宋王十朋注宋刊本

存十九之二十二十四之二十五　二册

按四庫所收本作三十二卷

增刊王狀元集諸家注分類東坡先生詩二十五卷　清內閣書

宋劉辰翁批點元刊本

存序目一三之十五二十三之二十五　五册

按此書繆目尚有二部一部下注存三百十五一部下未注存卷江目不載茲查點無存

蘇文定公集九十六卷　清內閣書

宋蘇轍撰宋刊大字本與上蘇文忠集同爲宋槧精本

存文集四之六十之十五二十六無首十七三十七八四十一之四十四二後集八之十三八之二十一十三集六之十應詔集十一之十二十二無尾

又零頁約一册　十五册

豫章先生遺文十二卷　海虞瞿氏書

宋黃庭堅撰傳寫本　八册

按四庫所收有山谷內集三十卷外集十四卷別集二十卷詞一卷簡尺二卷年譜三卷此本入存目

山谷老人刀筆二十卷　海虞瞿氏書

宋黃庭堅撰傳寫本　六册

按此書四庫存目

后山詩注十二卷　歸安姚氏書

宋陳師道撰任淵注影宋鈔本　六册

傳忠肅公文集三卷　歸安姚氏書

宋傳察撰明鈔本有西河白文長方印毛古愚藏白文方印奕苞白文葉九來朱文兩聯珠印西河毛氏藏書之印白文長印　三册

唐眉山集二十卷　歸安姚氏書

宋唐庚撰舊鈔本　二册

按四庫書目作二十四卷

石林居士建康集八卷　歸安姚氏書

宋葉夢得撰舊鈔本有翁嵩之印季霖兩白文聯珠印種石軒印朱文小方印江山劉履芬彥清父收得朱文方印

沈忠敏公龜谿集十二卷　歸安姚氏書

宋沈與求撰舊鈔本有得樹樓藏書朱文長方印櫨岐昌印白文方印查岐昌跋　四册

陵陽先生詩集四卷　歸安姚氏書

宋韓駒撰舊鈔本有西昀草堂朱文方印　二册

按四庫書目作陵陽集四卷

北山小集四十卷　歸安姚氏書

宋程俱撰影宋鈔大字本極精　十二册

又一部　歸安姚氏書

傳寫本姚覲元以影宋鈔本手校幷鈎勒行款　二十册

孫尚書大全集七十卷 歸安姚氏書

宋孫覿撰舊鈔本有伯淵朱文小方印

存一之三十九 四十一之七十　二十四册

按四庫所收爲鴻慶居士集四十二卷

內簡尺牘編注十卷 歸安姚氏書

宋孫覿撰李祖堯編註舊鈔本　二册

歐陽修撰集七卷 歸安姚氏書

宋歐陽澈撰傳鈔本　四册

東萊先生詩集二十卷 歸安姚氏書

宋呂本中撰舊鈔本有仲魚圖象長方印得此書費辛苦後之人其鑒我白文長方印汪印士鍾白文藝芸主人朱文聯珠小方印　六册

按四庫書目作東萊詩集

知稼翁集十二卷 歸安姚氏書

宋黃公度撰舊鈔本 四册

按四庫書目作二卷

燕堂詩藁一卷 海虞瞿氏書

宋趙公豫撰傳寫本 一册

晦庵先生文集一百卷 清內閣書

宋朱熹撰宋刊本白綿紙蝶裝館本每半葉十行行十九字共五部湊成一書僅缺六十二三兩卷紙墨精潔筆畫整齊 八十三册

按四庫所收爲康熙時刻本計續集五卷別集七卷

又一部 清內閣書

宋刊本蝶裝行款與前同

存目錄下末缺一葉半一之六十二十四十八二十二之二十七二十九三十一之三十八四十一四十三四十六七五十二五十五之六十六十七六十九七十二之七十五八十八十一八十四五九十三之九十五上九十六九十九一百 五十一册

又一部清內閣書

宋刊本蜨裝行款與前同

存一之十十六十九二十六七二十九三十二之三十八四十一七十之七十五七十八九八十一之八十六八十八九十三之九十五上九十五上末缺數葉 三十七册

又一部清內閣書

宋刊本蜨裝行款與前同

存二十一之二十六二十九之三十四三十九四十九五十五十二之六十一七十三之九十九十三之九十五下 二十四册

又一部清內閣書

宋刊本蜨裝行款與前同

存二之六十二存第一葉之上半頁十五二十九三十三末有缺頁三十五六三十五末有缺頁三十九四十四末有缺葉五十四末有缺葉五十六七十七八十二八十六九十一之九十五上九十六　二十二册

又一部清內閣書

宋刊本蝶裝行款與前同

存目錄上十四十八九十六　四册

晦庵先生朱文公集一百卷續集十一卷別集十卷清內閣書

宋刊本每半葉十行行十八字

存目錄缺第一葉上半葉十三之二十三二十三卷末有缺葉三十之三十四五十一之五十四五十八之六十一六十缺前十一葉六十四之七十二七十五之七十七八十五之九十一九十五上下續集一之四下別集六之十　二十二册

又一部清內閣書

元刊本

存六十九之七十別集七之十　二册

又一部　清內閣書

宋刊明南監補印本原版模糊

存目錄一之四九之三十三三十七之四十三之四十九之六十六十七之七十二七十五之八十一八十五之九十一九十五上之九十七續集全別集一之五　二十九册

又一部　清內閣書

同上配本

存一之六十九之二十一二十四之二十六二十九之三十七四十二之五十五十六之六十一七十三之七十七八十一之八十三九十之九十三　十九册

又一部　清內閣書

同上

存十一之十七二十一之三十五四十之四十四四十七之五十一五十九之六十二六十六之六十八七十二三七十七之八十九十二之九十四別集六之十　十八册

又一部清內閣書

同上

存目錄十之十三　十七之二十二　四十三四　四十八之五十　五十三之五十九　七十三之八十

又一部清內閣書

五八十九之九十一　九十四九十五上　十六册

同上

存目錄一之四　二十一之二十九　三十三之三十五　五十二之五十六　六十一之六十三　七十三

四七十八之八十一　九十二之九十四　續集一之四下　十三册

又一部清內閣書

同上

存二之五　十六之十八　二十三之二十五　三十一之三十三　七十一　二　八十八之九十　六册

又一部清內閣書

明成化刊本

十四

存一之七十九八十九之一百續集全別集全　二十五册

又一部清內閣書

舊鈔本

存八之十三十八之三十二三十九之四十七五十一之二六十三之六十五七十之七十二八十

一之九十九十五上之九十六　十四册

東萊先生別集十六卷附錄三卷歸安姚氏書

宋呂祖謙撰宋刊本各卷均有補鈔葉數有藥蓋珍玩宋

元秘本朱文長印　十册

止齋文集五十二卷附錄一卷歸安姚氏書

按四庫所收共四十卷此外尚有文集十五卷外集五卷附錄拾遺一卷

宋陳傅良撰明刊本　十六册

按四庫書目作五十一卷

梅溪先生前集二十卷後集三十卷奏議　卷清內閣書

宋王十朋撰明刊本大小配本

存前集一之四十一之二十後集八之十五　五册

按四庫書目作前集二十卷後集二十九卷奏議五卷

雲莊劉文簡公文集二十卷　歸安姚氏書

宋劉爚撰淡生堂鈔本

存一之十五十七之二十　八册

按四庫所收作十二卷據提要亦係淡生堂鈔本

棣華館小集雲莊詩集甕菴詩稿各一卷　歸安姚氏書

宋楊甲劉爚何耕撰舊鈔本從石門吳氏宋本錄　共一册

誠齋文膾前集十二卷後集十二卷　歸安姚氏書

宋楊萬里撰宋刊本有圈點墨擲

存前集一之四七之十二後集一二四五八之十　十二册

按四庫存目收後集十二卷

十五

葉水心集二十九卷 歸安姚氏書

宋葉適撰舊鈔本 十六册

山房集八卷後稿一卷 歸安姚氏書

宋周南撰傳鈔閣本 二册

按以下四書繆目排次與此相反茲依四庫書目更正

友林乙稿一卷 清國子監南學書

宋史彌寧撰影鈔宋本 一册

後村居士集五十卷 清內閣書

宋劉克莊撰宋刊本

存八之二十八 四十之五十 五册

北磵文集十卷 清國子監南學書

宋釋居簡撰傳鈔本歸安陸心源據宋本校 四册

文山先生全集十六卷 清內閣書

宋文天祥撰明刊本

存三之十二十五六　六册

文山先生別集六卷附錄三卷 清內閣書

明刊本

存一之三　一册

湛然居士集十四卷 歸安姚氏書

元耶律楚材撰舊鈔本有汪印士鍾白文民部尚書耶朱文小方印聯珠印汪厚齋藏書朱文長方印　八册

月屋漫藁一卷 歸安姚氏書

元黃庚撰勞氏鈔校八行本從文瀾閣本傳錄　二册

又一部 歸安姚氏書

勞氏鈔校十二行本據宋賓王校本傳錄　二册

桂隱詩集四卷 歸安姚氏書

元劉詵撰舊鈔本有仲遵白文長方印陳嶟私印白文西昀居士朱文聯珠小方印西昀草堂藏本朱文長印　二册

按四庫所收尚有文集四卷

吳文正公集一百卷　清內閣書

元吳澄撰明刊本　一册

存四十一之五十　五十三之七十

草廬集四十九卷　本館購進書

文津閣寫本　四十八册

草廬文粹五卷　清內閣書

明吳訥編宣德九年刊本　一册

又一部　清內閣書

明正統六年重刊本　一册

魯齋遺書八卷附錄二卷　歸安姚氏書

元許衡撰明刊本嘉靖乙酉蕭鳴鳳刋行紙印均佳有陳鐏白文西昀居士朱文兩方印　三册

靜修集三十卷　清內閣書

元劉因撰明刊本

存十九之三十　一册

白雲集四卷　歸安姚氏書

元許謙撰舊寫黑格本有潘印顯謨漪文氏白文聯珠方印包子莊秘笈印朱文長印高銓之印白文固叟朱文兩方印　二册

紫山大全集二十六卷　海虞瞿氏書

元胡祇遹撰傳寫本　十六册

按此書應依四庫書目列吳文正公集之前

澹游集二卷　海虞瞿氏書

十七

元釋見心撰傳鈔本　四册

按此書四庫未收

秋澗先生大全文集一百卷　清內閣書

元王惲撰明弘治刊本

存一之二十二十六之三十一三十九之四十四四十六之七十三七十九之八十四　十五册

又一部　清內閣書

明刊本

存一之七十四之十九　二册

又一部　歸安姚氏書

舊鈔本　四十册

中庵集十八卷　歸安姚氏書

元劉敏中撰舊鈔本有容夫校定朱文方印甘泉汪氏抄

秘本之一白文方印蕘圃手校朱文方印陳鱣顧廣圻跋

存八之十八　五册

道園學古錄五十卷　歸安姚氏書

元虞集撰明嘉靖刊本　二十四册

雍虞先生道園類藁五十卷　清内閣書

元刊大字本

存十一之二十二十五之二十七三十七之四十三四十七之五十　八册

按此書四庫未收

黃文獻公集二十三卷　清内閣書

元黃溍撰元刊本

存一之三十二之十五　二册

按四庫所收止十卷乃明張儉刊削本此爲危素所編

又一部　歸安姚氏書

舊鈔本有西圃蔣氏手校本朱文長方印孫爾準讀書記

朱文方印舒魯木蔣西圃跋　六册

圭齋集十六卷　歸安姚氏書

元歐陽玄撰明刊本王鳴盛跋　三册

柳待制文集二十卷　歸安姚氏書

元柳貫撰松江謝氏鈔本宋蔚如謝浦泰黄丕烈跋六册

按四庫所收尚有附録一卷

雁門集八卷　歸安姚氏書

元薩都剌撰舊鈔本從張習刊本録出習有後跋有馬曰

璐白文方印臣星衍孫伯淵兩白文方印　二册

按四庫書目作三卷乃汲古閣刻本

羽庭集六卷　歸安姚氏書

元劉仁本撰舊鈔本有世守陳編之家朱文蟠龍腰圓印

老屋三間賜書萬卷歙西長塘鮑氏知不足齋藏書印朱

文兩大方印遺橐天留朱文方印　四册

鹿皮子集四卷歸安姚氏書

元陳樵撰舊鈔本有丹鉛精舍朱文長方印勞格季言朱文聯珠小方印　二册

丁鶴年集四卷歸安姚氏書

元丁鶴年撰舊鈔本有知不足齋朱文方印遺橐天留朱文方印　一册

按四庫所收祇其中海巢集一卷

梧溪集七卷歸安姚氏書

元王逢撰舊鈔本　三册

知常先生雲山集四卷清內閣書

元道士呂知常撰舊鈔配本存三之四　二册

黃楊集六卷 歸安姚氏書

元華幼武撰淡生堂鈔本有淡生堂經籍記朱文長方印

曠翁手識白文方印山陰祁氏藏書之章白文大方印

二册

按四庫存目作三卷補遺一卷

南湖集六卷 歸安姚氏書

元貢性之撰舊鈔本 一册

大明太祖皇帝御製集二十一卷 清內閣書

明朱闌鈔本

存目錄一之十三十六之十八二十之二十一 十九册

按四庫書目作二十卷千頃堂書目作三十卷

又一部 清內閣書

明刊本

存卷二　一册

御製詩集二卷　清内閣書

明仁宗撰洪熙元年正月刊本　二册

按四庫書目未收

大明宣宗皇帝御製集四十四卷　清内閣書

明朱闌鈔本

存一二九之十二十六之十八三十二之四十四　八册

按四庫存目有明宣宗詩文一卷提要云明史載宣宗文集四十四卷未見傳本

恩紀詩集七卷　清内閣書

明興王祐杬撰明朱闌鈔本　二册

宋學士文集三十六卷　清内閣書

明宋濂撰明刊黑口本

存六之八　一册

潛溪集八卷歸安姚氏書
明宋濂撰明嘉靖翻元刋本高節跋　四册
按此本四庫未收
劉文成公詩鈔一卷歸安姚氏書
明劉基撰舊鈔本藍格本分體鈔有評點　一册
清江集三十卷清內閣書
明貝瓊撰明刋本
存一之十　一册
高太史大全集十八卷清內閣書
按四庫書目作詩集十卷文集三十一卷
明高啓撰明刋本
存一之四　一册
鳧藻集五卷歸安姚氏書

明高啓撰舊鈔本　二册

海叟集四卷　歸安姚氏書

明袁凱撰裘杼樓鈔本　一册

按四庫書目尚有集外詩一卷

花溪集不分卷　歸安姚氏書

明沈夢麟撰陸珩編舊鈔本　一册

巖居藁八卷　歸安姚氏書

明華察撰明刊本有慶曾朱文小印紅豆齋收藏白文長印漁洋池北書庫收藏朱文方印漁洋山人跋　一册

何翰林集二十八卷　歸安姚氏書

明何良俊撰明刊本　六册

按四庫存目所收僅二十二卷千頃堂書目有良俊柘湖集二十八卷蓋卽此本

楊氏南宮集七卷　海虞瞿氏書

二十一

明楊儀撰傳鈔本　六册

天人歸德頌　清内閣書

明趙玉芝撰成化年刊本　一册

按此書繆目收入子部釋家類茲考原頌三篇頌揚君德無一字涉及佛教當由書名有天人字樣而誤會茲更正入此類

交輝園遺稿一卷　清内閣書

清怡親王胤祥撰清刊本　一册

確庵文藁不分卷　歸安姚氏書

清陳瑚撰舊鈔密行小字本葉裕仁校跋　四册

陸鐵莊文集不分卷　歸安姚氏書

清陸楣撰稿本　四册

撫雲集八卷　海虞瞿氏書

清錢良擇撰傳鈔本　四册

今吾集一卷 海虞瞿氏書
清錢曾撰初印 一册

臧拜經手藁不分卷 歸安姚氏書
清臧庸撰凡拜經叢稿日記文集均在內並有未刻逸文 二十册

總集類

六臣注文選六十卷 清內閣書

梁昭明太子蕭統撰唐李善呂延濟劉良張銑呂向李周翰注宋贛州郡齋刊本每半葉九行行大十五字小二十字

存目錄二十二之十三十七之十九二十三二十六之二十九三十一之三十三三十五三十八之四十二四十六五十五十三之五十六五十八之六十 三十冊

又一部 清內閣書

宋贛州郡齋刊本

存目錄一四五八九十三之十五十七八二十二三又二十三四又二十四五二十八之三十三又三十三之三十四又三十四五四十之四十五又四十五之四十八五十之六十又五十七之六十 二十五冊

又一部 清內閣書

宋贛州郡齋刊本蜨裝　十册

存五七八十四十五十八九二十四二十六十七

按繆目無此本

又一部歸安姚氏書

明袁褧刊本紙墨極精　三十一册

增補六臣注文選六十卷清內閣書

宋陳仁子校補宋刊配本

存四之九十三之十八二十三四二十七之三十二三十六各五十九之卷均有缺頁

十六册

又一部清內閣書

宋刊蜨裝本

存三十七八四十一二四十九五十　三册

按繆目未記存卷

又一部歸安姚氏書
元刊本
存一之十四十七之六十 三十册
按繆目作明繙本
又一部清內閣書
朝鮮刊本
存五之八十七八二十一二二十五六三十二三十四三十七八四十二三之五十一五十三之五十九重五十五 十七册
李善注文選六十卷歸安姚氏書
元張伯顏重刊本有汪士鍾字春霆號朖園書畫印白文
長方印
存十一之六十 四十九册
又一部清內閣書

二十四

元張伯顏重刊本蜨裝印在先紙墨俱精

存三之八十三四十七八二十一之二十四二十七八三十一之三十八四十五之四十八五十三之五十六　十五册

又一部 清內閣書

明重刊張伯顏本

存一之三八之十六二十六之三十四三十九之四十一四十八之五十一　十册

文苑英華一千卷 清內閣書

宋李昉等撰宋刊本每册用黃綾裝內有四册册後有墨印小字景定元年月日裝背臣王潤照管訖月日上皆空而以筆塡十十一於月上初一二十六於日上每册首一葉上方有晉府書畫之印下方板匡外有內殿文璽御府圖書二印末葉上方有敬德堂章子子孫孫永寶用二印下方板匡外有緝熙殿書籍印皆朱文

存六百一之七百卷　十册

唐文萃一百卷海虞瞿氏書

宋姚鉉撰明刊本　二十册

按繆目無此書

河南程氏文集八卷清內閣書

宋程顥程頤撰宋刊大字本蝶裝有汲古堂朱文長印蘇氏書印白文方印　二册

聲畫集八卷歸安姚氏書

宋孫紹遠編舊鈔本　二册

三蘇文集七十卷清內閣書

宋蘇洵蘇軾蘇轍撰明刊本

存一之五十三　三册

按此本四庫未收

二十五

三蘇文粹七十卷歸安姚氏書
不著編輯者名氏明刊小字本　十册
按此書四庫存目

蘇門六君子文粹七十卷
六君子謂黄庭堅張耒晁補之秦觀陳師道李廌不著編
輯者名氏舊鈔本
存十五之二十五五十四之五十九　二册
按繆目無此書江目有之

東萊集注類編觀瀾文集七十卷歸安姚氏書
舊題宋林之奇編元刊本　六册
按繆目無此書江目有之四庫書目未收

格齋四六南塘四六梅亭四六三種歸安姚氏書
宋王子俊趙汝談李劉撰宋刊本有海虞毛表奏叔圖書

記朱文方印汲古閣圖書記朱文長方印叔鄭後裔白文方印乾學朱文徐健菴白文聯珠方印　六册

樂府詩集一百卷 歸安姚氏書

宋郭茂倩編明汲古閣本

按經目不載此書江目補入

宋文鑑一百五十卷 清內閣書

宋呂祖謙撰宋刊本蝶裝本首題皇朝文鑑

存目錄中二之九 十四之十六 三十三之三十五 三十九之四十一 七十一之七十三 八十七之九十三 九十八之一百○五 一百○八之一百十二 一百十六之一百十九 一百三十四之一百四十三之一百四十六 一百四十八　十八册

又一部 清內閣書

明翻宋小字本首去皇朝二字

存一之六 十六之二十三 三十之三十五 五十之五十七 六十六之九十九 又配本 一百○六之

一百十二百二一百〇八之一百 二十一十九之一百五十 十四册

按繆目記所存卷數與前宋刊本所存卷數一一相符 而與現在查實之數迥然不同蓋因誤録前文致然不

足據也

又一部 清內閣書

明翻宋小字本

存 八十四之九十六一百十三之一 百二十一百三十六之一百五十一 四册

又一部

明晉藩刊本

存 目録全六十 三之七十二 二册

按繆目未記現存卷數

又一部 歸安姚氏書

明刊本有黎陽白文小長印夢鷗仙館朱文小方印 六十四册

東萊先生古文關鍵二卷 歸安姚氏書

宋呂祖謙撰明刊本 二册

按以下二書繆目均收入詩文評類茲依四庫書目更正

崇古文訣三十五卷 歸安姚氏書

宋樓昉撰宋刊本楮墨精緻

存一之十七 八册

西漢文類四十卷 海虞瞿氏書

宋陶叔憲編傳寫本

存三十六之四十 二册

此書四庫未收

文章正宗二十四卷 歸安姚氏書

宋眞德秀撰宋刊本有古吳蔣氏收藏印白文方印 二十四册

又一部清內閣書

宋刊本蝶裝行款同前有晉府書畫之印

存卷四五十一葉　一册

又一部清內閣書

元刊本

存四之七　一册

續文章正宗二十卷清內閣書

宋刊配本

存一之四十之十三又十三四重本　四册

吳都文粹十卷歸安姚氏書

宋鄭虎臣編舊鈔本　五册

九僧詩一卷歸安姚氏書

不著撰人名氏舊鈔本有席鑑之印朱白文小方印席氏

玉照朱文方印　一册

按此下二書四庫未收

西漢文鑑二十一卷東漢文鑑二十卷　歸安姚氏書

宋陳鑑編明愼獨齋刋本　二十册

西漢文鑑二十一卷　歸安姚氏書

宋刋巾箱本

存二之四六之十七　十五册

按此書四庫未收

諸儒箋解古文眞寶前集五卷　清內閣書

不著編輯者名氏明刋本　一册

按此書四庫未收

中州集十卷樂府一卷　歸安姚氏書

金元好問編舊鈔本　六册

注唐詩鼓吹十卷 清内閣書
金元好問編元郝天挺注元刊本用綿紙印極精
存五之七　一册
玉山名勝集不分卷 歸安姚氏書
元顧瑛編舊鈔本　四册
按四庫書目作八卷又外集一卷
選詩補注八卷補遺二卷續編四卷 歸安姚氏書
元劉履撰明刊本　十二册
按四庫書目有風雅翼十四卷卽此書
文章類選四十卷 清内閣書
明慶王朱㮵撰明刊本
存二之三十三十三之四十　十九册
按此書四庫入存目

文體明辨八十四卷 清內閣書

明徐師曾撰明刊本

存十五十九之二十三二十六二十八之三十三三十五之三十九四十一二四十四之四十九五十一之五十五六十一附錄一二十二三 三十一册

明文翼運殘卷 清內閣書

明沈猶龍選明刊本

存六九十三四十七之二十二十二三十八四十五之四十七四十九之五十一五十四之五十六五十九 二十三册

按此書四庫未收

唐百家詩附唐詩品 南陵徐氏書

明朱警編無卷數舊鈔本首載明徐獻忠唐詩品一卷 三十二册

按此書四庫未收

二十九

唐詩十二家十二卷 清內閣書

明楊一統編明萬歷甲申刊本

存王勃 盧照鄰 宋之問岑參 高適各一卷 五册

按此書四庫未收

潁陽四先生集四卷 清內閣書

明劉兌選明刊本 四册

按此書四庫存目

唐律多師集十二卷 歸安姚氏書

不著編輯者名氏舊鈔本 六册

按此下二書四庫未收

東觀選要不分卷 歸安姚氏書

清石廷佐撰舊鈔本卷端自序有新令廢八股云云疑是康熙間人 六册

詩文評類

詩話總龜前集五十卷後集五十卷 歸安姚氏書

宋阮閱撰舊鈔本 八册

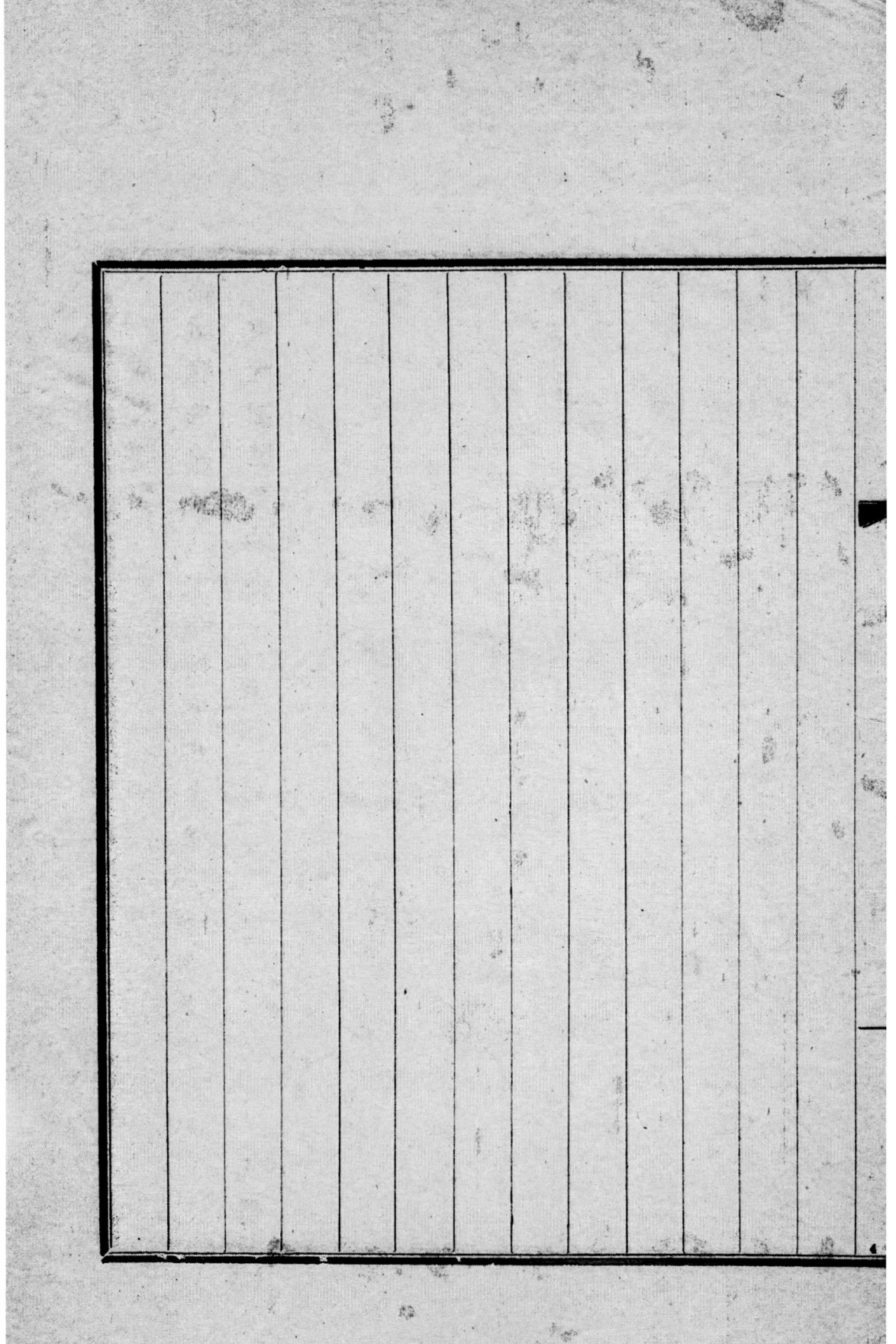

詞曲類

東坡樂府二卷 歸安姚氏書

宋蘇軾撰影宋本

存下卷 一册

稼軒長短句十二卷 歸安姚氏書

宋辛棄疾撰小草齋影寫大德乙亥廣信書院本絕精有晉安謝氏家藏圖書朱文大長方印東吳毛氏圖書朱文長印西河季子之印朱文方印平江貝氏文苑朱文長印簡香曾讀白文長印 四册

滄江虹月詞一卷 歸安姚氏書

清汪初撰稿本沈星煒題辭 一册

編輯處 京師圖書館
發行處 京師圖書館
印刷處 法輪印字局

中文普通綫裝書分類表

劉國鈞撰

劉國鈞《中文普通綫裝書分類表》源流考

《上海高校圖書情報工作研究》二〇一八年第三期刊登了黄建年、胡唐明、侯漢清三位先生的文章《古籍分類的典範：〈中文普通綫裝書分類表〉源流、演化與時代的適用性》（以下簡稱『黄文』），詳細闡述了民國以來圖書館分類法的演變，尤其是對中國古籍分類的變通處理，讀後深受啓發。美中不足的是，在《中文普通綫裝書分類表》的源流介紹方面，因史料的欠缺，該文稍顯不足。筆者試圖根據手頭的資料，以及一九八七年開始擔任《北京圖書館普通古籍總目》責任編輯，參與相關工作調研的經驗，對黄文所述源流部分略作補充。不當之處望大家批評指正。

一、劉國鈞分類編目體系與北平北海圖書館的淵源

劉國鈞先生於一九二九年和一九三〇年度出任新組建的國立北平圖書館編纂部主任，負責該館的圖書分類編目工作。其實，早在一九二九年八月國立北平圖書館和北平北海圖書館合併前，劉國鈞先生便應蔣復璁、袁同禮之邀，參與了北平北海圖書館的圖書分類編目工作，並取得了一定成果。《國立北平圖書館館務報告》［民國十八年（一九三九）七月至十九年（一九四〇）六月］記載：『本館前在北海圖書館時代，曾製訂編目條例一種，現經試驗之結果大加擴充，因改訂爲十四章都九十八條，於著者、書名、版本，選擇著録之法，詳加規定，編製極細，爲中國今日僅有之編目條例。』此編目條例便是劉國鈞先生所著之《中文圖書編目條例草案》。《草案》導言介紹編製經過時説：『於是紬繹宋元以來之公私著録，抉其通例，徵之於西方目録家學之規定，而略爲變通，筆之於紙，以爲臨事之一助，蓋五年於此矣。稿凡數易，其間得之於實地之經驗者固多，而得力於友朋之切磋，若蔣君慰堂，曹君祖彬，李君小緣，袁君守和之所賜者，尤不一而足。』（《圖書館學季刊》一九三〇年第三卷第四期）蔣君慰堂（蔣復璁）和袁君守和（袁同禮），分别爲北平北海圖書館中文編目組組長和副館長；另外兩位任職於南京金陵大學圖書館。可見劉國鈞先生在一九三〇年之前，已經參與北平北海圖書館的編目工作數年之久。最早的項目便是制訂編目條例，然後

纔開始分類編目。

前引《國立北平圖書館館務報告》又曰第二館（即北海圖書館）『依照原定計畫繼續編製新式目録。自製定《編目條例》後製成之目録片，已經完畢者有經籍門、文學門、史乘門、地理門、古器物學門、美術門、應用科學門、傳記總記門。……本館第二館前已擬定分類法一種，原定二十二類，兹就一年來之試驗結果，並參考其他之圖書分類法，略加删併爲十五大類。類各分屬，屬各分目，總期内容足以包括新舊書籍，無扞格偏重之弊』。以上所言，表明北海圖書館繼《中文圖書編目條例草案》之後，《中文普通綫裝書分類表》也從二十二大類過渡到十五大類，並且完成了其中九大類的編目工作。

劉國鈞先生於一九二五年至一九二九年，同時創作了圖書館分類及編目的三部曲：《中國圖書分類法》《中文圖書編目條例草案》《中文普通綫裝書分類表》，其中《分類法》爲南京金陵大學圖書館而作；《分類表》則爲國立北平圖書館撰集；《草案》係編目通用之著録規則，但針對館藏以古籍爲主的國立北平圖書館的意味更濃。這樣説的根據，一方面見前述《草案》導言和《國立北平圖書館館務報告》；另外，《草案·下編》列舉『目録片基本格式』的二十二例中，二十例爲中國古籍。接下來的問題是，劉國鈞先生專爲北平北海圖書館製訂《分類表》，有何歷史背景；黄文所言『可惜未能親眼目睹，未知詳情』的初版《分類表》究竟何樣。

二、《分類表》初版名稱中無『中文』『綫裝』四字

我收藏了兩本早期《分類表》，名稱均爲『國立北平圖書館普通圖書分類表』，没有『中文』『綫裝』四字。其中一本爲老北圖員工王樹偉先生所有，鈐有『王樹偉印』。王樹偉（一九〇九至一九九三），河北省宛平縣人，一九二七年考取北京圖書館學徒館員，一九二九年十月轉正，並終其一生在北圖工作。另一本是普通綫裝書編目工作用書，因日常頻繁使用，破損較爲嚴重，修補痕迹累累。兩本《分類表》係版本相同的毛筆手寫油印品。在印本頁面上使用者用毛筆或鋼筆、鉛筆做了大量改動，主要是添加新的内容和説明，以及删去一些小的類目等等。據此，並對照一九五七年版《分類表》前言和内容改動的情況，可以斷定我所藏的這兩本《分類表》，就是黄文所説一九二九年《分類表》最初的版本，此後很長一段時間的修訂工作，都是在該版上手寫完成的。

問題是《分類表》最早的版本爲什麼没有『中文』『綫裝』字樣，僅稱『普通圖書分類表』？答案是那一時期的國立北平圖書館，處於清末民初宫廷及私家藏書樓向現代圖書館轉型的初期，館藏主體就是中文綫裝書，没有必要强調『中文』和『綫裝書』；『普通』一詞是針對綫裝『善本』而言的。這一點，當時的許多文獻均可證明。據《國立北平圖書館概况》（民國十八年十月）記載，第一館藏書共分四項，（一）

普通圖書；（二）善本圖書；（三）四庫全書；（四）唐人寫經及金石拓本。普通圖書共有中文書籍一萬四千餘部十四萬三千九百餘册，內有康乾兩朝《賦役全書》爲他處不經見之本，又歷朝各省府廳州縣志書，自唐宋迄今約共二千餘種；滿蒙文書籍七十六部三千七百十三册；西文書籍六百七十二册；東文書籍共一百七十八册。善本圖書除了《永樂大典》，有宋金元明清本一千四百五十九部兩萬兩千四百零五册；日本刊本六部四十二册，寫本一部二册；朝鮮刊本八部六十一册。可見外文圖書占比極小，現代中文新書幾乎没有。第二館藏書外文圖書占比較大，也不足三分之一：中文書籍七萬四千五百册，西文書籍二萬七千册，日文書籍一千餘册；除了期刊、報紙，現代圖書數量亦極少。由於藏書中外文和新舊藉比例相差懸殊，加上觀念的轉變有一定的延遲性，故當時的編目思想視外文和新書爲附庸，不足爲奇。這一點也從側面證明，我收藏的兩本早期《分類表》就是一九二九年的初版。

三、《分類表》名稱的變更早於再版

我收藏的兩本初版《分類表》，王樹偉藏本爲軟皮封面，封面無字；另一本爲硬皮封面的編目工作用書，封面明顯是後加的，封面毛筆手書『國立北京圖書館普通綫裝書分類表』。查國家圖書館館史資料得知，國立北平圖書館一九四九年九月二十七日更名爲國立北京圖書館，一九五一年六月更名北京圖書館。也就是説，在中華人民共和國成立之初的一年多時間內，《分類表》的名稱發生了變化：『北平』變爲『北京』，『圖書』變爲『綫裝書』。雖然封皮內仍然是原先的瓤子，名稱、內容未變，但封面名稱的變更，昭示着人們的觀念改變了。觀念的改變，源於當時館藏圖書格局的變更。

據《中國國家圖書館館史》第一五三頁公布的數據：『到1949年，國立北平圖書館藏書達140餘萬册，包括中文普通書362789册、又52箱，西文普通書163126册、又3274種、38箱，中文善本121805册，敦煌寫經8700卷、照片12053片，輿圖32208册，金石拓片23156件，期刊194717册、又34架、7箱，中日戰事史料48853册。收藏的少數民族語文文獻10196册，包括滿、蒙古、藏、維吾爾、西夏等語文書籍；外文文獻則有英語、俄語、日語、德語以及印度、緬甸、泰國、越南等國語種。』另據《民國時期總書目》等資料，截至一九五〇年前後，北京圖書館藏普通書，僅民國時期出版的平裝、精裝書，便有六萬多種；全部换算成種數後，中文綫裝書的數量在整體館藏中已無優勢可言。爲避免以偏概全，在《分類表》名稱中冠以『綫裝』二字，就勢在必行了。

四、一九五七年再版後的《分類表》

《中國國家圖書館館史》第六章第二節記載：截止到一九五七年，北京圖書館館藏總量達到五百二十餘萬册，是一九四九年的三倍多。其中有八十餘種不同文字的書刊，外文圖書共有一百二十餘萬册；一九五四年時訂有八百餘種外文期刊，一九五六年增至六千多種，外文書刊占比大幅躍升。館藏規模及格局的變化，導致《分類表》新版本的誕生。

一九五七年六月，北京圖書館重新刻版油印了《分類表》，更名爲《國立北京圖書館中文普通綫裝書分類表》，名稱中增加了『中文』二字。《分類表》封面下方標明『北京圖書館 1957 年 6 月重印』，故名稱中的抬頭『國立北京圖書館』一仍其舊。但此版絶非簡單的重印，它將一九二九年初版《分類表》誕生後，歷年在版面上所做的大部分修改内容吸納並刻印成册，實爲再版。此次再版，名稱中『中文』二字的出現，説明北京圖書館作爲中國國家圖書館，向着現代化、國際化的目標又邁進了一大步。

一九五七年版《分類表》前言概述了該表産生和發展的歷史，具有重要的文獻參考價值。前言説：『這個分類表是 1929 年爲我館所藏中文綫裝書編製的。當時要求將綫裝書和平裝書分别分類皮藏，並且要合於「四庫」分類的體系。可是四庫分類法原有的類目，並不能包括所有的綫裝書，而且没有號碼，不便於圖書館實際出納工作。在這種情况之下，就由當時編纂部主任劉國鈞主持，編製了這個分類表。在實質上，是把四庫分類法原有類目參考現代科學的性質，加以分散或合併，又增加了一些新的類目（如「自然科學」「社會科學」等），成爲十五個基本大類。……爲了免得和我館平裝書所用的分類表相混，决定采用混合編碼制，以文字（類名的一個字）和數字作符號。號碼的第一部分是文字，第二部分是數字。數字基本上采用十進制。類表的層次比較少，所以號碼比較短。三十年來，在實際工作中，也做了個别改動和增補，就是現在發表的這個表。』至於『個别改動和增補』的具體情况，後面將做簡要介紹。

五、初版《分類表》演變到一九五七年版《分類表》的歷史軌迹

一九五七年版《分類表》問世後，一九六四年十月又再版重印，仍沿用一九五七年『國立北京圖書館中文普通綫裝書分類表』的名稱。我收藏了國家圖書館普通古籍組資深館員薛英先生所用一九六四版《分類表》。該《分類表》總門類中增加了『特』字頭的『馬克思列寧主義門』（實際編目工作中並未施行），但『對原編十五個門類的内容，仍依其舊，未作改動』（一九六四版《中文表》再版説明）。至於一九九九年版《分類表》，因我手頭無資料，並且據黄文考察並無大的變化，故以下所言均截至一九五七年版《分類表》。

經仔細核對，一九二九年初版《分類表》上手寫變動的内容，一九五七年再版時大多予以采納。例如初版『目録學』『史志』下的『正史』和『補

史』類目被用筆劃去，並在『正史』二字後標注：『32—39各史藝文志及補志（按各史時代分，按著者時代排）。』查一九五七版《分類表》，『史志』下已無『正史』『補史』類目，且正式排列了前述增補文字『32—39各史藝文志及補志（按各史時代分，按著者時代排）』。再如，『采録書目』下的『善本』類亦被劃去，旁注：『取消，此門界限不明，知見、經眼等入41，公私藏善本書目入300—400藏書目。』一九五七年版即予刪除。又，初版『收藏書目』下之『清』，用鋼筆字添加了文源閣、文淵閣、文津閣、文溯閣、南方三閣、四庫薈要、有關四庫全書之雜文，以及内府藏書和内閣及部院等小類。一九五七年版均予采用。再如，初版『圖書館書目』旁加注『專類藏書目入學科書目』，下面類目『普通圕』改爲『公私立圕』，增加了『369外國學校圕』『380外人公私圕』，『營業書目』後加注『官書局目録入此』『其他』後加注『如出版物總目等』，在一九五七年版《分類表》中均被認可收録。又如初版《分類表》『經籍類』之『528車制』『930—999專經』，分別被劃掉和標注『未用』，一九五七年版《分類表》中均予刪除。以上類似變更多達上百處。

增加的内容中，有部分係著録方法的指導性意見，例如初版《分類表》經籍類『經學』，旁注：『凡依時代分者，若分類號已包括時代，則著者號僅按著者姓名，不加時代。』又，『經解』下之『專注』『注疏解説』及『雜論』前均加星號並注明：『專注、注疏解説，及雜論界限不明，每門皆須互相參看，以下各經同。』『地志類』『專類地志』下之『山川』，加注曰：『此指統論全國山川而言，其祇記述一省者，依省區分，依修書時代之前冠一「〇」字排。』於『各省區境内之山』旁，添加五條著録方法。以上各項，一九五七年版均予采納，惟個別文字略有不同。

初版《分類表》添加或加注内容的取向，有時令人疑惑。例如，對史乘類『斷代史』下的《國語》和《戰國策》情有獨鍾，一改不對單種著作注解的做法，詳加解釋：『國語：（1）除彙刻外不用助記號；（2）韋注本書次號用時代號29，補注韋本再加補注人時代號，不重複時用一位；（3）他家注本用補注人時代號，重複時再加著者號。戰國策：參照國語辦法，但高注本用2，補注高本加最後一人之時代。』上述内容，一九五七年版《分類表》均采用，僅個別文字有出入。

有些初版中更改的内容，在實際工作中發現不合用，便未落實，如『目録學』下的『外國』類，加注『按國分』；但在那本日常工作用的初版《分類表》中，『按國分』下再被加注『未按國分，因書太少』，故一九五七年版『外國』類便没有『按國分』。

初版曾經增加並沿用若干年後又撤銷，一九五七年版没有顯現的内容，最重要的是附録中的『簡明時代表』。説到此順便糾正黄文中出現的一個小差錯。黄文説：『1957年版《綫裝表》目録中有4個附表，即時代表、分國表、書號編製法、著者號碼，與1929年版本相同。1999版《綫裝表》却有6個附表。在上述4表基礎上增加通論複分表和專書助記表。』首先，我手頭的一九五七年版《綫裝表》目録中即列有六表，照録如下：『附録（1）時代表；（2）分國表；（3）書號編製法；（4）著者號碼；（5）歲陽，歲陰表；（6）通論複分表，專書助記表。』黄文將第六表的『通論複分表，專書助記表』當作兩表，漏掉了『歲陽，歲陰表』。另外，我收藏的兩本一九二九年版《分類表》中，亦有一九五七年版目録所列六表，隻字不差。前面提到的『簡明時代表』出現在一九二九版《圖書表》第四六頁右下角空白處，用鋼筆書寫：『簡明時代表（民卅二，十二月訂，此表限用於分類表内注明「用簡明時代表」之各類）……』王樹偉一九二九版《分類表》還在目録頁用鋼筆字添加了『簡明時代表』，列居表二，使附録變成了七表。

還有一種情況，初版《分類表》中使用者添加的大量内容，一九五七年版《分類表》並未采納。例如地志類『河渠水利』『各省區境内之水』下，分别添加了百餘字注釋；社會科學 124 124.1–9『歷代』『斷代』類，添加的内容多達三千多字；法律 221『中國法令』類，添加的内容超過了兩千字；經濟學 531『田賦』類，添加的内容也有兩千多字等等，不一而足。再版者大概考慮到《分類表》不宜，也無必要分類舉例過細，許多二級目録以下的圖書類目，應該在實際工作中酌情處理，《分類表》面面俱到是不可取的。

國立北平圖書館

普通圖書分類表

目錄類

目錄學

目 10. 通論 10·5 叢書
13. 攷證 11 版本
14. 書影
15. 校補
17. 題跋
18. 索引 (索引法等，一書之索引附原書，一書 ~~(如燕京的引得)~~ 以上之混合索引入學科書目)
目 20. 書目目錄
目 22. 書目叢刊
目 30. 史志 (藝文志彙刻) ~~(各朝代藝文志)~~
~~31.~~ ~~正史~~ 32-39 各史藝文志及補志(按各史時代分，按著者時代排)
~~33.~~ ~~補史~~
目 40. 彔錄書目
41. 知見書目
50. 特種書目
~~51.~~ ~~善本~~ (取消，此門界限不明，知見經眼等入41，公私藏善本書目入300-400藏書目)
52. 闕佚
53. 禁燬
54. 未刊書
55. 徵引 (引用)
56. 彙刻
57. 譯述

58. 版刻
X 59. 展覽目錄
目 60. 著述 (個人著述)
70. 族姓
地域 (地方藝文志)
80. 中國 (按區域分)
90. 外國 (按國分)

學科書目 (專類藏書目入此，一書之目錄附原書)

100. 經籍
110. 文字學
120. 史乘
130. 地理
140. 傳記
150. 金石
160. 諸子及哲學
170. 宗教 172 佛家目錄 175 道教 179.95 堪輿
180. 科學
190. 應用科學 191 醫學
200. 社會科學

210. 文學
220. 藝術
230. 總記（書目答問入此）

目300. 收藏書目

公藏（內府及中央機關）

301. 漢
304. 唐
305. 宋
306. 元
310. 明
320. 清
330. 民國

320 四庫全書
·1 文源閣
·2 文淵閣
·3 文津閣
·4 文溯閣
·5 南方三閣
·6 四庫簡要
·7 有關四庫全書之雜文
325 內府藏書
326 內閣及部院

圖書館書目（專類藏書目入學科書目）

350. （普通）圖 公私立（依區域分依館名排）
360. 學校圖（依區域分依校排名）
380 外人公私圖

私藏

410. 宋人
420. 元人
430. 明人
440. 清人
（依藏家姓名排）
450. 民國人
（480. 外人藏書目）不用見380

目490. 營業書目（官書局目錄入此）
491. 其他

圖書館學類

目600. 通論（圖書年鑑入此）
610. 建築及設備
620. 行政
623. 法令
625. 館員
627. 館規
630. 管理
631. 採訪
632. 登錄
633. 分類
634. 編目
635. 典藏
636. 參考
637. 出納
638. 裝訂
639. 推廣
640. 特種圖
641. 兒童
目643. 盲啞
648. 鄉村

（3）

649. 巡迴

660. 通俗

670. 學校

680. 大學

690. 專門

目700. 普通圖

先照地域分，再照下表分

再按館名排

每館下再分

1. 章程

2. 館員錄

3. 概況

5. 事務報告

770 8. 期刊（普通） 卅另 774.83

目780 私家藏書 （記述）（掌故）

依藏家時代分

目790. 圖書館教育

29

經籍類

經 10. 經學

經總

經 20. 經文合刻

21. 注疏

21.6. 序

21.7. 鈔

21.8. 校勘記

21.9. 攷證

經解

30. 彙刻　30.1 自著叢書

31. 輯佚

*32-39. 專著（依時代分）參看80雜論

60. 圖說（依時代分）

70. 文字音訓（依時代分）

*80. 雜論（依時代分）參看32-39專著

90. 緯書

經100. 易類

101. 白文

*111-119. 注疏解說（依時代分）

經150. 占筮

160. 圖說

170. 文字音訓（書本目錄未用）

180. 雜論

190. 古易

199. 易緯

經200. 書類

201. 白文

注疏解說

211-219 總義（依時代分）

220. 分義

221. 禹貢

222. 洪範

224. 其他

260. 圖說

270. 文字音訓

280. 雜論

299. 書緯

詩類

經300. 毛詩

301. 白文

311-19. 注疏解說（依時代分）

經340. 詩序

350. 名物，攷訂

360. 圖說

370. 文字音訓

380. 雜論

*專著，注疏解說，及雜論界限不明，每門皆須互相參看，以下各經同。

三家詩
390. 總義
391. 齊詩
392. 韓詩
393. 魯詩(無單行本書本目錄未用)
399. 詩緯
禮類
經400. 周禮
401. 白文
注疏解說
411-419. 總義(依時代分)
420. 分義
426. 考工記
.5 車制
460. 圖說
470. 文字音訓
480. 襍論
經500. 儀禮
501. 白文
注疏解說
511-519 總義(依時代分)
520. 分義
522. 喪服
526. 古宮室
528. 車制

560. 圖說
570. 文字音訓
580. 襍論
經600. 禮記
小戴禮記
601. 白文
注疏解說
611-619. 總義(依時代分)
620. 分義
621. 月令
650. 名物,考訂
660. 圖說
670. 文字音訓
680. 襍論
690. 大戴禮記
690.1. 白文
注疏傳說
691.1-.9. 總義(依時代分)
692. 分義
692.2. 夏小正
698. 襍論
699. 三禮總義
經700. 春秋
701. 經文
傳說

左傳

710. 白文
711.2-9. 注疏解說（依時代分）
717. 文字音訓
718. 襍論

公羊傳

720. 白文
721.2-9. 注疏解說（依時代分）
727. 文字音訓
728. 襍論
729

穀梁傳

730. 白文
731.2-9. 注疏解說（依時代分）
737. 文字音訓
738. 襍論
739. ←三傳総義（四傳說附）
740. 其他傳說（依時代分）
760. 表譜（依朝代分）
780. 襍論
799. 緯書

四書

經800. 四書叢刻
810. 四書総義（依時代分）

論語

820. 白文
821.2-9. 注疏解說（依時代分）
826. 圖說
827. 文字音訓
828. 襍論，攷訂
829. 緯書

大學

經830. 白文
831.2-9 注疏解說
837. 文字音訓
838. 襍論

中庸

840. 白文
841.2-9 注疏解說
847. 文字音訓
848. 襍論

孟子

850. 白文
852.2-9 注疏解說（依時代分）
854. 逸文
857. 文字音訓
858. 襍論

孝經

870. 白文
871.2-9 注疏傳說（依時代分）
876. 圖說

（7）

877. 文字音訓
878. 襍論
879. 緯書
經890. 爾雅(見字111)
經900 石經
原文(拓本,刻本,影印本入此)
911. 白文(輯佚入此)
~~912.~~ ~~輯佚~~
~~913.~~ ~~拓本~~
~~914.~~ ~~景印~~
920. 攷訂
921. 合刻
922. 分刻(按時代分)
930.-999 專經 (未用)

912 漢石經
912.7 魏石經
912.9 漢魏石經
914 唐石經
914.5 蜀石經
915 宋石經
918 清石經

(用書次號排各經:1為總集殘字,2為易,3為書……
如1-9不敷用(唐12經)禮及春秋可改用二位制,
即周禮51,儀禮52,禮記53)
61 62 63

D-D5
D7-D8

史乘類

史學（凡討論義例方法者屬之，其專論一書者則附其書之後）

史 10. 史學通論
11. 義例
12. 攷證
13. 研究法
15. 評論
20. 論叢
80. 叢書
史100. 通史
101. 紀傳
.1 正史合刻
.2 世本
.3 史記
.4 通志
.5 函史
.9 其他
史102. 編年
.1 竹書紀年
.3 資治通鑑
.5 稽古錄
.6 通鑑綱目
.9 其他
史103. 表譜（年表），其他表譜分入各門
103.2 紀元表
104. 紀事本末
105. 雜史
109. 教科書

斷代〃〃

史110. 上古
111. 夏
112. 商
113. 周
.1 （逸周書）
114. 西周
115. 東周
116. 春秋
.1 國語
.9 其他

（1）除彙刻外不用助記號
（2）韋注本書次號用時代號29，補助韋本再加補助人時代號，不重複時用一位
（3）他家注本用補注人時代號，重複時再加著者號

117. 戰國
.1 戰國策
.4 越絕書
.9 其他

參照國語辦法，但高注本用2，補注高本加最後一人之時代

史119. 秦
.5 楚
漢

(5)

史120. 兩漢
前漢
通紀(一朝)
121. 紀傳(漢書)
122. 編年
123. 表譜
124. 紀事本末
125. 雜史
128-129. 專紀(一帝) (按時代分) ~~[illegible]~~
後漢
通紀
史131. 紀傳
.1 東觀漢記
.2 後漢書(范)
.29 他家後漢書
.4 續漢書
132. 編年
133. 表譜
134. 紀事本末
135. 雜史
138-139. 專紀
三國
通紀
史141. 紀傳
.1 三國志
.2 續後漢書(宋蕭常)
.3 續後漢書(元郝經)
.4 季漢書
142. 編年
143. 表譜
144. 紀事本末
145. 雜史
專紀
147. 魏
148. 蜀
149. 吳
晋
通紀
史151. 紀傳
.1 晋書
.2 晋略
152. 編年
153. 表譜
154. 紀事本末
155. 雜史
158-159. 專紀
史160-169 十六國
170-171 南北朝
170. 通紀
171. 專紀
172-173. 南朝

(10)

史174–175. 宋
174. 通紀
.1 紀傳
.2 編年
.3 表譜
.4 紀事本末
.5 雜史
175. 專紀
(自此至隋均略依分)
176–177. 齊
178–179. 梁
180–181. 陳
182–183. 北朝
184–185. 魏
.9 西魏
186–187. 北齊
188–189. 北周
190–191. 隋
唐
史200. 通紀
201. 紀傳
.1 舊唐書
.2 新唐書
.9 新舊唐書合鈔等
202. 編年
203. 表譜
204. 紀事本末
205. 雜史
208–209 專紀
五代十國
210. 通紀
.1 紀傳
.11 舊五代史
.12 新五代史 彭元瑞注本用210.12)
.2 編年
.3 表譜
.4 紀事本末
.5 雜史
專紀
史211. 梁
212. 唐
213. 晉
214. 漢
215. 周
十國
218. 通紀
219. 專紀(依辭源十國表分)
220. ←宋 依唐分)
228. 北宋~~專紀~~(再依體裁分)
229. 南宋專紀(再依體裁分)
230 (宋)遼金元三史
231–232. 遼 (依南北朝分)
231.16 語解
(11)

史234-235. 西夏（倣南北朝分）
237-238. 金（倣南北朝分）
240. 元（倣唐朝分）（蒙族史，如蒙古源流、蒙兀兒史記等入此，依著者時代排）
241. 紀傳
.1 舊元史
.2 新元史（柯史及其他統入此）
248 專紀
248.1-.8 世祖至順帝

明

史250. 通紀
251. 紀傳（明人著作入251）
.1 明史
.4 明史稿
252. 編年
253. 表譜
254. 紀事本末
255. 雜史
史260. 專紀（依史事時代分）

清

史270. 通紀
271. 紀傳
.1 清史
.2 清史稿
.3 紀傳稿
272. 編年
273. 表譜
274. 紀事本末
275. 雜史
史280. 專紀
280. 入關以前時代
281. 世祖時代
282. 康熙時代
283. 雍正時代
284. 乾隆時代
285. 嘉慶時代
286. 道光時代
.7 鴉片問題
287. 咸豐時代
.9 太平天國
288. 同治時代
289. 光緒時代
.5 戊戌變法
.6 庚子拳亂及八國聯軍
.9 宣統時代

民國

史300. 通紀
310. 專紀
311. 開國紀
史410. 方隅史（凡紀載一地方之歷史者屬之，如華陽國志、蜀鑑之類）按地分
特種史
文化史
430. 通史
431-439. 斷代（依時代表分）

(12)

外交史（專收記載交涉之書其[illegible]入斷代史）

史460. 通史

461. 明以前

462. 明

463. 清

466. 民國

史料（凡專輯一事之詔令奏議等各入其類）

510. 實錄

詔令

520. 總集（通貫歷代）

521-528. 總集（斷代）

奏議

530. 總集（通貫歷代）

531-538. 總集（斷代）

541-548. 別集（依時代分人[illegible]）；但有時須參照內容定時代之先後.

公牘

550. 總集

561-568. 別集（依時代分人[illegible]）

700. 外紀（依國分）

800. 史鈔

808. 蒙求

900. 評論，攷證（攷證有原書可附者附原書）

（1）

D6

地誌類

地理學

地 10. 通論
11. 地圖學
12. 辭典
13. 期刊
14. 叢書
15. 論叢，雜文
16. 教科書
18. 索引

地 80. 總志（歷史地理入此）
81. 先秦
82. 漢及三國
83. 晉及南北朝
84. 唐及五代
85. 宋
86. 遼金元
87. 明
88. 清
89. 民國

方志（各地載記入此）

地100. 黄河流域
110 河北
110. 通志

府志（置入府志所在之縣）

地113–115. 縣志（依縣之順序分）
113.11–99. 縣名表第11至第99縣
114.01–99. 縣名表第101至第199縣
115.01–99. 縣名表第201至第299縣

每地名之下再依下列順序排：—
1. 原府州志
2. 古志
3. 清志
4. 現代志
5. 志稿，鄉土志，私志
6. 建置，圖經等
7. 鄉鎮城市志（土司志入此）
8. 併入之區域
9. 雜記（各地指南入此）

各省準此

地120. 山東
130. 河南
140. 山西
150. 陝西
160. 甘肅

14

710 河渠水利（工程器具等分入應用科學）

凡總述河道水利及河防之書入此下分三項，用書次號分排如下：

(一) 治水論著及政策等

書次號

1. 清以前之撰述 再加朝代(一位)及著者號，著者號亦得活用以便分别著者之時代先後

2. 清代之撰述再加皇帝號(一位)及著者號，著者號亦得活用以便分别著者之時代先後

3. 民國以來之撰述再加著者號，著者號亦得活用以便分别著者之時代先後機關用31排在前.

(二) 兼論水道源流及河工之書

4－6（照上法排）

(三) 河工行政及材料章則等

7－9（照上法排）

711·1－716·3 各省區境内之水（灌溉用渠道分入應用科學325）

在分類號下用書次號分排如下：

1 總述某省區或某縣區水事之書，再依下列號碼(第二位)分排

2 宋及以前

3 元

4 明

5 清

6 民國

7－9 各縣，加縣名首字，如二縣同為4則一用74，一用84

2 古水道（凡考述今已淤廢之水入此）

3－9 今水道(另訂專表)依時代排(用簡明時代表)其中9為支流

722 長江

書次號

1 長江全流

2－8 分省計：2青海，3四川，4三峽及灘險，5湖北，59湖南 6江西，7安徽 8江蘇

各書著者依簡明時代表排重複時加著者號

726 海洋

書次號

1 總記中國海岸之書

2－8 分省計：2遼寧，3河北，4山東，5江蘇，6浙江，7福建，8廣東

各書照長江排

地200. 長江流域
210. 江蘇
220. 安徽
230. 浙江
240. 江西
250. 湖北
260. 湖南
270. 四川
280. 西康
地300. 珠江流域
310. 福建
320. 台灣(甲午以前)
330. 廣東
340. 廣西
350. 雲南
360. 貴州
地400. 東三省
410. 遼寧
420. 吉林
430. 黑龍江
500. 熱察綏寧及蒙古
510. 熱河
520. 察哈尔
530. 綏遠
540. 寧夏
550. 蒙古
560. 内蒙古
570. 外蒙古
地600. 新疆,青海,西藏
(總論西域之書入此)
610. 新疆
620. 青海
630. 西藏
660. 外藩
此專收總論外藩之書如藩部要略等其僅論一地或一國者仍依其地或國分

簡明時代表見頁四六

專類地志

地700. 山川
701. 山海經
710. 河渠水利(看對面頁14背之注)
710.1 水經注(用簡明時代表)
710.9 其他總記水道之書
711.1-716.3. 各省區境内之水
(看對面頁14背之注)
依省區分,依水名排
720. 經貫數省之水
721. 黄河(用簡明時代表9為黄河兼及他水如運河之撰述)
722. 長江(複分見對面頁14背)
723. 淮河(用簡明時代表)
724. 運河(用簡明時代表)
725. 西江(珠江用簡明時代表)
726. 海洋(海塘志入此用簡明時代表)
727. 巨泊(依省區分依湖名(二字)及時代排)

(15)

地728. 圩堤　　地900. 外國地理（目錄係依分國表分，未用書號）

729. 温泉　　~~912. 日本~~

730. 山（佛道教史上聖地入宗教360,585）（參看地800遊記）　　~~913. 朝鮮~~

731.1–736.3 各省區境内之山　　地980. 外國遊記（依國分）

(1)（依省區分，依山名排）及修志時代排）號碼重複時加2,3,4……

(2) 山名取二字，其僅一字者則加"山"字；一山數名者按現行名稱計算筆劃

(3) 凡重刻補刻仍依原修時代排

(4) 凡一省内二山以上之合志書次號用1再加所在地名首字之號再依簡明時代表排

(5) 凡一書記述數山散在兩省以上者入730

750. 名勝古蹟

.11–.68 分地彙紀

依省區分，依縣表排，其總記一省區者，書號之前須以〇字然後依著者，時代排

(751. 史跡) 未用

753. 陵墓寢　歷代（依著者時代及著者號碼排）

753.1–9　斷代（各陵做法入此）

754. 宮殿

755. 祠廟（個人之墓入此，依時代分，加本人著者號；佛寺道觀入宗教360,585）

756. 苑囿

757. 書院（依地分，再依著者（修志）時代排）

759. 其他

書次號：

1–9 歷代名賢專祠　依時代排，其同時代之名人專祠則取祠主姓名首字區別之，其同一人之專祠分在數省者以省區復分排

951–981 各省區鄉賢祠及祠廟總志依省區排，同省區之祠再依祠名首字排

770. 邊塞

總論邊境防務之書入此

其專論兵事防務者入軍事學專論一地者入其他

地780. 苗夷

（參看社~~388~~ 381.7 苗防）

790. 各種專門地理（此門未用）

800. 遊記（依省區分）（以遊記為限，載記入方志門）

(16)

傳 記 類

傳 記

傳 1.1 辭典
1.4 姓氏類書
總傳(婦女入30)
10. 歷代
11-19. 斷代
地域
20. 中國

10. 黃河流域 *
.11. 河北
.12. 山東
.13. 河南
.14. 山西
.15. 陝西
.16. 甘肅

20. 長江流域 *
.21. 江蘇
.22. 安徽
.23. 浙江
.24. 江西
.25. 湖北

傳 20.26. 湖南
.27. 四川
.28. 西康

.31. 福建
.32. 台灣
.33. 廣東
.34. 廣西
.35. 雲南
.36. 貴州

.41. 遼寧
.42. 吉林
.43. 黑龍江

.51. 熱河
.52. 察哈尔
.53. 綏遠
.54. 寧夏

*傳記不用區號

(17)

傳 20.55. 蒙古

.56. 內蒙古

.57. 外蒙古

.61. 新疆 ~~新疆~~

.62. 青海 ~~青海~~

.63. 西藏

列女（總傳照10分）

傳 30. ~~專類（按性質合入其類 其無類可歸者仍入此）~~

專類取消。專類既已分入各類，其無類可入者即 ~~（按性質合入其類其無類可歸者仍入此）~~ 改入總傳一歷代、斷代二目。

50. 別傳

凡日記，墓誌，行狀，事實等均屬之

請注意：並不按體裁分，亦不按類分

依傳主生年排，一人有數傳者，再以撰人時代及姓名加于下一行

遊記及記史事之書應照內容分，不入別傳

~~59 婦女~~

60. 年譜（依譜主生年排）

61. 年譜合刻

~~69 婦女~~

70. 氏族譜（依姓氏分依修譜時代排）家乘入此）

90. 外國人別傳（依國分）

91. 外國人總傳

71 歷代皇室譜系，宗室……

（依朝代分，依皇室，藩王排，皇室書次號用1，藩王用2，再加修譜時代，有必要時再加著者號）

72.0 合譜

72.xx–79 族譜及家乘

（依特制家譜姓氏號碼表分）

別傳年譜內婦女 不單立一目

(18)

古器物學類

古器物學

古 10. 通論
14. 叢書
100. 彙攷
110. 目錄
111. 総錄
112. 公藏
113. 私藏
120. 圖象
130. 文字
140. 題跋
150. 攷訂
160. 字書
170. 義例
190. 襍錄（論古董者入此）
古 200. 甲骨
210. 目錄
220. 圖象
230. 文字
250. 攷訂
290. 襍錄
古 300. 金文
（鐘鼎彝器泉幣刀劍等屬之）

古 310. 目錄
311. 総錄
312. 公藏
313. 私藏
320. 圖象
330. 文字
340. 題跋
350. 攷訂
351. 彙攷（彙考數器者屬之）
352. 專攷（專考一類或一器者屬之）
360. 字書
370. 襍錄
379. 摹拓法
380. 泉幣
390. 古璽印
古 400. 石刻
（凡碑碣造像誌銘塼瓦等屬之）
410. 目錄
411. 総錄
412. 公藏
413. 私藏
420. 圖象

古430. 文字
440. 題跋
450. 攷訂
451. 彙攷（彙攷數器者屬之）
專攷（專於一類或一器者屬之）
452. 石鼓
453. 碑銘
455. 石經
457. 經幢
458. 其他
460. 字書
460. 義例
470. 雜錄（雜器入此）
479. 摹石法
480. 古玉
古500. 磚瓦陶
510. 瓦當
520. 古磚
530. 古陶磁
540. 封泥
550. 明器
古600. 竹木及雜器
610 竹木
630 雜器
古700 地方金石志

（依區域分）

古800. 各國古物

（關於攷古之紀載入此）

古900 歷史以前古物

社124 科舉 歷代
124.1–.6 斷代
124.1 唐
124.2 五代
124.3 宋
124.4 元
124.5 明 } 用明朝時代表
124.6 清 } P45.
124.61 清代考試章則 科場條例入此
124.62 武場則例
124.63 殿會試
124.64 鄉試
124.65 科名錄
用書次號排:
1 會試硃錄
2 進士錄(榜,分科的)
3 題名錄(總如鶴徵錄等)用本書所收最後時代表排
6 鄉試錄(十八省)
611–636 分省鄉試榜錄
7 拔貢,明經,廕生等
8 貢舉名錄(總如貢舉考等)

注 以上名錄,凡屬分科之榜以用"本館有"編法為宜,每冊上於書次號下加帝號及年數以便排列
清初博學鴻詞入2或4
各地科名錄青衿錄等入地方傳記
試卷,闈墨入文學
124.7 投票選舉(簡表)
124.71 清代投票選舉(清朝)
124.72 民國投票選舉(書少著者排)
124.8 文官考試
社138 清代官制(用清朝時代表)
本館原將縉紳分入138,書次號用67不改動,總的職員錄若清代獻徵類編亦入此

138.1 中央
138.11 宮中;宗人府;內務府
(用書次號分排再加帝號及年數)
(有關宮闈等之書用則例號)
(加"0"再加帝號,以下各類同.)
1 宮中則例
2 宗人府則例(總)
31–39 " "
(分類用二位制)
4 內務府則例(總)
51–89 內務府各司處則例用二位制(故宮印有單行則例甚多
9 內務府爵秩全覽 用"本館用"
138.12 內閣;軍機處
(用書次號分排)
1 內閣
21 制誥局 } 清末新設
22 敘官局
23 統計局
24 印鑄局
25 法制局
3 軍機處
4 中書科
5
6–9 清末新設之館處
6 政務處
138.13 六部;吏部
(書次)
1–2 六部則例等
3 吏部則例(總及處分)
4 品級,銓選單行則例 滿漢合排,如須分排,52滿,55漢,但再加帝號及年數即五位
6 文選司則例
7 考功司則例
8 稽勳司則例
9 驗封司則例
138.14 户部(度支部);禮部
(書次號)
1 户部則例
2 各省區章則,加區號
3 捐輸條例;賑捐章程
4
5 禮部則例
6
7 四譯館
8 樂部

138.15 兵部(陸軍部);刑部
(書次號)
1 兵部則例
兵部之各項專門則例依性質分入各類,如八旗入軍制,武場條例入科舉等
5 刑部章程,條例
8 律例館(刑部印行之律,說帖等分入法令類)
138.16 工部(農工商部)及清末設各部
(書次號)
1 工部則例,章程(各項工程單行則例按性質分)
新設各部
3 外務部(總理各國事務衙門)
4 民政部(巡警部)
5 學部
6 海軍部
7 郵傳部
8 商部
138.17 獨立寺院
(用書次號分用二位制,第一號為志考及其他有關本機關之撰述;第二號碼為章則,第三號碼為其他,但書數多之衙門有三個以上號碼)
(書次號)
11 理藩院(部)
12 理藩院則例
13 理藩院旗籍司
14–15 其他
16–19 都察院(台規用17)
21–23 通政使司
24–26 大理寺 三法司
31–36 翰林院
33 庶常館
34 起居注館
35 國史館
37–39 詹事府
41–43 太常寺
44–46 太僕寺
47–49 光祿寺
51–53 鴻臚寺
54–59 國子監

138.17(續)
61–63 欽天監
64–66 太醫院
67–69 鑾輿衛
71–72 資政院(明)尚寶司
73–74 審計院
138.18 盛京官制
明朝南京之各衙門應照清代分,用最後一書次號
138.19 職員錄(文)
書次號 4 武職
中央,地方合之職員錄入138
138.3 地方官制
依地區排,職員錄入此

注 明代官制大體相同,可參照,清代分,明以前書不多可不必細分,但唐宋之翰林及御史應有專號(17.18)

社會科學類

社 10. 社會科學總論

政典

政治學

社 100. 通論
103. 論叢（政論入此）
110. 各論
120. 通制
121. 歷代（三通典通考等入歷代，不分散）
122.1-.9 斷代
123. 選舉
124. 歷代 } 參看20頁背
124.1-.9 斷代 }
125. 職官
126. 歷代官制
.1 中央官署
.3 地方官署
131-139. 斷代（每代分）官制 分類表詳20背
.1 中央
.3 地方
社 140. 官吏僚佐（政述）參看 哲852 官箴
150. 外國制度 依國分 } 用簡明時代表
160. 地方行政 }

160 用書次號排 1總論 2治績（個人） 5自治 6保甲 7警政 8各地行政 依省 9各國地方行政（依國分）

社 160.5 告示 用簡明時代表
170. 政黨
172. 中國國民黨
社 180. 移民
182. 華僑
社 190. 邦交
191. 國際關係
國際法
192. 公法
193. 私法
國際組織
194.1 國際聯盟
195. 國際會議
198. 各國条約（依國分）
（関于外交事件之紀載入各國外交史）

法律

社 200. 法學通論
210. 法學各論
220. 法令（彙編）
221. 中國法令（詳表見背後）

社221 中國法令
考證解釋入此
221·2 漢
221·4 唐
221·5 宋
221·6 元
前後用91、92，93、94外人用，如明須分時代用表簡排
221·7 明
221·71—·78 明代洪武至崇禎各律、條例及解釋考證
221·8 清
221·81—·89 清代各律及條例、解釋考證，帝號用普通時代表之清朝帝號
221·9 地方方令，加區號及時代。

注 中國舊法令不分民刑法，清末法律館成立後始分。
明清之法令用書次號分排：
1 正文，分類號內已有帝號，故只須再加年數，五年用"05"，再續纂條例等作律排，用年，不用"-2"、"-3"等
2 官家解釋（或分則）
3 改編之表、便覽等
4 私人解釋考證（明）
5 私人解釋考證（清）
6 私人解釋考證（民）
應用於清律時提升一位
222 民國法令
222·11—·63 民國地方法令
223—229 外國法令

社230 憲法
231 中國憲法（中央）
中國約法、憲法草案等甚多，排列以用西曆年數之後二位為最便。
231·11 清宣统三年公佈之憲法
231·12 民元（南京臨時約法）
231·13 民二（天壇）
書次號：1 正文及官家
2—9 私人議論

討論中國憲法（總）之書在231下，用書次號排：
1 清代
2 民十以前
3 民二十以前
4 民三十以前
5 民四十以前
不分中外作家
232 中國地方憲法
依地域分，依時代排
233—239 外國憲法

240 民法
社241 中國民法（清法律館訂）
用書次號分排：
1 正文（全文）
2 官家解釋
3 私人解釋 （清）
4 私人考證 民
如須細分，用41、42、43、44等以代表民十以前、民二十以前……
7 分則（參看下面民國）
242 中國民法（民國）
書次號，書多時可照憲法分，刑法同。
1 正文（全文）以年排
2 官家解釋（依年排）
3 私人解釋（法律書最重年代，擬以年排，不知書有多少）
分則
71 總則
72 物權法 73 債權
74 親屬 75 繼承
76 其他單行民法
77 民事特別法
78 非訟事管轄權
79 其他
243—249 外國民法
社250 刑法
社251 中國刑法（清朝）
書次號：
1 暫行刑法
2 定本刑法
3 官家解釋
4 私人解釋考證（民國可用51、52、53等以分時代前後）

252 中國刑法（民國）
用書次號分排：
1 正文
2 官家解釋
3 私人解釋考證
3 用1、2、3十年分；1、2加年數排
253—259 外國刑法
261 中國訴訟法（清）
261·1 民事訴訟
261·2 刑事
262 中國訴訟法（民國）
262·1 民事
262·2 刑事
以書次號排：1 正文
2 官家解釋
3 私人解釋（清）
4 私人解釋（民國）
263—269 外國
271 中國商法（清）
272 中國商法（民國）
以書次號排：1 正文
2 官家解釋
3 商業習慣調查案 4 私人解釋（清） 5 私人解釋（民國）
70 分則 71 公司法
72 商標法 73 票據法
74 保險法 75 商法
76 出版法 77 破產法
76 其他
273—279 外國商法
280 行政法
照270分，但分則須依實際情形另定
290 司法行政
法院組織入此
291 法官（平獄入此）
292 案牘（成案、說帖入此）
292·3 秋審
292·7 判詞（如樊山判牘）
292·9 其他（統計入此）
293 監獄
294 檢驗
298 中國地方司法行政
299 外國司法行政，依國分。

社531 田賦（用簡明時代表）
531·1—·9 歷代
531·8 清朝（先用書次號排）
用清朝時代表排
10 撰述考証
11—63 各省漕賦
賦役全書入此，用"各省"法著録，不用時代號，省的用第三位，縣第四位（書不多則借用第三位）
70 漕運則例，依時代採第三位
71—78 論漕運（議論考証）（1—8即是時代號，則仍是701—708）
8 各省論漕運，用省號及時代
9 其他（倉等）
明朝大体相同，用明朝時代表排，明以書不多，不必細分
社532 鹽法（用簡明時代表）
532·1 條目
532·2 鹽法志（歷代）
532·21—·29……（歷代）
532·31—·79 各區鹽務
借用省號，加20，長蘆為河北11+20=31
532·31 長蘆 532·32 山东
532·34 河南山西 532·36 陕甘
532·4 两淮 532·41 淮南
532·42 淮北 532·43 两浙
温處附福建
532·47 四川
532·51 福建 532·52 温處
532·53 两廣
532·55 雲南
532·6 东三省
532·61 遼 532·62 吉
532·63 黑
532·7 其他边區（·71—·79）
532·8 外國

社222. ~~議論;攷證~~

223.-229 ~~亞洲~~外各國法令(依國分) 併入法令

見21頁背

~~224.~~ ~~歐洲各國法令~~

~~225.~~ ~~非洲各國法令~~

~~226.~~ ~~美洲各國法令~~

見21頁背

社230. 憲法

240. 民法

250. 刑法

260. 訴訟法

270. 商法

280. 行政法

290. 監獄,司法行政,法院審判,判例,洗冤錄

軍事

社300. 軍事學

310. 韜畧(論參謀作戰者入此)

320. 兵制(給養,訓練等入此)

330. 軍法(軍令條規入此)

340. 工程(營壘兵器製造用法入此)

350. 陸軍(操法入此)

360. 海軍(操法入此)

370. 航空(操法入此)

380. 防務

381. 國內防務

381.1-.6 依區域分

.7 苗防

.8 江防

.9 海防

382. 邊防

經濟

經濟學

社400. 通論

410. 各論

420. 經濟史

430. 經濟政策(鹽鐵論入此)

440. 實業

450. 農政

460. 土地

470. 勞工

480. 交通

490. 商務

財政

社500. 財政學

520. 財政史

530. 賦稅

531. 田賦

532. 鹽法

(22)

社533. 榷酤
534. 榷茶
535. 印花稅
社540. 釐稅
541. 關稅
543. 海關稅
547. 雜稅
社550. 其他各國稅法
560. ◦國用（預算及審計入此）
563. ◦公債
570. ◦地方財政
578.11—.6 中國地方財政
580. ◦金融
581. 幣制
584. 銀行
584.1 銀行與國家
584.2 〃〃 行政（公含入此）
584.3 〃〃 管理
584.4 中央銀行
584.5 地方銀行 依省分
584.9 外國〃〃。

周、漢、明時代表
9為外國

社會

社會學

社600. 通論
610. 各論
612. 社會心理學
620. 社會史
630. 社會調查及事業
640. 社會問題
641. 人口問題
643. 生活問題
社651. 家庭
653. 婚姻
655. 婦女
661. 城市
663. 村鎮
667. 階級
668. 奴制
670. 會社
680. 慈善事業，社會病理
690. 社會改革論
691. 三民主義
693. 社會政策
695. 社會主義
697. 共產主義
699. 無政府主義

民俗

社700. 民俗學通論
710. 民族誌
711. 中國民族
712. 中國境內，其他民族
719. 其他
720. 各國風俗
730. 各種風俗
740. 原人風俗

(23)

社750. 歌謠

禮制

社760. 通論
770. 通禮
771. 吉
772. 嘉
773. 賓
774. 軍
775. 凶
776. 邦禮
777. 謚法
778. 祀典
780. 家禮
790. 襍禮儀

教育

教育學

社800. 通論
各論
810. 教育心理學
813. 教育測驗
815. 教學法
817. 學程
819. 脩學法

社820. 學校管理
830. 教育行政
831. 學制
839. 外國教育制度
840. 師範教育
850. 初等教育
860. 中等教育
870. 高等教育
880. 特種教育
890. 特種人教育

統計

統計學

社900. 總論
910. 各論
930. 各國統計
950. 各類統計

哲學類

哲學

哲 10. 通論
11. 書目
12. 類書
13. 論叢
14. 襍誌
17. 叢書
70. 概論
哲100. 中國哲學
101. 通論
中國哲學史
110. 通史
111-119. 斷代
先秦諸子
120. 總論
121. 儒家
122. 孔子
123. 孟子
124. 荀子
126. 其他
127. 道家
128. 老子
129. 列子
哲130. 關尹子
131. 莊子
133. 其他
.1 文子
.2 鶡冠子
.3 鬻子
.4 亢倉子
134. 墨家
135. 墨子
136. 别墨
137. 名家
138. 尹文子
139. 公孫龍
141. 其他
142. 法家
143. 管子
144. 商君書
145. 申子
146. 韓非子
147. 其他
148. 從橫家
149. 鬼谷子

(25)

哲150. 雜家
151. 晏子
152. 尉繚子
153. 尸子
154. 呂氏春秋
156. 其他
哲220. 漢代諸子
230. 魏晉六朝諸子
240. 隋唐諸子
250. 宋代諸子
260. 元代諸子
270. 明代諸子
280. 清代哲學
290. 現代哲學
哲300. 東方哲學
310. 日本
360. 印度
西洋哲學
哲400. 通論
410. 古代及中古哲學
411. 希臘哲學(第一期)
412. (第二期)
413. (第三期)
414. 柏拉圖
415. 亞里斯多德
哲416. 亞里斯多德以後之哲學
417. 伊壁鳩魯派
418. 斯多噶派
420. 宗教哲學時代
421. 新柏拉圖派
422. 中世哲學
近代哲學
哲430. 總論
440. 英
450. 美
460. 法
470. 德
480. 意
490. 荷
510. 比
520. 西
530. 俄
540. 其他歐洲各國
560. 其他美洲各國
580. 非洲各國
590. 澳洲各國
哲600. 論理學
700. 玄學
倫理學
哲 通論

(26)

哲810. 人生哲學
820. 個人倫理
821. 修身
822. 訓蒙
哲830. 家庭倫理
840. 社會倫理
850. 國家倫理
851. 帝範
852. 宮箴
853. 公民學
858. 國際倫理
哲860. 職業倫理
890 倫理學問題各論

M

宗教門

宗10. 總記

佛教

宗200. 總論

201. 書目
202. 研究法
203. 類書詞典
204. 隨筆雜著
206. 叢書
209. 概說

經

宗210. 大乘經

211. 華嚴
212. 寶積
213. 般若
214. 法華
215. 涅槃
216. 大集
217. 經集
220. 小乘經
221. 阿含
222. 本緣

宗227. 密教部

229. 僞經

宗250. 律

251. 大乘律
252. 有部律
254. 四分律
255. 五分律
256. 雜律

宗270. 論

271. 釋經
272. 毗曇
273. 中觀
274. 瑜伽
275. 論集
276. 密教

宗290. 疏

291. 經疏
293. 律疏
295. 論疏

(28)

宗300. 儀軌
310. 諸宗
311. 律
312. 俱舍
313. 法相
314. 華嚴
315. 三論
316. 天台
317. 真言
318. 净土
319. 禪
321. 其他

史傳

宗330. 通史
331-339. 分國史
340. 宗派史
350. 傳記
360. 地志,寺志
370. 諸系 譜
380. 雜著
381. 纂集
383. 護教
388. 序讚詩歌
389. 啟蒙

道教

宗500. 總記
510. 道藏
511. 續藏
520. 經典
530. 符訣
540. 規律
550. 儀注
560. 修真
570. 宗派
580. 傳記
590. 雜著

宗600. 基督教
610. 聖經
620. 神學
630. 規律
640. 儀注
650. 佈道
660. 宗派
680. 傳記

宗800. 回教

宗900. 其他各教
970. 勸善書

宗 980、　祠祀

990、　術數

991、　陰陽五行

992、　占卜

993、　命書

994、　相書

995、　堪輿

997、　巫祝

998、　神鬼

999、　襍技

(30)

J

文字學類

文字學

字100. 總記
108. 表解
110. 訓詁
111. 爾雅
129. 其他
130. 字書
131. 說文
.01 書目
.04 叢書
.1 大徐本
.2 小徐本
.3 註釋
.31 元明人註
.32 清乾隆以前
.33 段氏註
.34 清乾嘉間諸儒註
.35 清道光以後
.36 現代
.4 六書
.5 聲韻
.6 專著
.61 引經
字131.62 古語
.67 古籀
.68 重文
.69 引說文攷
.7 新附及逸字
.8 部首及啟蒙
.9 雜論
字139. 其他各書(各種字典等)
字140. 中國境內其他各種文字
150. 音韻
159. 簡字、速寫，注音字母
字210. 方言
.5 俗語
220. 文法
230. 蒙求(關於文字者)
字400. 外國文字(依語系分)
411. 日本語
420. 梵文

文學類

文 10. 通論 凡通論一切文學及專論中國文學者均入此類
11. 書目
12. 類書，辭典
13. 論叢
14. 襍誌
16. 叢書
20. 文學史
21. 通史
31-39. 斷代（依朝代分）
40. 特種
50. 文學概論
文100. 集
詩文總集
歷代
選集
101. 文選
.1 文選注
.11 李善注
.12 五臣注
.13 六臣注
.19 其他
102. 其他
105. 合集

文111-119 斷代（依時代分每代再分）
文120. 楚辭
.2 離騷
.3 屈原所著 其他各篇
.9 其他
賦總集
121. 歷代
121.1 選集
.2 合集
斷代
122. 上古迄漢魏
123. 六朝
124. 唐
125. 宋
126. 元
127. 明
128. 清
129. 民國
文130. 詩總集
歷代
130. 選集
131. 合集
斷代

(32)

文132. 先秦
133. 漢魏六朝
.1 漢
.2 三國
.3 晉
.4 南北朝
.9 隋
134. 唐
135. 宋
.6 南宋
136. 遼金元
.1 遼
.3 金
.5 元
137. 明
138. 清
139. 民國
140. 專類
文150-160 文總集
(做詩總集分)
170. 地方藝文
(依省區分)
180. 旗姓藝文
文200-230. 詩文別集
(依著者時代及姓名分，每作家下依下列順序排)

文 1. 全集(依刊刻時代排)
2. 全集附注釋(依注釋人排)
3. 單行集(依集名首字排)
4. 單行詩集(依集名首字排)
5. 選集(依選輯人排)
6. 尺牘及家書(依書名首字排)
7. 評論(依著者排)
8. 專門研究
(此項號碼為書次號之首)

詩文評及研究法
文300. 通論
.2 文心雕龍
311-9 詩話
321-9 文評(依內容時代分)
331-9 賦話
350. 詩文研究法
360. 修辭法
370. 詩韵
文400. 詞
401. 通論
406. 叢書
410. 總集
歷代
411. 選集
412. 合集

(33)

文414-419	斷代(唐迄民國)	文550-555	小令套數
.1	選集		(倣雜劇分)
.2	合集	561.	曲話
	別集	562.	曲譜
文420.	唐(依朝代分)	563.	曲韵
430.	宋	571.	京腔
440.	元	572.	秦腔
450.	明		新劇
460.	清(依帝次分)	580.	通論
470.	民國	581.	劇文総集
480.	詞話	582.	劇文別集
491.	詞韵	587.	評論
492.	詞譜	590.	其他
	戲曲	文600.	小說
文500.	通論	601.	通論
510.	曲選		舊小說
520.	曲彙	610.	彙刻
530.	雜劇	621.	雜事
531.	宋金人著作	623.	異聞
532.	元 〃 〃 〃	624.	瑣語
533.	明 〃 〃 〃	628.	平話
534.	清 〃 〃 〃	630.	章回
535.	民國 〃 〃 〃	631.	宋
540-545	傳奇	632.	元
	(倣雜劇分)	633.	明

(34)

文634. 清
640. 彈詞
新小說
文650. 短篇
651. 諸家彙刻
652. 一人著作
660. 長篇
670. 評論
680. 研究法
文700. 尺牘
710. 總集
710. 歷代
斷代
711. 清以前
713. 清
714. 現代
文730. 評論
740. 範本
文760. 雜著
761. 制藝
762. 楹聯
763. 迴文
764. 詩鐘
766. 應用文
768. 詼諧文

文770. 其他
文800. 外國文學（外國文學以譯本為限）
801. 通論
810. 日本文學
810. 總論
811. 總集
812. 別集
818. 雜著
819. 評論
820. 印度文學
822. 朝鮮文學
西洋文學（不問國籍但依作者分）
830. 總集
840. 詩
850. 文
860. 戲劇
870. 小說
880. 雜著
890. 評論

(35)

藝術類

藝術

藝 11. 通論
100. 書畫總
101. 總論
110. 目錄
111. 收藏
115. 作品
118. 專品(個人及諸家書畫)
120. 題識
121. 諸家彙編
123. 一人著述
藝 130. 書學
140. 方法
法帖
150. 目錄
160. 專品
170. 題識
171. 諸家彙編
172. 一人著述
藝 180 評論
藝 200 畫學
210 方法
畫冊
藝 220. 目錄
230. 專品(個人及諸家名畫)
240. 畫譜
250. 題識(題畫詩入此)
251. 諸家彙編
252. 一人著述
260. 評論
藝 300. 西洋畫
310. 論畫
畫冊
320. 目錄
330. 作品
340. 考證
藝 400. 文房用具
410. 紙
420. 筆
430. 墨
440. 硯
450. 印泥
490. 其他
藝 500. 篆刻(凡專論秦漢印璽及歷代官印者入古器物學類)
510. 方法

(36)

藝530、 印譜
540、 攷證
藝600、 雕塑
藝700、 音樂
700、 通論
710、 樂律
720、 樂章
730、 樂譜
732、 弦樂
733、 管樂
750、 樂器
藝800、 其他
810、 劇院及演劇
830、 庭園布置
藝900、 游藝
910、 智力游戲(如棋益智圖等)
911、 棋
913、 文虎
915、 酒令
919、 其他
920、 户内游戲(如跳舞迷藏等)
930、 博戲(如馬弔双陸等)
940、 户外游戲
941、 射
947、 田徑賽
藝949、 其他
950、 球戲(如足球排球等)
960、 水上游戲(如游泳賽船等)
980、 技擊
990、 雜技

(37)

N R
P
Q

自然科學類

自然科學

科 10. 科學通論

數理科學

科100. 數學

109. 總論

110. 古算經

120. 算術

130. 代數

160. 幾何

170. 三角

180. 微積分

190. 非歐几里得幾何

科200. 天文學

210. 推步

220. 儀器

230. 天象

240. 測地

270. 曆法

290. 氣象

物理科學

科300. 物理學

400. 化學

500. 地質學

科600. 古生物學

生物科學

科700. 生物學

710. 譜錄

720. 系統研究

科800. 植物學 } 仿生物學分

科900. 動物學

科1000. 人類學

科1100. 解剖學

科1300. 生理學

科1500. 心理學

(38)

應用科學類

S T U.
V W X Y

應 10.	應用科學総論	應 117.	婦科
	醫葯		通論
應 100.	通論		胎產
110.	中國醫學	120.	方書
111.	古醫書		通論
.1	内經	121.	經方
.2	素問	126.	醫案
.3	靈樞	130.	本草,葯物
.4	襍論	140.	西法醫書
.5	難經	141.	病理學
.6	脈經	142.	内科
.7	金匱	.1	診斷學
112.	内科	.2	家庭醫葯
.1	傷寒	應 144.	傳染病
.2	瘟疫	145.	循環系病
113.	外科	146.	呼吸器病
.1	傷科	147.	消化系病
.5	針灸	148.	血液及腺病
114.	眼科	149.	皮膚病
115.	喉科	應 150.	排泄及生殖系病
116.	兒科	151.	神經系病
.1	痧痘	152.	瘋狂
.9	其他各病	153.	外科

(39)

應154、　眼科

155、　耳鼻,咽喉科

156、　齒科,口腔科

157、　婦科

158、　産科

159、　小兒科

應160、　葯物學

168、　醫方

169、　治療術

170、　醫院

179、　看護學

180、　衛生學

181、　個人衛生

190、　公共衛生

家事

應200、　通論

210、　房屋

212、　陳設

220、　衣服

230、　刺繡

240、　飲食

246、　食譜

247、　茶譜

260、　衛生

農業

應300、　通論

310、　農業之經營,農政

319、　時令

320、　農藝

325、　水利

330、　災害

331、　蝗

340、　農作物

341、　禾穀類

342、　豆菽類

343、　根菜類

345、　牧草類

346、　其他普通作物

347、　纖維作物類(棉蔴屬此)

348、　糖料作物類

349、　刺激料作物(烟茶咖啡屬

應350、　園藝

352、　蔬菜

353、　果木

354、　花卉

355、　苗圃

356、　風景園藝

應 360. 森林

361. 森林
362. 造林
363. 森林保護
364. 森林利用
365. 森林工藝
366. 森林工程
367. 森林管理
368. 森林經濟
369. 其他

應 370. 畜牧
379. 漁業
應 380. 蠶桑
381. 桑
382. 育蠶
383. 蠶種
384. 製絲
386. 柞蠶
387. 養蜂及白蠟蟲
390. 農産及副業

工業

應 400. 通論
410. 工業之經營
應 420. 普通工藝
430. 金屬工藝
440. 石工
450. 水工
460. 皮革
470. 造紙
480. 印刷
490. 紡織
應 500. 化學工藝
530. 陶磁
540. 染料
590. 其他化學工藝
應 600. 礦冶
應 700 工程
710 土木工程
.3 造船
720. 道路工程
730. 水利工程
740. 衛生工程
750. 機械工程
770. 電氣工程
780. 船舶工程(航海術入此)
790. 航空工程

商業

(41)

應 900、 總論

910、 商業之經營

920、 商業寔踐(度量衡入此)

930、 商業

940、 會計學

950、 販賣術

960、 廣告

970、 各項商業

980、 商業調查及報告

總記類

類書類

總 100、彙輯

110、分類

120、韵目

130、時代

140、記數

150、輯古

190、襍錄

總 200、摘錦（凡摘錄典故供詞章之用者入此）

210、分類

220、韵目

230、時代

240、歲時

250、撿字

290、襍錄

總 300、百科全書

310、中國

320、外國

總 500、論叢類

510、襍攷

520、襍説

530、襍品

540、襍纂

總 550、襍鈔

580、現代普通論文及講演集

叢書類

總 600、彙刻

610、宋,元

611、北宋

612、南宋

615、元世祖

616、元成宗至文宗

617、元順帝

620、明

621、太祖,成祖

622、仁宗至憲宗

623、孝宗至武宗

624、世宗,穆宗

625、神宗

626、熹宗,莊烈帝

630、清

631、世祖

632、聖祖

633、世宗

634、高宗

635、仁宗

(43)

總 636、 宣宗
637、 文宗
638、 穆宗
639、 德宗，宣統帝
640、 民國
641、 民十以前
642、 民十五以後
650、 輯佚
660、 國別(依國分)
670、 郡邑(依省區分)
680、 族姓
700、 自著(仿彙刻分)
總 800、 期刊類
810、 雜誌類(專門各入其類)
811、 民國以前出版者
812、 民國以來出版者
820、 特種雜誌
821、 圖畫
822、 詼諧
823、 婦女
824、 兒童
825、 其他
830、 外國雜誌
年鑑類
850、 普通
總 860、 各國
新聞紙類
總 870、 新聞學
報紙
880、 中國(依省區分)
890 外國(依國分)
總 900、 社會出版品(依內容分 依地方排)
910、 中國
970、 外國
.1 章程
.2 會員錄
.3 概況
.4 事務報告
.5 論文
.6 會議
.7 調查
.8 期刊
.9 目錄

(44)

時代表

1. 先秦
   1. 太古
   2. 三代
   3. 夏
   4. 商
   5. 周
   6. 春秋
   7. 戰國
   8. 秦
   9. 秦楚之際
2. 漢及三國
   0. 兩漢總
   1. 高祖至宣帝
   2. 元帝至王莽
   3. 後漢
   4. 光武至質帝
   5. 桓帝至獻帝
   6. 三國
   7. 魏
   8. 蜀
   9. 吳
3. 晉及南北朝
   0. 晉
   1. 東晉（晉元帝以後，改都建康）
   1a. 十六國
   2. 南北朝
   3. 宋
   4. 齊
   5. 梁
   6. 陳
   7. 魏
   8. 周
   9. 齊
4. 隋唐五代
   0. 隋
   1. 唐
   2. 高祖、太宗 武德、貞觀
   3. 高宗、中宗、睿宗｛永徽、[illegible]
   4. 睿宗、玄宗、肅宗｛開元、天寶、至德、乾元、上元、寶應
   5. 代宗迄順宗｛廣德、永泰、大曆、建中、興元、貞元、永貞
   6. 憲宗迄宣宗｛元和、長慶、寶曆、太和、開成、會昌、大中
   7. 懿宗迄昭宣帝｛咸通、乾符、廣明、中和、光啟、文德、龍紀、大順、景福、乾寧、光化、天復、天祐
   8. 五代
   9. 十國｛吳、南唐、閩、前蜀、後蜀、南漢、北漢、吳越、楚、南平
5. 宋
   1. 北宋、太祖、太宗、建隆、乾德、開寶、太平興國、雍熙、端拱、淳化、至道

(45)

明朝時代表

1－8 明朝各帝號,與普通時代表同

91－98 清朝各帝號参看下表

99 民國 如須细分,991為民十以前,
992為民二十以前……

清朝時代表

1 順,康
2 雍正
3 乾隆
4 嘉慶
5 道光
6 咸豐
7 同治
8 光,宣
9 民國 如須细分 91為民十以前,
92為民二十以前……

注 官書(則例等)於帝號後加年数,
不再用著(編)者號。元年用"01",
五年用"05"……其有二,三帝合佔
一號者,年数應累計,

康熙元年為119(即1+(18+1))
凡年数不詳者,祇得按内容酌加数
(五年或十一年,十五年)
以上二朝時代表限用於分類表内
注明"用△朝時代表"之各門
二帝合佔之年號應用於普通書時
如須複分可参照、簡明時代表
順康辦法複分

2. 真宗（咸平，景德，大中祥符，天禧，乾興）
3. 仁宗（天聖，明道，景祐，寶元，康定，慶曆，皇祐，至和，嘉祐）
4. 英宗，神宗，哲宗（治平，熙寧，元豐，元祐，紹聖，元符）
5. 徽宗，欽宗（建中靖國，崇寧，大觀，政和，重和，宣和，靖康）
6. 南宋 高宗（建炎，紹興）
7. 孝宗，光宗（隆興，乾道，淳熙，紹熙）
8. 寧宗（慶元，嘉泰，開禧，嘉定）
9. 理宗至帝昺（寶慶，紹定，端平，嘉熙，淳祐，寶祐，開慶，景定，咸淳，德祐，景炎，祥興）

6. 遼，夏，金，元

在普通情形下各書皆依著者時代排但有時須依內容排

1. 遼
2. 西夏
3. 金以世宗以前（收國，天輔，天會，天眷，皇統，天德，貞元，正隆，大定）
4. 金世宗以後（明昌，承安，泰和，大安，崇慶，至寧，貞祐，興定，元光，正大，天興，開興，盛昌）
5. 元
6. 世祖以前
7. 世祖 中統，至元 1
8. 成宗迄文宗（元貞 2，大德，至大 3，皇慶，延祐，至治 5，泰定 6，致和，天順，天曆，至順 7）
9. 順帝（元統，至元，至正 8）

7. 明

1. 太祖及建文帝 洪武
2. 成祖 永樂
3. 仁宗至英宗（洪熙，宣德，正統，景泰，天順）
4. 憲宗至武宗（成化，弘治，正德）
5. 世宗及穆宗（嘉靖，隆慶）
6. 神宗 萬曆
7. 光宗，及熹宗
8. 莊烈帝 崇禎
9. 福王及唐桂二王（弘光，隆武，紹武，永曆，東武）

8. 清

1. 未入關以前 / 世祖
2. 聖祖
3. 世宗
4. 高宗
5. 仁宗
6. 宣宗
7. 文宗
8. 穆宗
9. 德宗 / 宣統

9. 民國

1. 十五年以前
2. 十五年以後

簡明時代表（民卅二，十一月訂，此表限用於分類表內注明"用簡明時代表"之各類）

11-17	太古至明	（用普表號碼）
21	清 順治	（21後再加著者號）
22	〃 康熙	（第二位2-9即是著者號）
31	雍正	照上辦法應用
32	乾隆	
4	嘉慶	
5	道光	
6	咸，同	用於普通書時可不必再細分，但應用於官書時應照順康分
7	光，宣	
8	民國	如須複分，81為民十五以前，82為民十五以後；或十年一分，81為十以前，82為民二十以前，83為民三十以前……

(46)

(1) 如有書須排於某類之首書次號可用101，102等（但以用15起為宜，因較有伸縮）如有書排於後則用9

分國表

10. 世界
20. 中國
30. 亞洲
31. 日本
32. 朝鮮
32.9 台灣
33. 西比利亞
34. 中亞
35. 小亞細亞
.1 土耳其
.2 叙利亞
.3 猶太
.4 阿剌伯
.9 其他
36.1 波斯
.2 阿富汗
.3 俾路支
37. 印度及錫蘭
38. 交趾支那
.1 緬甸
.2 暹羅
.3 安南
.4 馬來半島
39. 南洋群島及太平洋中各
.1 菲利賓
.2 婆羅洲
.3 爪哇
.4 蘇門答臘
.5 琉球
.6 檀香山
.9 其他
40. 歐洲
41. 英
42. 法
43. 德
44. 奥
45. 匈
46. 捷克
47. 波蘭
48. 瑞士
49. 意大利
50. 西班牙
51. 葡萄牙
52. 比荷及北歐
53. 比利時
54. 荷蘭

47

56. 丹麥
57. 挪威
58. 瑞典
59. 芬蘭
60. 俄羅斯
61. 巴爾幹半島
62. 羅馬尼亞
63. 布加利亞
64. 巨哥斯拉夫
65. 亞爾巴尼亞
66. 希臘
67. 土耳其
68. 美洲
69. 北美総論；印第安人
70. 美國
71. 加拿大
72. 墨西哥
73. 中美
74. 南美總論
75. 巴西
76. 阿根廷
77. 智利
78. 秘魯
79. 其他
80. 非洲
81 埃及
82 蠻國
83 薩哈拉
84 中非
85 東非
86 西非
87 西北非
89 南非
90 澳洲及其他
91 澳洲
92 新西蘭
96 台斯馬尼亞
97 各島
98 兩極：北極
99 南極

(48)

書號編製法

1. 書號分兩部，(1) 類别號，(2) 書次號，類别號所以表明此書之類屬，書次號則表明此書在本類中序次之先後。
2. 類别號與書次號分上下兩排横書之，若遇書作一排式必須直書之時，兩者之間隔以 /。
3. 類别號依分類表所規定
4. 一類之内書籍之排列，依下列之順序
   A. 著者之時代
   B. 著者之姓名
   C. 專書
   D. 版本
5. 書次號依下列方法組成之
   A. 著者時代以兩位數字表之（依時代表）
   B. 著者之姓以一位數字表之（其方法見另表）
   C. 同一書而版本不同
      仍用原號碼，在著者號碼後加點，再依到館先後，加 2,3,4.
   *D. 凡一書之删節本
      仍用原號碼，在著者號後加「+」，再加删節者姓氏號碼
   E. 凡一書之續編三編等
      仍用原號，在著者號後加短横，再加 2,3,4.
   *F. 同一著者，撰同一類書（即分類號相同時）
      在著者號，加 0，再加書名首字號碼
   △G. 同一類書，著者不同，而著者號碼相同.
      在著者號碼後，以名字號碼續加，如 8456，「6」前不加

書次號以活用為宜最好能不超過三四位如某一子目内書並不多則遇有重複著者號時可借用上一號或下一號某書如須排於某類之首者其著者號可用101 102或111 112，1101 1102等

＊此可变通，即在原書號後加一位，D情形用1,2，下應自4起，前後留空位以便隨時應用

△此亦可变通，譬如845,846皆已用過則（49）借用847，以免用四位，視本類書多少而定

任何符號

以上四種着者號之排列順序

(1) 加點的 (2) 加"+"的 (3) 加短横的 (4) 加0的 (5) 加數字

不加符號的

排列之順序舉例

925

925+……

925.2

925-2

92502

9254

6. 凡着作人之時代或姓名,已包含在分類號之內者,則書次號可無須用着者之時代及姓名,而以另有規定之排法或書名之第一二字代之。

7. 凡專書已有固定之分類號碼者,可無須用着者之時代及姓名而以注釋節錄或校刊等人之時代與姓名代之

8. 凡別出之款目須用原書之號碼惟在分類目錄內則須同時注明該別出款目之號碼

9. 若欲標明某書在某書某冊時,則於書次號之後記所在之冊數而隔以:如:3-14即三至十四冊也

著者號編製法

1. 本法以著者之起筆及末筆，以數字代之，相加而成。
2. 機關及團體名，均有特定之數字
3. 同團體名號碼者，以團體名之首字，以數字代表區別之

代表之數字

丶	1
一	2
丨	3
丿	4
㇏	5

筆法定例

(點) 丶

(橫) 一　㇀, ㇕, ㇆, ㇈, ㇇.

(直) 丨　亅, ㇁, ㇄, ㇉, ㇙, ㇂, ㇟.

(撇) 丿　㇓, ㇛, ㇜.

(捺) ㇏

特定之號碼*

9.	佚編撰者名	15.	學術的團體
12.	奉勅修撰而不著人名者	16.	職業的團體
13.	中央公署	17.	官立的書局
14.	地方公署	18.	營業的書局

(51)

* 此亦可活用因12-18同時應用於一類之機會甚少

歲陽表

	爾雅	史記
甲	閼逢	焉逢
乙	旃蒙	端蒙
丙	柔兆	游兆
丁	強圉	彊梧
戊	著雍	徒維
己	屠維	祝犁
庚	上章	商橫
辛	重光	昭陽
壬	玄黓	橫艾
癸	昭陽	尚章

歲陰表

	爾雅	史記
子	困敦	同
丑	赤奮若	同
寅	攝提格	同
卯	單閼	同
辰	執徐	同
巳	大荒落	同
午	敦牂	同
未	協洽	同
申	涒灘	同
酉	作噩	同
戌	閹茂	淹茂
亥	大淵獻	同

通論複分表

凡通論除另有規定者外均照此分

0. 書目(不用)入目錄類
1. 類書，辭典，字典，
2. 論叢，雜文，隨筆.
3. 雜誌，年鑑.
4. 會社及其刊物如章程等
5. 叢書
6. 史傳
7. 研究法
8. 表解，索引
9. 概論

專書助記表

1. 注疏
2. 選本，評點
3. 校輯，彙編
4. 表，志，圖，索引
5. 考證，義例
6. 文字音訓
7. 評傳，史事
8. 雜論

(53)

文成天縱

國家圖書館古籍目録資料三種

上

徐蜀 編

廣西師范大學出版社
GUANGXI NORMAL UNIVERSITY PRESS
·桂林·

國家圖書館古籍目録資料三種
GUOJIA TUSHUGUAN GUJI MULU ZILIAO SAN ZHONG

圖書在版編目（CIP）數據

國家圖書館古籍目録資料三種 ： 上、下 ： 繁體，影印 / 徐蜀編. -- 桂林 ： 廣西師範大學出版社，2023.8
ISBN 978-7-5598-6208-2

Ⅰ. ①國… Ⅱ. ①徐… Ⅲ. ①中國國家圖書館－古籍－圖書館目録 Ⅳ. ①Z838

中國國家版本館 CIP 數據核字（2023）第 132141 號

廣西師範大學出版社出版發行
（廣西桂林市五里店路 9 號　郵政編碼：541004
網址：http://www.bbtpress.com）
出版人：黄軒莊
全國新華書店經銷
三河弘翰印務有限公司印刷
（河北省三河市黄土莊鎮二百户村北　郵政編碼：065200）
開本：889 mm × 1 194 mm　1/16
印張：49.5　　字數：792 千
2023 年 8 月第 1 版　　2023 年 8 月第 1 次印刷
定價：1980.00 元（上、下）

總目録

上册目録

清學部圖書館善本書目

繆荃孫編

私家藏目向圖書館公藏書目過渡的《清學部圖書館善本書目》

中國國家圖書館的前身——京師圖書館自一九〇九年建立以來，編纂並公之於衆的古籍善本書目共有七部，分別是：一九一二年印行，繆荃孫編《清學部圖書館善本書目》；一九一三年印行，江瀚所編《京師圖書館善本簡明書目》；一九一六年印行，夏曾佑主持編纂《京師圖書館善本簡明書目》；一九三三年印行，趙萬里編纂《國立北平圖書館善本書目》；一九三五至一九三七年印行，趙録綽編《國立北平圖書館善本書目乙編》及續編；一九五九年出版，北京圖書館編《北京圖書館善本書目》；一九八七年出版，北京圖書館編《北京圖書館古籍善本書目》。回顧以上七部古籍善本書目，可以清晰地看出國家圖書館，乃至清末民國以來公藏古籍善本編目的發展脉絡，也從側面反映了近現代圖書館建立後，在古籍庋藏、整理、編目、利用諸方面走過的軌迹。認真總結這段歷史，繼續弘揚公藏古籍體制的優勢，减少弊端，是我們當前亟需面對的問題。

繆荃孫編《清學部圖書館善本書目》（以下簡稱『繆目』），是國家圖書館第一部古籍善本書目，同時也是第一次以『善本』命名的中國古籍書目。繆荃孫（一八四四至一九一九）字炎之，號筱珊，又作小山，晚號藝風老人，江蘇江陰人。繆荃孫是中國近代著名學者，精通金石、目録、考據、校勘之學。他還是我國近代圖書館事業的開拓者，參與創辦了江南圖書館（今南京圖書館）和京師圖書館（今國家圖書館）。

繆目是近代圖書館建立後，順應公藏圖書的庋藏、整理、流通，以及保護諸方面的需要而編纂的。宣統二年（一九一〇）學部頒布的《京師圖書館及各省圖書館通行章程》第七至九條規定：

第七條　圖書館收藏圖籍，分爲兩類：一爲保存之類；一爲觀覽之類。

第八條　凡内府秘笈、海内孤本、宋元舊槧、精抄之本，皆在應保存之類。保存圖書，别藏一室，由館每月擇定時期，另備券據，以便學人展視。如有發明學術堪資考訂者，由圖書館影寫、刊印、抄録，編入觀覽之類，供人隨意瀏覽。

第九條　凡中國官私通行圖書、海外各國圖書，皆爲觀覽之類。觀覽圖書，任人領取翻閱，惟不得污損剪裁及攜出館外。

很明顯，《章程》所謂保存類圖書即爲善本，觀覽類圖書則爲普通本。其對二者分别規定的保存和閲覽制度，被國家圖書館和各省館借鑒、沿用了百年之久。當然，分别編製善本書目和普通本書目，也就成爲慣例，這纔有了國家圖書館的七部善本書目。

編纂善本書目，首要的問題是如何定義善本。《圖書館通行章程》雖有『内府秘笈、海内孤本、宋元舊槧、精抄之本』之説，却過於籠統，且與明清以來藏書家的善本觀，多有雷同。對此，繆氏没有明確的論述，但他的編目在實踐上回答了上述問題。繆目共收録經、史、子、集四部書七百七十三部，其中宋刻本一百一十三部，元刻本一百八十六部，金刻本兩部，明刻本二百零四部，清刻本十三部，影宋刻本一部，影宋抄本八部，影元刻本一部，影元抄本兩部，其他各類抄本二百二十七部，稿本九部，活字本三部，朝鮮（高麗）刻本四部。從中可以看出，繆目收録了大量明刻本，以及十幾種清刻本，與明清時期藏書家祇重宋元本和稿抄本相比，也算是一種進步吧。

據繆荃孫《藝風老人日記》（北京大學出版社，一九八六年）記載，從宣統二年『十月廿五日癸未，到圖書館開箱』看書，至宣統三年（一九一一）『九月十二日丙戌，赴學部交書目，乞假』，全部編目過程僅耗時十一個月。那麽，繆氏編目時的京師圖書館館藏狀況如何呢？據《北京圖書館館史資料彙編》《中國國家圖書館館史資料長編》等資料記載，宣統二年至三年（一九一〇至一九一一），京師圖書館的基本館藏由以下幾部分組成：

一、清内閣大庫殘帙，主要是其中的歷代典籍。據國家圖書館藏抄本《清内閣舊藏書目》統計，約有三千三百五十一部五萬零二百六十六册。

二、歸安姚氏及南陵徐氏藏書。兩江總督端方得知張之洞擬創建京師圖書館，特采進姚覲元咫進齋和徐乃昌積學齋藏書，以充實館藏。據端方《奏江南圖書館購買書價請分别籌給片》記載：購得姚氏藏書一千零十一種，徐氏藏書六百四十一種，共計十二萬九百餘卷，分裝一百八十箱，共編目録一份。

三、常熟瞿氏進呈藏書。京師圖書館籌建期間，端方擬購進瞿氏鐵琴銅劍樓藏書，未果，改爲抄書配以舊刊本進呈。至宣統三年，抄成三十七種，加舊刊本十三種，共五十種，交與京師圖書館。

以上三項圖書總計五千零五十三部，加上自購和各地捐贈之書，與一九一三年一月三十日京師圖書館呈教育部《造送書籍數目册》統計的五千四百二十四部比較，基本相符［《北京圖書館館史資料彙編》（1909—1949），書目文獻出版社，一九九二年，第一〇八六頁］。繆目之所以能够快速成書，得益於各類藏書均有目録可以考核、借鑒。對此，林振岳的《繆荃孫〈清學部圖書館善本書目〉編纂考》（載國家圖書館出版社《繆荃孫誕辰170周年紀念會暨學術研討會論文集》，二〇一五年）曾予論證，其結論是：『繆荃孫《清學部圖書館善本書目》一書，主要是根據曹元忠《文華殿檢書分檔》（即内閣大庫書目之一種。——撰者注）、姚覲元《咫進齋善本書目》、瞿鏞《鐵琴銅劍樓藏書目録》

三種書目改編而成，造成此目體例不一的原因也在此：因利用曹稿，故目中有書志詳考之例；因沿用姚目，故留下了過録藏書題跋的體例。』此說言之有據，但反觀清代至民國年間，私家藏目以研究型居多：熱衷於標注行款及版式、過録序跋、識讀藏印、梳理遞藏、校勘文字、甄别避諱、考證版本。然而，因古籍版本各自的差異性，以及書目編纂者的嗜好、側重不同，以及能力、精力所限，有話則長，無話則短，造成了條目之間篇幅和體例的較大差别，故由私家藏目向圖書館公藏書目過渡的繆目，較多保存了私家藏目的特徵，亦不足爲奇。

繆氏的主要功績，在其短時間内從五千多部館藏中將精品遴選出來，落實了善本、普本分别編目、庋藏的制度；確立了圖書館公藏目録正本、副本逐書登記的編目方法，保障了館藏資産的安全，爲此後江瀚、夏曾佑的《京師圖書館善本簡明書目》奠定了基礎。以上兩點，也充分證明繆荃孫具有深厚的文獻學及版本目録學功底，以及在建設近現代圖書館方面所具備的獨特眼光。

當然，因時間倉促、編目人手不足等原因，繆目也難免出現一些差錯。例如《列子》錯入儒家類，應屬道家類；《意林注》錯入儒家類，應入雜家類，故夏曾佑《京師圖書館善本簡明書目》云『繆目無此書，江目有』，其實是繆目分錯了類，並非無此書；集部《賈長沙集》即賈誼《新書》，應入子部儒家類；《資治通鑑綱目》和《資治通鑑綱目發明》兩書不同本子的條目均未在一處；《通鑑釋文辨誤》，略爲《釋文辨誤》；《本草原始》錯爲《本原原始》；《百將傳》『朝鮮刊本』錯爲『青鮮刊本』；等等，不一而足。但瑕不掩瑜，繆目在國家圖書館古籍善本書目編製中的篳路藍縷之功，當永載史册。

《清學部圖書館善本書目》，刊載於一九一二年六月出版的《古學彙刊》第一集。國家圖書館古籍館藏有該書目稿本殘本兩册，書葉上有繆荃孫批改手迹，書前有莊尚嚴墨筆題跋，曰：『數年前在護國寺街一小書店購得此目兩本，查係前教育部《京師圖書館編目》稿本，雖殘，亦可留。況有繆藝風手迹，今謹贈國立北平圖書館。廿一年雙十節（國家圖書館出版社所出《明清以來公藏書目彙刊》第七册收録的《學部圖書館善本書目》，即是此目。——撰者注）。』從該稿本中可窺見曹、姚、瞿三目及繆氏審閲批改之端倪。例如經部《漢上易集傳》十一卷，繆於天頭增補版框尺寸、圈改文字順序後，又在次葉空白處重録部分内容，將行款尺寸從文後提至文前，『廣四寸七分』改爲『寬四寸六分』。《東漢詳節》三十卷，於天頭增補『卷尾又作「吕大著點校三劉互注東漢詳節」，祇有六卷，七八兩卷配二十四字本，首行「諸儒校正東漢詳節」，與是《十七史詳節》本同』。此類增補不少，均爲刊本采納。又，繆氏在空白葉重寫、補寫條目一百餘條。可見繆荃孫對《清學部圖書館善本書目》傾注了不少心血。

值得注意的是，繆荃孫在編纂《清學部圖書館善本書目》時還刊印了一部善本圖録——《宋元書景》。《宋元書景》成書不晚於一九一六年，輯録了四十種宋元善本書影，共計七十葉（國家圖書館藏本），摹刻成書。《宋元書景》對所收書均注明來源，如『學部圖書館藏』『劉氏玉海堂藏」『繆氏藝風堂藏』『徐氏積學軒藏』『張氏適園藏』『無錫』『劉氏嘉業堂藏』等。《宋元書景》篇幅不多，却體例嚴謹、内涵豐富：所收書影以『筒子葉』爲單位，下半葉即使空白無字亦收，版框尺寸原大，正文卷端、牌記、牒文，以及序跋中有關版本信息的文字等，一應俱全，《茅山志金薤編》《重校添注音辯唐柳先生文集》《伊川擊壤集》還保留了原書的藏印。

圖録的體例由來有自，楊守敬在《留真譜》中收録的古書版式、序跋、牒文、牌記、木記、鈐印等『有關考驗者』，《愛日精廬藏書志》《鐵琴銅劍樓藏書目録》《天禄琳琅書目》，乃至本文提到的内閣、姚氏目録等書目均已有之，但以文字記録之，如内閣書目描述宋本《漢上易集傳》版式云：『上有字數，下有刻工姓名。蝶裝。首二卷均缺。三卷首行題「周易上經噬嗑傳第三」，次行「翰林學士左朝奉大夫知制誥兼侍讀兼資善堂翊善長林縣開國男食邑三百户賜紫金魚袋朱震集傳」。下卷首行題「周易下經咸傳第四周易下經夬傳第五」。第二册上卷首頁殘敚，中下卷首行題「周易繫辭上卷第七周易繫辭下傳第八周易説卦傳第九」，次行結銜皆同，唯末卷題「周易序卦傳第十周易雜卦傳第十一」，皆無結銜。』還有各目過録宋元本之牒文、序、跋，描繪刻書牌記等。然而這些用文字描述方式的展現，不如書影直觀且差錯更少，因此圖録在古籍書目系統中的作用，日益爲人們看重。《宋元書景》是公共圖書館第一部古籍善本圖録，爲此後南京國學圖書館編纂印行《盋山書影》起到了示範作用。故柳詒徵在《盋山書影序》中謂：『星吾楊氏訪書東瀛，創《留真譜》以餉學者。澄江繆師踵爲《宋元書影》，刊載全葉，視楊書爲進矣。』趙萬里先生對圖録也極爲重視，將其列入了國立北平圖書館古籍編目系統工程之中。傅增湘在一九三三版《國立圖書館善本書目》序言中，便轉述了趙萬里先生的這一宏偉藍圖：『今乃擬定體例，將欲輯爲書影，録爲書志，次第刊布，以便編摩。先成《簡目》四卷，授之梓人。』文中所謂『書影』，就是圖録。

清學部圖書館善本書目

經部

易類

周易兼義十卷略例一卷釋文一卷

宋刊本每半葉八行行十八字小字二十五字高六寸八分廣五寸二分白口單邊有澹園之印朱文方印

存七之九

又仝

與前書行款同而印在後

漢上易集傳十一卷

宋朱震撰宋刊本每半葉十行行二十一字高六寸七分寬四寸六分白口單邊上有字數下有刻工姓名蝶裝首二卷均缺三卷首行題周易上經噬嗑傳第三

次行翰林學士左朝奉大夫知制誥兼侍讀兼資善堂翊善長林縣開國男食邑三百戶賜紫金魚袋朱震集傳郡齋讀書志作集解誤下卷首行題周易下經咸傳第四周易下經夬傳第五第二冊上卷首頁殘敓中下卷首行題周易繫辭上卷第七周易繫辭下傳第八周易說卦傳第九次行結銜皆同惟末卷題周易序卦傳第十周易雜卦傳第十一皆無結銜書錄解題謂序稱九傳蓋合說序雜卦爲一於此可得其故貞恆等諱皆缺筆有晉府書畫之印朱文鈐記

存三之十一

大易粹言七十卷

宋[illegible]穜撰宋刊本每半葉十二行行二十三字不等高六寸二分廣四寸三分口[illegible]墨線在魚尾上單邊蝶裝此書宋史藝文志作十卷此雖殘帙尚存卷六十至六十七都八卷則史志誤也然書錄解題亦稱十卷且於穜易學源流言之頗詳似於卷數不當有誤經義攷作七十卷四庫本云方聞一撰并據蔣曾瑩家所

進宋本而以經義考爲誤則宋時自有兩刻不必各疑爲誤也是書於貞恆等諱
皆缺筆爲宋精刻本吉光片羽益可寶貴矣
存六十之六十七
周易集說十二卷
宋俞琰撰元刊本每半葉十二行行二十一字高六寸廣四寸四分黑綫口用牘
背紙印經頂格說低一格引諸家說以黑黃白章別之次行或題林屋山人俞琰
集說或題林屋山人俞琰玉吾叟不等末葉題仲温點校孫貞木繕寫鋟梓於家
之讀易樓至正九年歲在己丑十一月朔旦誌
存下經一卷　爻傳上下　象傳上一　象辭說上下
大易輯說十卷
元王申子撰舊鈔本前有秀水朱氏潛采堂圖書朱文方印
周易本義集成十二卷

元熊良輔撰元刊本每半葉十行行十八字小字二十四高六寸寬四寸二分小黑口首行周易本義集成上經卷第一南昌熊良輔編泉峰龔煥校正集疏二字陰文加方圍至治二年六月盱江陳櫟孟實序

又

元刻本同上

存七之十

周易會通十四卷

元董眞卿撰明刊本每半葉十一行行二十字高六寸五分廣四寸一分黑口雙邊首行經傳集程朱解附錄纂注卷第幾次行後學鄱陽董眞卿編集印本尚清惜紙已渝敝戊辰明洪武二十一年

存一之十

洪武戊辰年建

周易參義十二卷

元梁寅撰元刊本每半葉十二行行二十一字高五寸七分寬三寸九分黑口單邊

存三之十

易守二十卷

國朝葉佩蓀撰佩蓀浙江歸安人舊鈔本

焦氏易林注十六卷

漢焦贛撰注不知撰人名氏宋刊本每半葉八行行十五字白口高五寸二分寬四寸五分雙邊中縫魚尾下卷數葉數蝴裝此書四庫及他書目均不載注人亦無攷無注則標無注均作大字

存三四　七八九十　十三　十四

清學部圖書館善本書目

書類

尚書正義二十卷

金刊本每半葉十三行行大字約二十八小字三十五高七寸一分廣四寸一分白口單邊蝶裝存禹貢至微子多士至秦誓都十卷禹貢首題尚書注疏卷第六次行低四格題國子祭酒上護軍曲阜縣開國子臣孔穎達奉勅撰正義三行禹貢第一夏書孔氏傳以後各卷篇題下均是夏書商書周書孔氏傳等字而湯誓以後孔氏傳下均有孔穎達疏四字又每篇前列書序每卷後附釋文均與瞿鏞鐵琴銅劍樓書目載金刊本尚書注疏合此書雖無首册不能證地理圖中平水劉敏仲編云云然殷敬匡愼諸字皆不缺筆而末卷釋文後有長平董溥校正六字考金史地理志河東南路平陽府注云有書籍臨汾縣注云有平水又澤州高平縣注云有丹水據太平寰宇記云丹水一名長平水水出長平故地然則董溥爲高平人而稱長平猶劉敏仲爲臨汾人而稱平水以編校平陽府所刊書籍塙

有可信

又

明李元陽刊十三經本

尙書旁訓

黑口大字本刻精每半葉六行行十七字高八寸八分寬五寸五分雙邊似明人刊

存下册

書集傳六卷

宋蔡沈撰元鄒季友音釋元刊本每半葉十二行行二十一字高六寸四分廣四寸一分黑口雙邊配一二兩卷十一行字數同首行書卷第幾次行下四格蔡氏集傳空五格鄱陽鄒季友音釋音釋外加方圍經傳皆圓式陰文

又

清學部圖書館善本書目　四

元刊本行款與上十二行同而印稍後

又

元刊本每半葉十三行行二十三字高七寸一分廣四寸四分黑綫口雙邊

尙書要義十七卷

宋魏了翁撰傳鈔本

詩類

詩集傳二十卷

宋朱子撰宋刊大字本每半葉七行行大小十五字高五寸九分廣四寸六分白口上有大小字數有刻工姓名蝶裝首行題詩卷第幾朱熹集傳今存小雅鹿鳴至四月爲卷九之十二大雅蕩至商頌長發爲卷十八之二十於宋諱玄畜匡樹殷恒徵愼敦鞹鞟等字皆缺筆蓋甯宗時刊本也楮墨大雅字畫端好又每册簽題詩朱氏傳幾之幾殆宋槧之極精者朱熹詩集傳二十卷見宋史藝文志及玉

海藝文類今四庫所收尚是通行八卷之本此雖殘帙藉見坊刻未幷以前廬山眞面豈非至寶陳鱣經籍跋文所見即此本亦闕

詩集傳十卷

元刊本每半葉十三行行二十三字高七寸廣四寸四分黑口雙邊原書分二十卷今通行本八卷此作十卷其首變廿卷舊第者

存五之十

呂氏家塾讀詩記三十二

宋呂祖謙撰明嘉靖刊本有孫氏星衍朱文方印東魯觀察使印朱文長方印

存一之六　又十七

毛詩要義二十卷

宋魏了翁撰影鈔宋本每半葉九行行十八字注中注皆單行旁寫有臨寫錢天樹莫友芝跋

詩童子問二十卷

宋輔廣學元刊本每半葉十一行行二十一字高六寸七分廣四寸一分黑口雙行首行詩卷第幾次行空四格朱子集傳三行空九字門人輔廣學童子問作陰文

存四之十二

詩傳通釋二十卷

元劉瑾撰元刊本每半葉十二行行二十三字高六寸九分廣四寸二分黑口雙邊首列朱熹詩集傳序次詩傳通釋外綱領引諸儒書引用諸儒姓氏自此以下爲詩傳綱領外綱領均與鐵琴銅劍樓書目所載元刻本詩傳通釋合本書題詩傳通釋大成卷第一朱子集傳後學安仁劉瑾通釋卷末有長方木印至正壬辰仲春日新書堂刻梓而詩傳綱領卷首亦題建安劉氏日新堂校刊据瞿氏書目又載元刊本春秋胡氏纂疏云凡例後有墨圖記云建安劉叔簡刊於日新堂知

日新堂卽建安劉錦文書林名也

明經題斷詩義矜式五卷

元林泉生撰元刊本每半葉十一行行二十一字高六寸寬四寸小黑口雙邊首行明經題斷義矜式卷之一次行進士三山林泉生清源著此書四庫未著錄明文淵閣書目一册全

毛詩故訓傳三十卷

國朝段玉裁撰家刻本黃蕘圃校顧鳳藻過本

此毛詩故訓傳三十卷金壇段茂堂大令一家專經之學也漢志毛詩經傳各自爲書今既失傳段先生釐而傳之俾箋不與傳並載學者始識傳本獨行唯毛氏爲能解詩得其故訓故詩必繫以毛也後人口稱毛詩動以朱子詩傳當之失其義矣既究心古本從事注疏傳箋並舉罔知率從段乃別而白之以定一尊蓋讀傳而後讀箋讀傳箋而後讀正義且由是以讀釋文若者與毛異若者與毛同若

清學部圖書館善本書目

者當從毛若者當違毛昭然在目段故不憚爲之專於毛也原稿四册潘理齋農部從茂堂先生生時借鈔迨歿而後人始爲付梓先生所說多附於傳句下鈔刻互有出入或鈔後手自删改或後人有意去取余故借鈔校刻悉悉照改有顯見鈔誤者不復遵之學者讀此可得故訓大旨其功顧不韙歟道光三年癸未立秋日校畢記蕘夫

以原稿鈔出本校　第四册

江錄本覆勘三十日午後畢

江錄本末有鐵君篆字一行云嘉慶甲戌二月江沅書於三山節署葢其時就館浙閩督署時也想茂堂先生書尙未有成而鐵君愛之甚故手爲之錄副迨後有定本理齋之所鈔者是也迨後刻巳非及身後人但據札記及定本付梓故時有出入而余必未定之江錄本手校者鐵君云茂堂先生垂老精神巳衰往往有取未定本入刻而反遺定本者尙書撰異中某卷是也且鐵君深於經學說文尤所

家傳卽如令人善忌句爲是而增憂字爲非此時刻本居然禾定者爲令人善忌而定者爲令人善忌憂是未可不參攷余故悉校出以俟讀者參攷焉秋淸逸士

校畢記

道光三年癸未秋九月七日同郡黃蕘圃先生以手校本見示卽臨此長洲顧鳳藻

韓詩外傳十五卷全

漢韓嬰撰明刊本第二葉未脫最爲善本有牌子有吳竹屏藏書記朱文長方印

吳郡沈辨之
野竹齋校雕

篆文

禮類

周禮六卷附考工記

明陳鳳梧刊縱注本嘉靖丁亥鳳梧序道光甲申馬鐘以明本釋文校訖咸豐八

清學部圖書館善本書目

年蔡孫峯臨校

道光四年甲申十一月二十三日以唐陸德明經典釋文讎校畢其末二行云經四千八百四十三字注一萬二千三百八十一字　予於是日作書與野橋并識

雲屏馬銓

咸豐八年戊午十二月中旬邸書賈以馬雲屏校本來售亦是此本予卽借臨一過其墨筆硃筆俱一如其舊間有明知爲誤亦不敢改易示謹也其圈點字句及勾摘處本爲此本所有非馬校本之舊又有字爲此本所改而馬校本未改者則加圈於此字之旁下卽云某字舊校本未改惟恐亂舊校之式耳　十二月十八日鐙下醉經軒主人蔡孫峯臨校畢識

周禮十二卷

明緇岳本

周禮正義四十二卷

明李元陽刊十三經本

周禮正義四十二卷

明聞人詮刊本

儀禮集說十七卷

元敖繼公撰元刊本每半葉十二行行十八字高七寸二分廣五寸五分白口單

邊蝶裝僅存十七一卷亦無首尾

經補補逸一卷

元汪克寬撰明刊本

存一之五

禮記注疏六十三卷

汲古刊本過惠校

禮記集說一百六十卷

宋衛湜撰舊鈔本每卷有校人姓名皆甯波庠生

雲莊禮記集說三十卷

元陳澔撰明刊本上有音釋

三禮考注十卷

元吳澄撰明萬歷刊本

禮書二百卷

宋陳祥道撰宋刊本每半葉十三行每行大字二十二十一二不等小字二十八

高四寸九分廣五寸二分白口單邊上有大小字數工有刻工姓名蝶裝首列進

禮書表結銜左宣義郎太常博士臣陳祥道上進次禮書序次建中靖國元年牒

惟表末臣無任下另行接禮序又序中參有樂書序後葉而序牒板心魚尾下均

有前序二字與莫友芝宋元舊本書經眼錄所見略同友芝謂當二書並刻良是

是書尚在慶元己未樂書以前彼是覆刻此尚原槧確爲宋本宋印　據首册卷

末洪武二十八年五月二十五日長史王友行禮部領一部十五本小字一行以
爲明印是未知明南監祇有元至正丁亥刊本也今錄建中靖國牒於後
尙書禮部
近准建中靖國元年正月九日敕中書省禮部侍郎兼侍讀實錄修撰趙挺之
箚子奏臣聞六經之道禮樂爲急方當盛時所宜稽考情文以飾治具然非博
洽該通之士莫能盡也臣竊見秘書省正字陳暘著成樂書二百卷貫穿載籍
頗爲詳備陳暘制策登科其兄祥道亦著禮書講閱古今制度曲盡元祐中嘗
因臣寮薦舉蒙朝廷給筆札畫工錄其書以付太常寺今暘所著樂書卷帙既
多無力繕寫以進臣欲乞依祥道例特賜筆吏畫工三五人寫錄圖畫進獻如
蒙聖覽以爲可采乞付太常寺與祥道所著禮書同共施行取進止正月八日
三省同奉
聖旨依奏本部尋下太常寺鈔錄到元祐四年十二月二十三日勅中書省臣

寮上言曾論奏乞
朝廷量給紙札及差楷書畫工等付太常博士陳祥道録進禮書未蒙降勅指
揮方今
朝廷講修治具以禮爲先竊知所撰禮書累歲方成用功精深頗究先王之藴
然而卷帙浩大又圖寫禮器之屬不一祥道家貧無緣上進伏望
聖慈特降指揮量給紙札並差楷書三五人畫工一二人付祥道處俾圖録進
以備
聖覽必有所補取進止十二月二十二日三省同奉
聖旨依奏内楷書許差三人畫工一人須至公文
牒請照會施行謹牒
建中靖國元年正月二十七日牒
存一之十六　二十八之六十四　一百十八之一百二十九

禮書

宋刊本蝶裝行款同前

存六之十六　二十八之三十六　二册

讀禮通攷一百二十卷

國朝徐乾學撰藁本

樂書二百卷

宋陳暘撰宋刊本每半葉十三行每行大字二十一小字雙行夾注或二十二二十六不等高六寸五分廣五寸二分白口單邊上有大小字數下有刻工姓名蝶裝首列慶元庚申通議大夫寶文閣待制致仕楊萬里序次進樂書表結銜宣德郎秘書省正字臣陳暘上進次樂書序至故冲氣運而三宮此葉已畢以下敓去一葉取禮書所多一葉板心亦題前序者合之彼首云正焉參兩合而五聲形焉語氣相接知誤列在禮書矣是乃宋本之誤若元至正丁亥刊本則正作故冲氣

清學部圖書館善本書目

運而三宮正焉參兩合而五聲形焉旣無錯亂又楊萬里序後次以建中靖國牒竝詔復不相同且宋本末尾有慶元己未重陽日三山陳岐迪功郎建昌軍南豐縣主簿林子冲兩跋與楊萬里序稱今年二月丙子朝奉大夫權發遣建昌軍事三山陳侯岐迻似樂書一編及樂書目錄卷第一次行題迪功郎建昌軍南豐侯主簿林宇冲校勘相合而元刊本則有至正丁亥秋七月辛丑福州路儒學敎授郡人林光大合刻禮樂書後序張金吾愛日精廬藏書志所載可證也至宋本禮書目錄次行題左宣義郎太常博士陳祥道上進樂書錄亦當題宣德郎秘書省正字臣陳暘上進此爲慶元覆刻故改題林宇冲校勘又宇冲子冲前後互異刊刻不精皆無足論是書卷首有長方朱文蘇州常熟虞山精舍至樂樓主人河南行御史陳蔡原習之記又有白文程稷私印朱文育民連珠印今錄建中靖國牒竝詔於後

尙書禮部

近淮建中靖國元年正月九日勅中書省禮部侍郎兼侍讀實錄修撰趙挺之
箚子奏臣聞六經之道禮樂爲急方當盛時所宜稽考情文以飾治具然非博
洽而通之士莫能盡也臣竊見秘書省正字陳暘著成樂書二百卷貫穿載籍
頗爲詳備陳暘制策登科其兄祥道亦著禮書講閱古今制度曲盡元祐中嘗
因臣寮薦舉蒙朝廷給筆札畫工錄其書以付太常寺今暘所著樂書卷帙既
多無力繕寫以進臣欲乞依祥道例特賜筆吏畫工三五人寫錄圖畫進獻如
蒙
聖覽以爲可采乞付太常寺與祥道所著禮書同共施行取進止正月八日三
省同奉
聖旨依奏本部尋下太常寺鈔錄到元祐四年十二月二十三日勅中書省臣
寮上言曾論奏乞
朝廷量給紙札及差楷書畫工等付太常寺博士陳祥道錄進禮書未蒙降勅

清學部圖書館善本書目

指揮方今
朝廷講修治具以禮書爲先臣切知所撰禮書累歲方成用功精深頗究先王
之藴然而卷帙浩大又圖寫禮樂之屬不一祥道家貧無緣上進伏望
聖慈特降指揮量給紙札并差楷書三五人畫工一二人付祥道處俾圖録進
以備
聖覽必有所補取
進止十二月二十二日三省同奉
聖旨依奏内楷書許差三人畫工一人須至公文
牒請照施行謹牒
建中靖國元年正月二十七日牒
朝散郎員外郎許　幾
朝請郎員外郎宋　景

郎　中　闕

侍　郎　闕

朝散大夫權尚書兼侍讀　豐　稷

吏部尚書臣執中等一十九人同議竊聞近降

朝旨令講義司臣寮詳定樂制其陳暘所撰樂書二百卷元係

朝廷特給筆札許繕寫

進呈於四月二十三日奉

聖旨送臣等看詳臣等竊謂

朝廷講明制作之時而暘獨能考古按經不牽傳注之習積年成書獻於

朝廷有補治體欲乞

朝廷察其勞効特加優奬以爲多士之勸所有暘欲考定音律以正中聲更乞

送講司令知音律之人相度施行

清學部圖書館善本書目

詔從之

詔

勅宣德郎守尚書禮部員外郎陳賜先王制作之文隕缺弗嗣後卌澳泊寖日
益微搢紳先王難言之以爾學博聞多誦說有法究觀樂律本末該明攘諸家
考證六藝成書甚富衆論所差差進厥官以爲爾寵毋忘稽古服我茂恩

岐齠亂過庭之時　先君樞密誨以經學且語之曰六經之道同歸禮樂之用
爲急大小戴二鄭去今逾遠羣儒互相牴牾迄無成說吾鄉二陳先生杜門發
憤究心大業著成二禮揚搉事辭於湮沒之餘訂正制度於殘缺之後義爲之
訓器爲之圖讀之如指諸掌爾其勉之岐壯而遊宦南北未克斯志揭來假守
旴江退食之暇閱軍所藏卷帙甲乙首得禮書佩而誦之若身周旋裼襲於其
間而樂書恨未之覩聞其子弟從南豐林簿遊因移書令訪其家之遺果得副
本以至岐於是不惟自喜見生平未見之書且得以無負　先君提耳誨試撮

其凡以觀大要剗去二變四清之說尊君華國以爲不刊之典正二經之鼓吹諸子百家之領袖也是不可不並行於世竊謂人之情達於禮而不達於樂失之拘達於樂而不達於禮失之縱今之士紳遊目擊於禮書之久厭飫而自得之矣是書之成岐當朝焉夕焉以爲進學之地使人能三復而殘味之心不苟思必依於禮手足不苟動必依於樂充之於氣而和平見之於行而篤敬形之於語默進退而無非僻乖戾之習庶幾有補於來者此岐之志也慶元已未重陽日三山陳岐跋

右陳賢良所著樂書貫穿六經綱羅百氏上自皇王以至我

宋本末條貫靡不備述秩以八音分以三部屏去四清二變之說確乎鄭衛不能入也書

凡二百卷

建中靖國初

給筆札繕寫以進儲之秘府久而未彰
史君陳先生志務稽古得其家藏副本令子冲校勘以廣其傳子冲自惟末
學豈足以窺前賢之閫奧隨文繹義補缺訂訛不敢不盡心焉若夫一二制
度有其文而無其圖非蕪陋之所能增益姑以俟知者門生迪功郎建昌軍
南豐縣主簿林子冲謹書

樂書

此與禮書印裝皆同出時故俱用藍皮蝶裝南雍志雜書類云禮書百五十卷好板百四十八面樂書二百卷好板一千八十四面是南京國子監有此版與周宏祖古今書刻合知與禮書同爲明印也今存訓詩義邶國風至尙書訓義虞書樂圖論十二律至雅部八音絲上雅部歌至俗部舞都五十五卷而俗部歌與俗部舞兩卷後均已殘缺每册之首間有晉府書畫之印末有敬德堂圖書印子子孫孫永寶用朱文鈔記

存六十二之七十五　一百零三之一百二十八　一百五十三之一百七十八

樂書

亦半葉十三行行二十一字本與前禮書同時所刻而印本較精蝶裝惜祇存易訓義需至論語訓義陽貨樂圖論雅部舞至俗部舞用黃綾裝卷首有御府圖書末有緝熙殿書籍印皆朱文錢曾讀書敏求記載增廣鐘鼎篆韻云此書序後有洪熙侯書籍印章摹寫精妙愛日精廬藏書志亦云馮子振序後有洪熙殿書籍印實即此緝熙殿書籍印也

存八十二之一百　一百七十之一百八十一

樂書正誤一卷

影宋朱墨本

律呂正聲六十卷

明王邦直撰邦直字于魚即墨人明刊本

存五之十四　二十之二十四　三十之三十九　四十五之五十六

春秋類

春秋左傳三十卷

宋刊大字本每半葉七行行十二字高七寸二分廣五寸二分白口單邊蝶裝首行題京本春秋左傳第六僖公中盡二十七年第七僖公下盡三十三年第十二成公上盡十年第十六襄公三盡二十二年第二十九哀公上盡十三年每卷終有經傳幾仟幾佰幾拾幾字板心有刻工姓名板匡外右方有小字某公幾十幾年間有旁注卷中句讀圈發均與相臺岳氏刊正九經三傳沿革例所言合又沿革例考異云左傳僖二十三年懷與安實敗名建本作懷其安僖三十年若不闕秦將焉取之諸本多無若字與將字建上諸本則有此本悉與相同按景定建康志書籍門載五經正文有四曰監本曰建本曰蜀本曰婺本疑此卽沿革所謂建大字本也所存四册中尙缺僖公二十二年傳至二十三年經兩葉後人鈔補列

入是本刊印極精而絕無著錄蓋七百年來久爲斷種秘本矣

存六　七　十二　十六　二十九

春秋集注十一卷

宋刊大字本每半葉八行行十六字小字同高六寸五分寬四寸八分白口單邊上有字數下有刻工姓名末行劍江譚詠刊有寶祐乙卯中和節方應發後序嵩山楊□□□子文跋

存七之十一

巾箱本左傳一百九十八葉

宋刊本每半葉二十行行二十七字高五寸廣二寸四分黑綫口單邊上有音釋

春秋經傳集解三十卷

明繙宋本每半葉十行行十七字小字二十七字高四寸二分廣三寸四分黑口雙邊行欵與淳熙閩中阮仲猷種德堂刊本相合而字迹呆滯傳末牌子亦無矣

清學部圖書館善本書目

春秋經左傳句解七十卷
宋林堯叟撰元刊本每半葉十四行行二十五字小黑口高六寸二分寬四寸有
椄雲樓朱文腰圓印

又
行款同前
存一之三十一　四十三之五十六

春秋集傳辨疑十卷微指三卷
唐陸淳撰舊鈔本據龔翔麟刻本寫

元刻春秋本義三十卷
元程端學撰元刊本每半葉十行行大小二十一字高七寸廣四寸八分黑綫口
單邊板心上魚尾上記字數下記刻工姓名經文提行首行題春秋本義卷幾次
行某公下雙行小注今存卷十至十一爲僖公元年盡十有五年卷十六至十七

爲宣公元年盡十有八年卷二十五至二十六爲昭公十年盡三十有二年是書見元史儒學傳而舊本流傳絕少四庫而外僅見通志經解本據邵懿辰半巖廬書目引何焯云元刻有句讀圈點甚精東海盡删去今以此本證之殊覺不然存十十一　十六七　二十五六

東萊博議二十五卷

宋呂祖謙撰元刊本每半葉十行行二十一字大黑口高六寸二分寬四寸一分首行精選東萊先生博議句解卷之一

存一之八

左傳詁二十卷

國朝洪亮吉撰舊鈔本

春秋通說三册

國朝黃若晦撰舊鈔本此書罕見

清學部圖書館善本書目

春秋公羊傳讞六卷

宋葉夢得撰舊鈔本

春秋穀梁注疏二十卷

宋監本每半葉十行行十七字注疏俱雙行行二十三字高六寸四分廣四寸二分黑綫口單邊經傳不別傳下集解亦不標注字惟疏文則冠一大疏字於上與善本藏書志所載監本附音春秋穀梁注疏合今存文公至哀公十卷首行題監本春秋穀梁注疏文公卷第十一下小字雙行注起九年盡十八年次行題范甯集解楊士勛疏其成公十有八年卷末至襄公三十有一板卷末此二卷皆題監本附音春秋穀梁注疏某公卷第十幾又與阮元重刻十三經注疏本合特阮元本既去卷末所題又板框外右方去文九年等小字耳鐵琴銅劍樓藏書目錄亦載此本題監本附音春秋穀梁傳注疏今就其所校文公十有八年疏理亦通也宣公三年疏理雖迂誕之類皆與重刊本不同與此本同則此本洵爲宋南監本

故宣公十一年至十八年闕六葉以精鈔補之上有籤云此注欠六張有本鈔也
存十一之二十
穀梁注疏二十卷
宋十行本此宋印與外間常見本不同
春秋胡傳三十卷
宋胡安國撰宋刊巾箱本每半葉八行行十七字白口高三寸二分寬二寸四分
紙印極精
存一之四　十一十二　十四之十七　二十一二　二十五六　又二十六之
三十
春秋胡氏傳三十卷
元刊本每半葉十六行行大字二十小字二十九高六寸五分廣四寸三分黑口
雙邊干支記邊上

存二十一之三十

春秋胡氏傳

元刊本每半葉十五行行大字二十小字二十八高六寸三分廣三寸九分

存一之五

春秋胡氏傳

明鈔本

春秋胡傳纂疏三十卷

元汪克寬撰元刊本每半葉十一行行大小二十一字高六寸二分廣三寸九分

黑口雙邊

存二十三之二十六

春秋三傳辨疑二十卷

元程端學撰元刊本每半葉十行行大小二十一字高六寸一分廣四寸九分經

文提行板式與春秋本義同今存第六莊公至第十四成公都九卷元史儒學傳稱程端學所著有春秋本義三十卷三傳辨疑二十卷春秋或問十卷俱經 四庫著錄提要有通志堂經解所刊有本義有或問而不及此書據納刺性德之序蓋以殘缺而置也此本爲浙江吳玉墀家所藏等語攷浙江采集遺書總錄云春秋本義三十卷春秋辨疑二十卷春秋或問十卷俱瓶花齋寫本則四庫所收尙是鈔本此猶元時舊槧豈得更以殘缺爲病哉

存六之十四

春秋四傳三十八卷

明刊本墨筆圈點間有藍筆簽書趙敬夫先生手批敬夫名曦明江陰人

春秋傳議十五卷

張爾岐撰藁本

存一之十一　十三之十五

總經類

六經雅言圖辨八卷

舊鈔本首行莆陽二鄭先生六經雅言圖辨卷幾次行甲科府敎許一鶚家藏三

行甲科府敎方澄孫校正二鄭當從儀顧堂跋作鄭厚鄭樵撰後邨集有跋許敎

一鶚對策稱友人許君字孟狆廷對語直屈居第七補元史藝文志方澄孫通鑑

表微上有朱筆校語

四經三注鈔二十册 書經 左傳 周禮 禮記

明刊本

六藝堂詩禮七編

國朝丁晏撰鈔本

四書類

孟子集注十四卷

明經廠本

孟子注疏十四卷

明李元陽刊十三經本

讀晦庵孟子集解衍義十四卷

元刊本每半葉十行行二十字高六寸五分廣四寸三分墨綫口蝶裝各家書目

均未著錄

存七之十四

孟子節文二卷

明劉三吾撰明洪武刊本

孟子節文題辭

孟子七篇聖賢扶持名教之書但其生於戰國之世其時諸侯方務合從連横以

功利爲尙不復知有仁義唯魏惠王首以禮聘至其國彼其介於齊秦楚三大國

之間事多齟齬故一見孟子卽問何以利便其國非財利之利也孟子恐利源一
開非但有害仁義且將有弒奪之禍仁義正論也所答非所問矣是以所如不合
終莫能聽納其說及其欲爲死者雪恥非兵連禍結不可也乃謂能行仁政可使
制挺以撻秦楚之堅甲利兵則益迂且遠矣臺池鳥獸之樂引文王靈臺之事善
矣湯誓時日害喪之喻豈不太甚哉雪宮之樂謂賢者有此樂宜矣謂人不得卽
有非議其上之心又豈不太甚哉其他或將朝而聞命中止或相待如草芥而見
報施以仇讐或以諫大過不聽而易位或以諸侯危社稷則變置其君或所就三
所去三而不輕其去就於時君固其崇高節抗浮雲之素志抑斯類也在當時列
國諸侯可也若夫天下一君四海一國人人同一尊君親上之心學者或不得其
扶持名教之本意於所不當言不當施者概以言焉概以施焉則學非所學而用
非所用矣今翰林儒臣三五等旣請旨與徵來天下耆儒同校蔡氏書蒙賜其名
曰書傳會選又孟子一書中間詞氣之間抑揚大過者八十五條其餘一百七十

餘條悉頒之中外校官俾讀是書者知所本旨自今八十五條之內課試不以命題科舉不以取士壹以聖賢中正之學爲本則高不至於抗卑不至於諂矣抑孟子一書其有關於名教之大如孔子賢於堯舜後人因其推尊堯舜而益知尊孔子之道諸侯之禮吾未之學而知其所學者周天子盛時之禮非列國諸侯所僭之禮皆所謂擴前聖所未發者其關世教詎小補哉洪武二十七年十月癸酉翰林學士奉議大夫臣劉三吾等謹上

四書集義精要二十八卷

元劉因撰每半葉九行行十七字高九寸一分廣六寸九分板心魚尾上有細墨綫下列葉數並刊生謝文炳等姓名雙邊首有至順元年江浙等處儒學提舉司牒本書存大學學而至八佾雍也至鄉黨子路至衛靈公陽貨至子張梁惠王至滕文公書皆分章下用小字旁注每章首句元史劉因傳稱因所著有四書精要三十卷是也此書爲內閣舊物有張萱內閣書目可證特明時尙三十五卷四庫

清學部圖書館善本書目

所收僅二十八卷與今本合且殘闕六卷耳若周宏祖古今書載國子監有四書集義攷書久已不見著錄疑明嘉靖間四書集義精要之版尚存北京國子監矣

存一二　五之八　十一之十九　二十二之二十八

讀四書叢說八卷

元許謙撰墨口每半葉十六行行二十六字高六寸三分廣四寸與蔣光煦東湖叢記合彼云行廿四字者未合空格及提行字言之實即此本也合所存者首題讀孟子叢說卷上下讀大學叢說讀中庸叢說上下及次行校題篇目均作大字其首行東陽許謙四字或大或小或首行或次行不等篇中間以圖說如大學有復性圖陰陽五行相涵之圖條目圖本末圖中庸有始終合一之圖至如明題孟子則祇有明堂制而已元史儒學許謙傳云讀四書章句集注有叢說二十卷又稱延祐初謙居東陽八華山學者翕然從之則知題東陽許謙爲成於延祐時矣今四庫著錄者中庸尚缺其半是書雖亦闕論語而孟子大學中庸較爲完善未

得以殘缺少之焉

存大學　中庸　孟子

讀四書叢說八卷

瞿氏影元刊本與刊本格式同首尾無缺至爲精粹

四書箋注批點

元王侗撰元刊本每半葉十三行行大字二十小字二十二高六寸廣四寸四分黑口雙邊首行大學次行朱子章句三行後學金華魯齋王侗箋注批點他書目未著錄據莫友芝宋元舊本書經眼錄載詩傳附錄纂疏語錄輯要後有篆文兩行爲木記云泰定丁卯仲冬翠巖精舍新刊詩傳綱領篇目後有行書七行木記云時泰定丁卯日長至後學建安劉君佐謹識則翠巖精舍爲建安劉君佐書坊名自元至明建安皆有此書刻本故古今書刻載建寧府書坊尙有魯齋四書也卷中批點亦用墨卽據錢泰吉曝書雜記引魏叔子記常熟毛斧季藏元人標點

五經云書集纂注有至順壬申二月吳壽民識云尚書標點王魯齋先生凡例朱抹者綱領大旨朱點者要語警語也墨抹者考訂制度墨點者事之始末及言外意也大約與四書標點例同斧季又云近見元人標點四書在泰興季御史振宜家款例與五經同知魯齋批點四書本用朱墨其體例尚可攷見轉惜當時付刊但用墨印祗存大學中庸然四庫既不著錄倪燦補遼金元藝文志亦無其目則亡佚久焉殊足珍焉

存學庸連或問

兩坊舊刻四書訛謬不一今得
金華魯齋王先生批點箋注正
本仍分章旨明義正句讀附
釋音端請名儒三復校正經注
大字鼎新綉梓視他本實爲明

備願與四方學者共之
至正丙申孟春翠巖精舍謹識

四書集說啓蒙

元景星撰明刊本正統三年刊本錢塘夏時識首行後學餘姚景星集說二行同門山陰王謙校正上闌附載細字分國事學義以陰文識之至爲詳晰四庫及通志堂僅收學庸提要云序中實曰四書集說啓蒙並疑論孟已佚通志堂至改標注以掩其不全之迹此本孟子具在惟缺論語已可釋所疑矣

小學類

爾雅注疏十一卷

宋刻本每半葉九行行二十字高五寸六分寬三寸九分黑口首葉有吳興姚氏邃雅堂鑒藏書畫圖之印

宋槧本爾雅注疏昨歲得之窰廠書肆中箋知爲吳興姚氏藏書足珍也彥侍中

翰新産石麐謹持此申賀珠還合浦知文僖世澤當流衍於靡窮耳時咸豐八年

新正二十四日陽湖楊傳第聽臚識

爾雅新義二十卷

宋陸佃撰舊鈔本後有陳詩庭跋詩庭嘉定人

是書於嘉慶乙丑年在嘉興鴛湖書院從書估韋友借鈔謂係丁學全藏本丁每

手鈔成本售人記前三年有某書估來稱有是書求售謂係陸元朗撰頗疑此言

今獲此殆卽前估所言元朗者陸氏誤之也攷農師埤雅凡釋魚釋獸釋鳥釋蟲

釋馬釋木釋草釋天八門皆因名物以求訓詁大旨本王安石字說此書正同俱

未免穿鑿然就其精核者不可枚舉余於六月之八日將常州臧氏拜經堂翻宋

本及家藏永懷堂本注疏本手自校核與宋本合者居多內如釋親篇宗族等各

小題俱在每章之後卷末小題有六畜二字俱與古本合而與今本異者又其讀

每與人異如樸枹者謂四字爲句則錢宮詹答問已主此說又釋詁台朕賚畀卜

陽予也注予一名而兩讀台朕陽予也賚畀卜予也近儒錢宮詹王石臞先生甚發此義豈知此書先已言之則余序所稱爲足寶貴比於十五連城良不誣矣嘉定陳詩庭跋

以上訓詁

急就篇注四卷

漢史游撰宋王應麟注明刊本

說文解字十五卷

漢許慎撰汲古本有紅筆校語

說文解字十五卷

唐翰題蕉安校藤花榭本

說文繫傳十二卷

影汪氏宋鈔本三十卷至四十卷前有序目一卷祁氏刊本所由出前有宋印葆

湻白文小印
存三十之四十

說文校議十五卷
國朝嚴可均姚文田撰四錄堂咫進齋兩刻此稾本上有朱筆校語

說文解字攷異三十卷
國朝嚴可均姚文田撰稾本題羣書引說文考清本題此名稾本塗乙鉤勒並夾細籖清本亦有朱筆校語

同治壬申荃孫在蜀彥侍觀察招入幕中出此初稾囑爲整理次第交寫官另寫清本荃孫寫成一分又囑遵義鄭伯更知同爲之伯更據後出之書增補甚多彥侍不以爲然伯更辭館帶書而行沒於逆旅彥侍寓蘇至登上海報以覓此書後彥侍堂弟藏此清稾函交彥侍彥侍大喜將爲開雕而病歿今兩稾具在不勝存歿之感云

說文解字義證五十卷

國朝桂馥撰寫本此書山右楊氏初刻鄂局兩刻此本義證均作大字並有朱筆校語

說文解字十五卷

桂未谷校籤孟博士藏本

桂未谷先生名馥一時名下博極羣書而雅嗜金石夫討論金石者率以銘刻為證據銘刻則自唐虞迄漢無所謂行楷也凡雲龍龜穗蝌蚪岣嶁靡非篆隸炳炳麟麟古香古色於是漢太尉祭酒許公裒輯歷古篆法彙為一編名曰說文則凡古篆籀篆大篆以及習俗相沿因革損益各體燦然大備可謂簡而賅詳而盡矣桂未谷先生之得是書也復將字之有關經典者條分縷晰粘列於上共計籤出四百一十九條援引確鑿觸類旁通莫不根據六經發明注釋而其書法之蒼健秀媚尤可寶也既經手注凡字之有詮解者一展册無不令人豁然於心目間則

清學部圖書館善本書目

先生攷核之功爲何如之精深廣博哉夫人往風微正殷欽企而吉光片羽足寄遐思矣時道光著雍涒灘之歲壯月中秋前五日余得之爲忻慰者累日遂什襲而藏諸賜書樓古郯孟廣均跋

雨山仁棣同年閣下數年未通音問渴想綦深彼此當有同情比維侍奉康娛興居佳善爲頌瀚一病數年幾至不測越己酉夏始漸就平復而家父又病去年家父病亦愈年逾八十老境益深故酉夏以前瀚雖抱病猶負米江淮酉夏以來則足不敢踰閭里矣前爲友人校刻桂注說文數興數廢連年家居始得移梓工於贛榆縣之青口鎮辦理今冬幸可蕆事而所歷艱辛不可言喻貲用不敷支絀萬狀尤爲難堪瀚爲此負累千金將來不知作何結果也前在袁江大帥有刻書之約自顧家實難離如何如何今春大帥寄到閔黎明經時册嫌其體未安囑釐正就便付梓因係吾棣所託斗膽動筆校正代作小序寫出清本送呈河署大帥不以爲繆囑即發刻六月間已刻竣今月底當送板去板現在青口去舍下百餘里

故未及索印樣奉覽俟見印本如有紕繆皆瀚之罪吾棣隨意更正可也又吾棣
前欲沸志所載準提鏡彼時不在行篋未得寄奉今特奉呈二枚借來有準提象
者嘗訪之金石僧六舟云此放焰口所用乃近造非唐器也不知果否吾弟或選
其一或兼收並蓄無不可耳又吾棣前借刻書項尚有尾欠未清瀚此刻因刻書
受累十分急需倘可擲付來手甚幸甚幸去年就工爲家父刻經說二本奉正又
二部祈轉小鶴兄東泉兄亦不知二兄近狀云何也荆石年伯漢碑錄文目丁未
年已刻訖爲校者校壞不能刷印又不得工匠剗改今冬說文工竣當即改正抽
換印行然終恐不甚如意也託非其人咎何可辭姑有此刻較勝於無耳別久話
長不能自已肅此奉請大安諸希心鑒不備愚兄許瀚頓首中秋次日
印林仁兄同年大人閣下閏月朔日又上第三函不日自當入鑒比維上侍曼福
潭第集祥爲頌前書云桂注說文業經刻竣俟全妥時切望耑差送下一部茲因
前年弟得說文解字一部浮葉有天眷齋藏書印字樣圖章有未谷先生硃墨筆

竹紙條四百一十九條但俱無名氏曾作小跋附後外鈔呈一分尊刻弟亟需一
對爲幸閱黎詩册原非定本而先君友道略可見矣今得椽筆訂正足傳後世歿
存俱懋之至肅頌崇安速賜佳音不勝待閩中秋四日

說文解字鏡十卷
國朝顧瞻輯注以明刻五音韻補刻本顧瞻手注於上改題此名封面增訂說文
解字鏡瞻字欽阮號雁蕩山人

增修復古編二卷
宋張有撰舊鈔本首有錫山龍亭華氏珍藏白文長方印世濟美堂項氏圖籍朱
文長印汲古閣朱文小方印吳兔牀書籍印朱文長印朱筆跋語皆錢綠窗筆拜
經樓藏見題跋記
吳均增補復古編二卷余得汲古閣舊鈔本卷首無序從安邑葛氏新刊補錄此
序不知世尚有全篇否乾隆丙午秋仲吳騫志

續復古編十卷

元曹本撰傳鈔本此王弼卿鈔寄荃孫轉貽姚彥侍觀元付梓之底本手書付刻

篆文極精

六書故三十三卷

元戴侗撰孫奎校刊四明袁大壯作賦元刊本每半葉七行行十六字高七寸六

分廣五寸白口單邊上層標本字上字數下有刻工名蝶裝有都省書畫之印有

禮部評驗書畫關防

存一之三　六　十四之十八　二十二二十一　二十二之二十八　三十一之

三十三

龍龕手鑑四卷

遼僧行均撰影宋鈔本每半葉十行字大小不一高八寸寬六寸白口口上記大

小字數統和十五年　序空名炬法

六書正譌五卷

元周伯琦撰元刊本每半葉五行行小字二十至正十五年宇文公諒序有寒青閣圖書印白文方印白鶴山樵朱白文方印

摭古遺文二卷

明李登撰明刊本萬歷甲午李登自序四庫入存目李登曾修上元江甯兩縣志

以上字書

增修互注禮部韻略五卷

宋毛晃增注宋刊本每半葉十行行大小字二十八三十不等高九寸廣六寸七分白口單邊版心上魚尾上記大字數魚尾下記刻工姓名中題增韻及葉數首行題增修互注禮部韻略某聲第某次行衢州免解進士毛晃增注三男進士居正校勘重增按魏了翁跋毛氏增韻云三衢毛氏增韻奏御之六十二年其子居正應大司成校正經籍之聘始克鋟梓於胄庠又九經三傳沿革例云柯山毛居

士誼父以其父晁所注禮部韻乾淳間進之朝後又校訂增益申明於嘉定之初辛巳春朝廷命冑監刊正經籍司成謂無以易誼父等語知居正於國子監刊正經籍時鏤板了翁謂增韻奏御之六十二年自以晁高宗時上表計之玉海載晁上增修互注韻略在紹興三十二年是也後孝宗乾道淳熙間居正又上之朝而書猶未刊直待甯宗十四年辛巳應聘至十六年癸未刊成上距晁上表之歲正六十二年可據了翁言斷爲嘉定國子監本故十九鐸無甯宗嫌名也惜僅存下平聲至入聲四卷而入聲十七合之後復有缺佚無從見了翁所跋耳是書爲宋末國子監本至明初亦存南京國子監古今書刻稱南京國子監有毛晁韻即是也是本印以洪武七年糧册紙其入聲缺板仍以牘背紙界烏絲闌訂入蓋宋刻明初印本至萬歷時則南雍志云增韻一卷存二面不知撰者姓名矣

存下平至入聲

禮部韻略五卷

清學部圖書館善本書目

元刊本每半葉十一行行大十四小二十八字高六寸八分廣四寸五分黑口單邊首行題增修互注禮部韻略卷第幾次三行與宋本同建安劉氏書林本也

至正乙未仲夏
日新書堂重刊

存上平下平去聲三卷

新刊韻略五卷

影寫元本附聖朝頒降貢舉三試程式壬子新增分毫點畫正誤字正大六年許古序

五音集韻十五卷

金韓道昭撰金刊本每半葉十三行行二十字高七寸一分廣四寸八分白口單邊卷首題崇慶新彫改併五音集韻姪男韓道昇序序後有眞定府松水昌黎郡韓孝彥次男韓道昭改併重編男韓德恩姪韓德惠王德珪同詳定淩川荆珍開

板次爲隋唐長孫訥言郭知元孫愐舊序次爲總目錄次爲入册檢韻術首行題
崇慶新彫改併五音集韻上平聲卷第一次行滹陽松水昌黎郡韓道昭改併重
編王世貞書後謂其書未辨出道昭或德恩德惠乎殆未檢道昇序泰和戊辰吾
道昭重編改併之語也是書卷首有晉府書畫之印卷末有敬德堂圖書印子子
孫孫永寶用朱文鈐記
目後有韓氏門人同詳校正
松水　程道珪　張道澄　李道義　孫道全
阜平　石守鈔　張道翼
南唐　劉道甯　李道澤　彭道琬　程道温
雲中李玉刊
存一
五音集韻

清學部圖書館善本書目

元刊本行欵與金本同高六寸六分廣四寸七分惟板心有墨口又改崇慶新彫
爲己丑新彫及改韓道昭序後汝川荊珍開板爲琴臺張仁開板且移入册檢韻
術後韓氏門人同詳校正於第一卷後改爲昌黎諸門友人同校正有張道忠張
敬恩韓道澮趙德瑞李道升趙道甫彭道普李守璋韓守義張國政張道就賈德
琛宋守昌王德欽張道祐張道濟竇慶進趙道温劉守章等且除所存第一卷外
其第二三五六七八九卷標題有無己丑者有稱至元者有稱大元者有稱大朝
者較諸金本似乎見絀然以視天祿琳瑯所收卷中或稱至元庚寅或稱成化庚
寅或稱正德乙亥或稱正德丙子者則爲優矣

卷一之三　五之九

四聲篇

元刊本每半葉十三行行大小三十一二字不等高六寸八分廣四寸八分黑口
雙邊首行泰和五音新改併類聚四聲篇第幾皆稱四聲篇與　天祿琳瑯所載

改併五音類聚四聲篇金韓道昭著相合特　天祿琳琅本爲明成化十年所刊

此尙元刻尤爲可寶且知四庫存目題四聲篇海之非古也今僅存齒頭音心邪

二母正齒音照穿牀三母互齒審禪二母爲十十一十二三卷其標題字母多以

墨圍白文

存十之十二

清學部圖書館善本書目　〇三九一

清學部圖書館善本書目

史部上

正史類

史記一百三十卷

元刻明補本每半葉十行行十八十九二十字小字二十八九不等高九寸五分廣四寸八分淺黑口單邊下有刻工姓名明刻甚多粗黑口

存紀七　又十二

表一之五

世家一之八

列傳十七之二十九　六十三之七十

史記一百三十卷

明秦藩刊本宋裴駰集解唐司馬貞索隱張守節正義合刻有嘉靖十三年秦藩

鑒抑道人序以明史諸王表考之乃定王惟焯也以千文爲次自天至往爲二十册每卷有史若干字注若干字兩行甘泉鄉人藁云板式與震澤王氏同而秦藩較勝

漢書一百二十卷

北宋刊大字本每半葉九行行十六字小字同高七寸三分廣六寸黑綫口單邊上字數下刻工姓名蝶裝卷中食貨志管仲相桓公相字下注淵聖御名四字與陸心源皕宋樓藏書志所載宋蜀大字本漢書卷六十四下烏桓之壘烏字注淵聖御名合且行欵亦一一相同然其謂高宗時刊蜀大字本則未敢信今庫中尙有宋大字本後漢書與此同時所刻其章帝紀章和元年六月戊辰司徒桓虞免正文桓字有補刻痕注桓虞字仲春馮翊萬年人虞字之上亦作淵聖御名四字據容齋續筆云紹興中分命兩淮江東轉運司刻三史板其兩漢書內凡欽宗諱並書四字曰淵聖御名則此爲兩淮江東轉運司本而非蜀大字本明矣首葉有

二

晉府圖書之印

存紀六之十二 武紀至平紀

志四上下 食貨 七中上下 五行 八上 地理

又

宋刊大字本行欵與上同蝶裝卷中宋諱亦皆缺筆其郊祀志上卷缺三十三葉匈奴傳缺五六二葉皆以空白紙補之恐印在元以後又板心魚尾下間有細墨綫而所記字數不分大小且表皆半葉八行獨古今人表十行八行不等疑亦元修矣

存表四之八 高惠高后文功臣表至古今人表完

志四上之五下 食貨至郊祀

傳六十四上之六十五 匈奴傳至西南夷西粵朝鮮

又

宋刊元修本每半葉十行行十九字高七寸四分廣五寸單邊白口首行小題在上班固二字在中大題在下板心上魚尾上記大小字數下魚尾下記大德至大延祐元統補刊及刻工姓名與愛日精廬藏書志所載宋刻元修本合末卷漢書列傳第七十下有日雕修一行其日上有奉湻化五年七月二十五日等字已剗去又與丁丙善本書室藏書所載明正統翻宋湻化本合顧明本板心有正統刊字此則祇大德至大延祐元統補刊等字當是元修宋湻化本故仍避宋諱其日雕修上必記元時年號月日非湻化也首册列有漢書目録其後低一格題西漢十二帝起高祖元年乙未盡王莽地皇四年癸未合二百三十九年共三行又低一格題十二帝紀一十三卷八表八卷十志一十八卷七十列傳七十九卷共四行與末葉題班固前漢書凡百篇總一百二十卷次行低二格題十二帝紀一十三卷低二格題八表一十卷爲一行次行亦低二格題十卷一十八卷低二格題七十列傳七十九卷爲一行前後相應中有缺葉以黑匡空格補之恐印在正統

前矣

存紀一之五

志七中上之十五行至藝文

傳十三之二十鄺陸朱劉叔孫傳至張馮汲鄭傳　三十一至六十張騫李廣

列傳至酷吏傳　五十八至六十四儒林傳至匈奴傳　六十七至七十外戚

至敘傳

又

明補元本行款與前同惟板心上下皆黑口間有大德元統某年刊字與前本異然亦元修宋本也據愛日精廬藏書志載北宋刊後漢書板心有大德九年元統二年補刊字蓋北宋刊板元代修補之本與此悉合知爲同時修補無疑微嫌宋刊舊板漫漶過甚

存志四下至六陳勝項籍傳至荆燕吳傳　六之十八楚王元傳至賈誼傳

三十四上之三十八 嚴朱傳至霍光傳 五十二至五十七上 王商史丹傳至
揚雄傳上 六十九中之七十 王莽上至叙傳 七册

又

元刊本每半葉十行行二十二字大小同高七寸二分寬五寸二分黑綫口寬邊
雙綫板心上魚尾上有細墨綫兩旁記大小字數下魚尾下有刻工姓名字畫刀
口極工首葉首行太平路學新刊班固漢書次行正議大夫行秘書少監瑯邪縣
開國子顔師古注三行敍列目錄後有孔文聲跋

江東建康道肅政廉訪司以十七史書難得善本從太平路學官之請徧牒九
路令本路以西漢書率先俾諸路咸取而式之置局於尊經閣致工於武林三
復對讀湝者儒姚和中輩十有五人重校修補者學正蔡泰亨板用二千七百
七十五面工費具載學計茲不重出始大德乙巳仲夏六日終是歲十有二月
廿四日太平路儒學教授曲阜孔文聲謹書

承務郎太平路總管府判官劉澄　督工

中順大夫江東建康道肅政廉訪副使　伯都提調

存紀一之十二全

傳二十六之三十董仲舒傳至杜周傳止　六十三之六十六上佞倖傳至西域傳

又

明正統刊本

存紀一之五　七之十二

志七之十

表一之七下

傳七之五十四　六十之七十

又

清學部圖書館善本書目

正統刊本
存傳七之二十五　二十之二十五　三十六之四十一　六十之六十四
新斠注漢書地理志十六卷
錢坫原刻本徐星伯松朱墨筆校補於上會稽章壽康刻於蜀名之曰新斠注地理志集釋此其原稿
後漢書一百二十卷
宋刊大字本每半葉九行行大十六字小二十字高七寸一分寬五寸九分白口單邊蝴蝶裝小題在上中有范曄二字大題在下次行題唐章懷太子賢注今存列傳六十二卷其中如黨錮循吏酷吏宦者儒林文苑獨行方術逸民列女諸子目皆於小題列傳第幾十幾下小字旁注又列傳姓名皆用大字標題在本文前而鮑永郅惲之後有昱文泉壽伯孝班固之下有小字雙行注明堂詩辟雍詩靈臺詩寶鼎詩白雉詩均與今本不同又其板心記刊工劉仲王中陳仲姓名恭讀天

祿琳琅載後漢書云此書於宋諱桓構慎瑗諸字皆缺筆字畫款式與前漢書相同板心下方刻書人姓名如劉仲王中陳伸等亦與前書相合蓋皆爲紹興末年校刊而孝宗時成書者是本刊工姓名除劉仲王中陳伸外尚有陳從林芳林俊等與大字本漢書亦多同者益信大字本前後漢書與天祿琳琅所收無異伏攷天祿琳琅於漢書引朱彝尊經義考載宋李心傳語曰監本書籍者紹興末年所刊也故於後漢書亦斷爲紹興末年所刊而成書皆在孝宗時證以大字本漢書孝宗嫌諱愼字缺筆光宗諱惇字不缺筆尤見評隲精塙折衷至當云

存傳一之十 劉玄劉盆子傳至耿純傳上 十六至二十七 伏湛傳至丁鴻傳 三十下之三十八 班固傳下至徐璆傳 四十八九 虞詡傳至張衡傳 五十八至八十 皇甫規傳至末

又

宋刊大字本行款同前蝶裝志存禮儀下五行郡國百官輿服首行大題在上小

題在下次行題劉昭注補印用紅絲羅紋紙與前本同特前本用黄綾裝而此用
藍紙又與大字本漢書相同要皆宋槧上駟然其間字畫刀口微帶圓輭而板心
有徐良俞榮等姓名者頗疑巳爲元時翻刻之葉故瑕瑜互見卽如鄭元傳師事
京兆第五元先陳鱣經籍跋文載元本後漢書與此相合而不爲父母羣弟所容
又有不字轉遜於元末也
存紀一之三
傳七之八馮異傳至臧宫　十六之十九伏湛至壽伯孝　二十五之三十上
張純傳至班超傳　三十九之四十一王充傳至橋玄　四十五之五十一章
七王傳至黄瓊傳　五十八之六十四郭太傳至袁紹上　六十七之七十五
酷吏至東夷　七十八之八十西域至鮮卑
志六之九禮儀下至祭祀下　十三之十五五行　十九之三十郡國至冠服
又

宋刊本大小字行款同前用棉紙印蝶裝和帝紀云孝和皇帝諱肇肇字從戈不從攴開卷便與今本有異可知宋本之善矣

存紀四之八 和帝至靈帝

傳四十八九 虞詡至張衡 六十四下之六十六 袁紹下至循吏 七十一之七十二下 獨行至方術 七十六七 南蠻至西羌

志一二 律歷上中 六之九 禮儀至祭祀下 十三之十五 五行

又

宋刊大字本大小字行款同前惟爛脫殊甚觀朱浮傳公子以一言而立信耳注引史記至秦圍邯以下缺三十字祇存奪晉鄙軍之軍字又馮衍傳缺第十六一葉以空白紙補之則印亦在元後矣然知其尚存紹興監本者以崔瑗傳凡遇瑗字捺筆皆刻字完好以後用刀剜去也

存傳四之六 宗室至寇恂 十五之十九 卓茂至劉 二十二之二十四 樊宏至

清學部圖書館善本書目

梁統　三十三之四十四朱暉至揚震　五十三之五十五李固至段熲　六十

四下之六十九下袁紹下至儒林下

志十一之二十二天文中至郡國中

又

元刊本每半葉十行行大小字二十二字高七寸一分廣五寸三分白口板匡內有細墨綫所謂雙邊也板心上魚尾上記字數下魚尾記刊工姓氏間用墨圍白文志與傳首行小題在上大題在下中有范曄二字次行別出某傳志則首行題後漢書志第幾劉昭注補次行別出志名下注小字子目每卷刊誤後記校刊姓氏有云張臯王鰲叟校正有云張臯同李荆安校正有云張臯同胡大用程紹慶校正有云張臯同李繼善校正有云張臯校正有云張臯伯穎校正有云王鰲叟校正有云寧國路學正王師道校正有云王師道校正則此爲元大德間寧國路儒學本也俱用紅絲羅紋紙印紅絹裝書腦有晉府圖書每卷有晉府書畫之印

卷末有敬德堂圖書印子子孫孫永寶用皆朱文鈐記

存紀四之九和帝至獻帝

傳十二之二十一朱祐傳至陸康傳　三十九之四十二王充傳至崔駰傳

四十七之四十九杜根傳至張衡傳　五十二之五十四荀淑傳至趙岐傳

五十八之六十郭太至荀彧傳　六十九之七十儒林上下　七十七之七十

八西羌西域

志一之三律歷全　十五之二十五行至郡國豫州

又

元刊本每半葉十行行大字十九字小字不等餘與前同首列景祐校正後漢書狀狀半葉八行行十八字狀後有大德九年牌子與愛日精廬書志所載元大德刊本後漢書合次後漢書目錄其後低五格題光武起後漢乙酉歲改建武元年傳及十二帝至獻帝建安二十五年庚申凡一百九十五年共三行又高一格題

十二帝后紀一十二卷志三十卷八十列傳八十八卷亦三行次爲本書首行光
武帝記上小題在上後漢書一上大題在下中有范曄二字次行唐章懷太子賢
注與善本書室藏書志所載明人重刊元大德甯國路學本後漢書合知此本卽
爲明嘉靖七年重刊本之祖每卷有校正姓氏與晉府藏本同晉府藏本所無者
志後有張㮚同胡大用許應斗校正列傳後有張㮚校正孫能官又有前進士儒
學校充經師張㮚校正而已蓋同爲元大德翻宋景祐本惟此字跡模黏且有缺
板間以墨匡空板補之究以敓落過甚未能盡補殊覺相形見絀耳又此本與太
平路儒學本漢書同時並刊攷元史地理志載江東建康道所隸者爲甯國徽州
饒州集慶池州信州廣德諸路而南雍志於太平路所刊漢書旣云集慶路儒學
梓於甯國路所刊後漢書亦云集慶路學梓者志又云按景祐元年九月祕書監
丞余靖上言國子監所印兩漢文字舛錯恐誤後學特請刊過其後元江東建康
道肅政廉訪使以十七史難得善本從太平路學官之請徧牒九路令本路以兩

漢書率先諸路咸取而式之也後兩漢書刊板卽存建康府路學據金陵新志官守志建康路天歷二年路以潛邸改名集慶故云集慶路儒學梓而南雍志經籍攷所載之兩漢書卽金陵新志民俗志所記之兩漢書故又云見金陵新志也今錄景祐狀於後

景祐元年九月秘書丞余靖上言國子監所印兩漢書文字舛譌恐誤後學臣謹參括衆本旁據他書列而辨之望行刊正詔送翰林學士張觀等詳定聞奏又命國子監直講王洙與靖偕赴崇文院讎對謹按後漢明帝詔班固陳宗尹敏孟冀作世祖本紀及建武時功臣列傳後有劉珍李充雜作建武巳後至永初間紀傳又命伏無忌黃景作諸王王子恩澤侯并單于西羌地理志又邊韶崔寔朱穆曹壽作皇后外戚傳百官表及順帝功臣傳成一百一十四篇號曰漢記熹平中馬日磾蔡邕楊彪盧植續爲東觀漢記吳武陵太守謝承作漢書一百三十卷晉散騎常侍薛瑩作後漢記一百卷泰始中秘書丞司馬彪始取衆說首光武至孝獻

作續漢書散騎侍郎華嶠删定東觀記爲後漢書九十七篇祠部郎謝承作後漢書一百二十二卷秘書監袁崧作一百卷至宋宣城太守范曄益集諸家作十紀十志八十列傳凡百篇十志未成曄被誅至梁世有剡令劉昭者補成之唐章懷太子賢招集當時學者右庶子張太安洗馬劉訥言洛州司戶參軍革希玄學士許叔牙成玄一史藏諸周寶甯等同注范曄後漢書儀鳳初上之詔付秘書省傳之至今靖洙悉取館閣諸本參校二年九月校畢凡增五百一十二字脫一百四十三字改正四百一十一字

大德九年乙巳十月望日
甯國路儒學雲教授任內刊

存紀一之四 光武至殤帝

傳一之七 劉玄至賈復　二十之二十五 蘇竟傳至鄭玄　三十六之四十一 郭躬傳至橋玄　四十九之五十七 張衡傳至黨錮　七十二下之八十 方術

之末
志十一之十九 天文中之郡國一
又
元刊明修本行款與前同
存傳七之二十四　三十二之四十二　五十七之十
志一之八
又
元刊明修本行款與前同補較多印較後
存傳一之十五　二十八之三十六　六十四下
志二十四之三十
又
明正統刊本

存紀一之二
傳一之五　十一之三十三　三十五之七十六
志一之三十全

又
存紀全
傳一之五　十一之四十二　四十九之五十三　六十之六十五　七十一
之七十五

三國志六十五卷
元刊本每半葉十行行二十二字大小字同高七寸廣五寸白口雙邊上有字數
下有刻工姓名
存十五之十九劉司馬梁張温賈傳至任城陳蕭王傳止

晉書一百三十卷

宋刊本每半葉十行行十九字高六寸四分廣四寸四分白口單邊上字數上刻工姓名蝶裝

存志一之三　八之十六

傳十六之三十一　四十之五十一　六十七之七十

載記十八之三十　音義全

又

宋刊元明遞修本行款同上蝶裝

存目錄

紀十卷全

志一二　七之十八

傳一之十八　二十三之三十八　四十九之五十七　六十二之六十八

載記四之三十附音義全

又

元刊本每半葉十行行二十字高七寸二分廣五寸七分黑綫口單邊上有字數下有人名蜨裝首列晉目錄次行唐太宗文皇帝御撰目錄後低五格題右晉十二世十五帝一百五十六年次行又低一格題中朝四帝都洛陽五十四年次行題江左十一帝都建康一百二年次行又低一格雙行小注有五涼四燕三秦二趙夏蜀十六國附其書起乙酉盡庚申中與汲古閣略異次晉書音義序次行題弘農楊正衡撰次晉書音義三卷次行低四格題卷之上注云紀志卷之中注云列傳上卷之下注云列傳及載記共四行次何超自序音義之後始爲本書亦小題在上大題在下今帝紀全列傳存劉頌至光逸陸機至東海王越劉隗至陶回劉毅至譙縱都四十六卷用棉紙印紙角多有朱印昌化縣解紙人章繼祖亚按元史地理志江南浙西道杭州路有昌化縣則此疑杭州路儒學刻本也卷中宣帝紀權果遺將呂蒙西襲羽公安羽字不脫與善本書室藏書志所載宋刊大字本

晉書合惟云謝鯤傳吾不得爲盛德事矣句下不脫鯤曰何爲其然但使自今以往日忘日去耳初敎謂二十字此則吾不復得爲盛德事矣之下其葉適盡次葉卽接鯤曰吾當以周伯仁爲尙書令戴若思爲僕射云云計其字數當是鯤曰之上脫去一行鐵琴銅劍樓藏書目錄所謂因下葉首行起處亦有鯤曰而譌是也

存序　目錄　音義

紀一之十　全

志

傳十六之十九　二十四之二十九　三十九之四十八　五十五之七十

又

元刊明補本每半葉十行行二十二字高七寸二分廣五寸三分黑綫口雙邊上有字數存路學二字

存紀一之六

傳四十七之五十三　六十之六十四　七十
載記一之五　十四之二十六

宋書一百卷

宋蜀大字本每半葉九行行十七字高七寸廣五寸九分黑綫口單邊板心上記字數下列刻工姓名蝶裝首行小題在上大題在下次行題臣沈約新撰今紀存武帝中至順帝志存律至曆禮至符瑞中五行一至二百官上列傳存后妃至傳弘之庾悅至文九王王僧達至黄回隱逸至氐胡都七十四卷樂志後有云聖人制禮樂一篇巾舞歌一篇按景祐廣樂記言辭訛謬聲辭雜書宋鼓吹鐃歌辭四篇舊史言詁不可解漢鼓吹鐃歌十八篇按古今樂錄皆聲辭豔相雜不復可分共五行趙倫之到彦之王懿張劭傳後有云臣穆等按高氏小史趙倫之傳下有到彦之傳而此書獨闕約之史法諸帝稱廟號而謂魏爲虜今帝稱帝號魏稱魏主與南史體同而傳末又無史臣論疑非約書然其辭差與南史要故將存焉共

五行善本書室藏書志載宋刊明修本宋書志第十二末有校語列傳弟六有臣穆等按高氏小史云云二條與此相合特丁丙所藏爲明修本此則塙係元修有二證焉天文志板心魚尾下有至元十八年杭州陳天錫封仁孫承祖刊等字證一列傳紙角有朱印衢州路西安縣解紙人方允成且按元史地理志浙東道衢州路有西安縣證二有此二證可信爲元時浙江修本至趙倫之下闕到彥之傳傳文之前仍標到彥之下注闕字又謝靈運傳山居賦遠則西下闕正文及注涓隱巖以搴芳卿寢茂而敷詞梁去霸而之會三句下皆闕注文眇貞思於所遺注公卿大事下闕二十一字其餘闕一二字處尚多據文獻通攷引崇文總目巳云趙倫之傳一卷今闕謝靈運傳文注謝駁是闕卷闕字皆在宋初矣固無害其爲善本也每册首尾有朱文晉府書畫之印及敬德堂圖書印鈐記

存紀二之十

志一二　四之十八　二十之二十一　二十九

傳一之八　十二之三十二　三十五之四十三　五十三之五十八

又

宋刊本行款同上蝶裝

存志五之八　十三四　十七八　二十二十一

傳一　十二之十七　二十一之二十二

梁書五十六卷

宋刊本每半葉九行行十八九字不等高七寸一分廣六寸白口單邊上有字數下有刻工姓名無魚尾蝶裝首行小題在上大題在下次行散騎常侍姚思廉撰

存紀一之六全

傳十一之二十一　二十六之四十一　四十六之四十八　五十一之五十

四

陳書三十六卷

宋刊本每半葉九行行十八九不等高七寸二分廣五寸九分白口單邊蝶裝首行小題在上大題在下次行題散騎常侍姚思廉撰存世祖九王至新安王伯固傳共八卷文學傳後有云江德操字德藻或本江德藻疑熊曇朗等傳後有云陳寶應傳此皆明恥教戰濡須鞠旅恐有誤又云潼州刺史李䐗或本作李腊或本作李睹疑始興王叔陵等傳後有云始興王傳飛禽涂伏波將軍或本作伎後將軍疑凡此皆嘉祐諸臣校語曾鞏敍所謂其疑者亦不敢損益特各疏於篇末是也至明嘉靖八九年間補刊遇有校語盡去之乃與叙不相符合矣

存傳二十二之三十

魏書一百一十四卷

宋刊蜀大字本每半葉九行行十八字高七寸二分廣六寸黑綫口單邊蝶裝上有字數下有刻工姓名小題在上大題在下配三冊有晉府書畫之印前有一部五十本洪武二十八年五月二十五日長史王友行禮部領到一行

存目錄一册

紀一之十二 全

傳一之三十五 內配竹紙二册 四十一之五十八 六十六之七十七

志五六 八之十 十三十四 十七十八

又 全

行欵同前印本稍後時有缺葉

又

行欵同前

存傳十之十四 七中下 二十四之二十八 三十二 六十之六十三 八

十之八十二

北齊書五十卷

宋刊蜀大字本每半葉九行行十八字高七寸七分廣六寸一分黑口雙邊蝴蝶裝

首行小題在上大題在下次行題太子通事舍人李百藥撰存裴讓之至韓寶業傳都十五卷而裴讓之及辛術等傳後皆云此卷與北史同但不序世家又無論贊疑非正史與善本書室藏書志所載宋刊明修本北齊書合丁丙謂以上各條似皆嘉祐時校刊諸臣所記是也惟昭德郡齋讀書志宋書云嘉祐中以宋齊梁陳魏北齊周書舛謬亡缺始詔館職讎校曾鞏等請詔天下藏書之家悉上異本久之始集治平中鞏校定南齊梁陳二書上之劉恕等上後魏書王安國上周書政和中始皆畢頒之學官而於北齊書未言何人所上不能知校語爲誰氏矣又郡齋讀書志云紹興十四年井憲孟爲四川漕始檄諸州學官求當日所頒本因命眉山刊行焉是此本乃南宋重刊嘉祐本遞修至明也證以顏之推傳觀我生賦非社稷之能衞注童汪錡下闕一句實未改於弦望遂下闕五字其闕處仍留空白以存其舊至明嘉靖八九年間補刊於空白處皆注闕字與此異矣此本每册首尾均有白文橋氏家藏印

存傳二十七之四十二

隋書八十五卷

元刊本每半葉十行行二十二字高七寸廣五寸二分黑綫口單邊上有字數下有刻工姓名小題在上大題在下次行高祖上特進臣魏徵上三部合湊一本尚缺志六卷一本有晉府書畫之記一本口上有堯學二字下有廣智退隱觀書以進德也竊書虧德幸勿爲之一戳一本每半葉九行行二十字有小耳有官銜

存記一之五　全

志三之五　八之十一　十四之二十　十九之二十四　三十

傳一之十一　十二之十五　十五之十八　十九之二十二　二十三之三

天聖二年五月十一日上　御藥供奉藍元用奉傳

聖旨齎　禁中隋書一部付崇文院至六月五日

勑差官校勘時命臣綬臣燁提點左正言直史館張觀等校勘觀尋爲度支判官續

命黃監代之　　仍
內出版式雕造
廉訪司牒路准刊　書吏　崔嘉
僉江西湖東道肅政廉訪司事
僉江西湖東道肅政廉訪司事
中議大夫僉江西湖東道肅政廉訪司事任
奉政大夫僉江西湖東道肅政廉訪司事聶　押
亞中大夫江西湖東道肅政廉訪司副使白
亞中大夫江西湖東道肅政廉訪司副使暗都剌
江西湖東道肅政廉訪使
江西湖東道肅政廉訪使
又全

元刻明補本行欵同前口上間有堯學二字有正德十年司禮監谷重刊字樣堯
學饒州學省文司禮監谷即明史之谷大用

南史八十卷 全
元刊本每半葉十行行二十二字高七寸四分廣五寸四分黑綫口單邊蝴蝶裝下
間有人名後有一部十本永樂二年十月二十五日蘇叔敬買到一條墨蹟與敏
求記云列女傳後題永樂二年七月二十五日蘇叔敬買到當時採訪書籍必貼
進買人氏名鄭重不苟如此書後列女傳三日

又

存紀一之六
傳一之五　二十七之三十三　六十一之七十

又

存紀一之十

傳一之八　二十七之三十六　五十五之七十

又

存傳三十四之三十七　四十二之六十六　六十一之六十三

又

存紀四之七

傳一之五　二十八之三十　三十四之四十二　五十八之六十

又

存傳六之十　十二三　三十四之三十六　四十三四　五十五之五十七

北史一百卷 全

元刊本每半葉十行行二十二字高七寸廣五寸三分黑綫口單邊下有刻工姓名卷末有方洽周益周已千孫粹然校正一行

又 全

清學部圖書館善本書目

元刊本行欵與前同

又

元本行款與上同有晉府書籍書畫之印

存紀一之八

傳五之七　十之十二　十六七　二十四之二十八　三十三四　三十七

之四十二　五十二之八十五

又

元本行欵與上同口上有信州路弋陽學等字

存紀一之六　九之十二

傳一二　五之二十　二十九之五十二　五十六之五十九　六十二之七

十一　七十四之八十五　八十七之八十八

又

元本行款與上同口上無字

存紀一之十二

傳十一之二十九　五十七之七十四

唐書二百二十五卷 全

宋刊本每半葉十行行十九字高六寸一分廣四寸白口單邊上有大小字數下有刻工姓名前有曾公亮表後有唐書凡二百二十六篇總二百五十卷二十一帝本紀一十篇一十卷十三之五十篇五十六卷三表十五篇二十二卷列傳一百五十篇一百六十卷錄二卷嘉祐五年六月二十四日進呈後有劉羲叟等銜名兩葉據嘉祐五年杭州鏤版而建州重刻

又

宋刊元補本每半葉十四行行二十五字高六寸四分廣四寸白口單邊蝴蝶裝上有字數下有刻工姓名元人公事紙印有元貞元年三年等字

序目錄

存紀一之十

志一之三十七

表十下　十四十五上下

傳十七之三十四　八十一之一百四十上　一百四十五之一百四十七

又

宋刊本每半葉十四行行字二十五六不等高五寸廣四寸白口單邊蝶裝字極

精

存表十二中下　十四上下

傳一百四十上之一百四十五

又

宋刊本每半葉十行行十九字高六寸四分廣四寸二分白口單邊上有元修元

補等葉又有宣德九年知府□□補
目 全
存紀一之十 全
志一之六　十五之十八下　三十四之四十七
表十二中之十五下
傳一之三　二十五之三十　三十七之五十一　六十一之六十九　七十
八之九十一　一百零五之一百十九　一百二十五之一百五十

又

元刊本每半葉十行行二十二字高七寸二分廣六寸一分白口單邊間有字數
下只刻工姓名

又

四十九册

清學部圖書館善本書目

又 三十册

又 二十七册

又 六十六册

四號同一板可配全惟紙色不一耳

又 全

南監元刻本每半葉十行行二十二字釋音二十五卷大德九年雲謙跋然印亦

在後

又 全

南監黑口本印有補板

又　全

宋元明三朝板十行十九字本墨口本

又　全

行款同上

五代史記七十五卷

宋刊本每半葉十行行十八字高六寸廣四寸二分白口單邊上有大小字數下

有刻工姓名有旁耳蜨裝

存十二之二十一　二十二之二十九　五十一之五十八　六十四之七十五

又

元刊本每半葉十行行二十二字高六寸八分廣五寸三分白口單邊上有字數

存序目一之十六　三十三之七十四

又

元刊本每半葉十行行二十二字高七寸廣五寸一分白口單邊上有字數實大
德乙巳丙午九路所刊無序無跋不知何路分刻耳
存四十三之六十八

五代史記七十四卷
明汪文盛刊本高瀔傳汝舟校每半葉十二行行二十二字板式與文盛所刊兩
漢同惟字略肥天一閣皕宋樓所藏皆此本文盛所刻儀禮注疏兩漢及此書皆
高傳二人同校也

宋史四百九十六卷
元刊本每半頁十行行二十二字高六寸九分廣五寸二分黑綫口雙邊中縫一
面紀志表傳一面字數下有刻工姓名蝶裝
存紀十九之二十二　四十三　四
志四　六七　十七之二十　二十　八九　三十七之三十九　五十　六七

六十三之六十五　七十四之七十六　七十九之八十　九十之九十七
一百之一百零三　一百零八九　一百十三九葉　一百二十三　一百二
十六　一百二十八　一百三十之一百三十一　一百三十四之一百三十
八
表六卷半冊　八　十二三　二十七　三十
傳二十二三　二十六上七葉　二十八　三十二三　三十六九　三十八
上十四葉　五十之五十一　六十六十一不全合半冊　六十四之六十七
七十之七十一　七十八九　九十二三　九十六七　一百零一二　一
百零七八　一百十一二　一百十七八　一百四十八九　一百五十一二
一百五十八之一百六十三　一百六十八之一百七十　一百八十八九
二百之二百零四　二百零九之二百十二　二百二十　二百二十一止
四葉

清學部圖書館善本書目

遼史一百十六卷

元刊本每半葉十行行二十二字高七寸廣五寸二分黑口單邊初印本有修史官員姓名蝶裝

存紀三十 全

志一之十七

表八卷 全

傳一之二十八

修史官員

都總裁

開府儀同三司上柱國録軍國重事中書右丞相監修國史領 經筵事臣

脱脱

總裁官

光祿大夫中書平章政事知　經筵事提調都水監臣鐵睦爾達世

榮祿大夫中書平章政事知　經筵事臣賀惟一

翰林學士承　旨榮祿大夫知　制誥兼修　國史臣張起巖

翰林學士資善大夫知　制誥同修　國史臣歐陽玄

集賢侍　講學士通奉大夫兼國子祭酒臣呂思誠

翰林侍　講學士中奉大夫知　制誥同修　國史同知　經筵事臣揭

傒斯

纂修官

正議大夫兵部尙書臣廉惠山海牙

翰林直學士朝請大夫知　制誥同修　國史兼　經筵官臣王沂

文林郎秘書監著作佐郎臣徐昺

將仕佐郎翰林　國史院編修官臣陳繹曾

提調官

資德大夫中書右丞　臣　伯顔

榮祿大夫中書左丞　臣　姚庸

奉議大夫參議中書省事　臣　長仙

通議大夫參議中書省事　臣　呂彬

朝散大夫中書右司郎中　臣　悟良哈台

嘉議大夫中書左司郎中　臣　趙守禮

亞中大夫中書左司員外郎　臣　偰哲篤

亞中大夫中書省左司員外郎臣　何執禮

儒林郎右司都事　臣　觀音奴

奉議大夫左司都事　臣　烏古孫楨楨

嘉議大夫禮部尚書　臣　王守誠

中憲大夫工部尚書　臣　丁元
奉議大夫禮部侍郎　臣　老老
嘉議大夫禮部侍郎　臣　杜秉𢑴

又

行款與上同蝴蝶裝晉府藏書
存紀二十四之三十
志一之十四　十八之三十一
表一之八全
傳一之三十一

又

行款與上同蝴蝶裝
存志一之十四　十八之三十一

傳一之三十一

又

行款與上同

存紀一之三十全

志一之十七　二十七之三十一

表一之八

傳一之二十

又

行款與上同

存紀三十

志一之十四

表八卷

又

行款與上同

存紀一之十七　二十五之三十

志一之六

表七之八

傳一之八

又

明內府鈔本每半葉十行行二十字高八寸三分廣五寸九分朱絲闌

存紀一之八　十五之三十

志一之三十一

表一之八

傳一之四十六

遼史拾遺二十四卷拾遺續五卷

舊鈔本是書汪氏振綺堂刻蘇局又刻此在未刻先所鈔

金史一百三十五卷

元刊本每半葉十行行二十二字高七寸一分廣五寸二分白口雙邊上有字數下有刻工姓名蝶裝首進金史表次修史官員銜名次提調官銜次下杭州路印造牒及官銜目錄末有金九帝起收國元年乙未盡哀宗天興二年甲午百二十年記十九卷志二十九卷表四卷列傳七十三卷總一百三十五卷校勘彭衡倪中麥徵岳信楊鑄牟思善卜勝李源揭模丁士恒有敬德堂圖書記子子孫孫永寶用兩印

皇帝聖旨裏江浙等處行中書省至正五年六月二十六日准

中書省咨至正五年四月十三日篤怜帖木兒怯薛第二日沙嶺納鉢

斡脫裏有時分速古兒赤雅普化云都赤撒迪里迷失殿中撒馬給事中也先

不先等有來阿魯禿右丞相帖木兒塔失大夫太平院使平顏平章達世帖
木兒右丞等奏去歲教纂修遼金宋三代史書即日遼金史書纂了有如今
將這史書令江浙江西二省開板就彼有的學校錢內就用疾早教各印造
一百部來呵怎生奏呵奉
聖旨那般者欽此咨請欽依施行仍令行省委自文資正官首領官各一員欽依
提調疾早印造完備起解准此本省咨委參知政事秦中奉左右司都事徐
槃承德欽依提調及下江浙儒司委自提舉班惟志奉政校正字畫杭州路
委文資正官首領官提調鋟梓印造裝褙

至正五年九月　日

都　事

承務郎江浙等處行中書省左右司都事臣馬黑麻

承德郎江浙等處行中書省左右司都事臣徐　槃

奉政大夫江浙等處行中書省左右司員外郎臣鄭 璠

奉訓大夫江浙等處行中書省左右司員外郎臣赫德尒

奉直大夫江浙等處行中書省左右司郎中臣崔 敬

朝列大夫江浙等處行中書省左右司郎中臣烏棘沙

中奉大夫江浙等處行中書省參知政事臣秦從德

資德大夫江浙等處行中書省參知政事臣沙 班

資善大夫江浙等處行中書省左丞臣李家奴

資政大夫江浙等處行中書省右丞臣忽都不花

平章政事 臣

榮祿大夫江浙等處行中書省平章政事臣卜只兒

金紫光祿大夫江浙等處行中書省左丞相領行宣政院事提調江浙財賦都總管府事臣朶兒只

紀三　五
志五之十　十四之二十七　二十九之三十四　三十六之三十九
表一之三
傳三之五　十　十三之十八　二十之二十二　二十五之二十八　三十一之四十一　四十六　四十八之五十三　五十九之六十二　六十六七　七十　七十二三

又

行款與上同蝶裝
存紀七之十三
志四之六　十五之十九　二十三之二十六　三十四之三十六
表一　二
傳十之十二　二十二之二十五　二十九之三十五　三十九之四十一

四十五之四十七　五十一之五十八

又

存紀六之十一

志二十一之二十四

傳一之九　三十一零　六十一之六十六

又

明內府鈔本每半葉十行行二十字高八寸三分廣五寸九分朱絲闌

志紀二之四　七之十九

志一半卷　三之九　十三之三十九

表四

傳一之三不全　八之十一　十六之三十一　三十五之五十六　五十九

之六十九　七十二三

元史二百十卷

元刊本每半葉十行行二十字高八寸四分廣五寸八分黑口上字數下刻工姓名此眞明初印本白皮紙蝶裝今得正德嘉靖補板印本亦屬難得況紙墨如此精緻者耶

存紀三十五之四十三

志九之十一　十七下之二十　三十六七　四十二之四十四　五十之五十三

傳二十六之三十　三十七之四十

又

存目錄連表六卷

紀十七之十九

志一之三上　九十　二十二之二十五　二十八之三十　三十六之三十

八　四十一下之五十

傳一之十二　五十之五十六　六十七之七十

又

存紀二十八之三十一

志一半卷　五之十二　二十六之二十八　四十四之四十八

表一之六全

傳一之五　十三之十六　二十一之二十四　二十八之三十一　三十六

之五十三　五十七之八十一　九十五之九十七

又

明內府鈔本每半葉十行行二十字高八寸三分廣五寸九分朱絲闌

存紀一之三十四　三十九之四十七

志一之九　十二之三十六　三十九之五十三

表一之五上
傳一之十七　二十一之七十　七十四之九十七
又
明鈔黑格本
存目一册
紀五之九　二十一之三十五　四十一之四十七
志四五　八之十一　二十七之二十九　五十二三
表六
傳十六七　二十一二　三十七八　五十五六　六十九之八十一　九十
之九十七
明史三百三十二卷
進呈寫本首行　飭修明史上有籤云每卷首行不用　勅修二字次行列總裁

全銜用　勅修字樣句讀概不刻旁圈板心亦不用　勅修二字飭俱倣此字畫

精鑿史館成書初進之本

又

黃綾本圈點與上同

存五之十五　二十之二百六十四　二百七十八之二百八十二　二百九十

二之三百三十五

明史稿三百十卷

王鴻緒撰進呈寫本前有　勅諭及鴻緒進史表

明史曆志稿十六卷

舊寫本

編年類

元經十卷

隋王通撰明藍格舊鈔本

通歷十五卷

傳寫本晁氏讀書志云通歷十卷唐馬總撰續通歷十卷荊南孫光憲撰宋太祖以孫書所記非實詔毀其書故直齋書目中興館閣書目玉海皆十五卷孫書僅存五卷已經後人刪併矣此本雖有十五卷之數而一卷至三卷文皆不類首題史臣李燾著顯出僞託故三國首蜀而末亦無論略其四卷至十卷起西晉迄隋有總案語論著允當與玉海所云合則爲馬氏原本無疑十一至十五卷多載黃巢李茂貞劉守光阿保機吳越兩蜀事迹且及符瑞夢兆神怪等說與讀書志所云合則孫氏所續之本也書中殷敬字皆減筆蓋猶依宋刻殘本所影寫

資治通鑑二百九十四卷

宋司馬光撰宋刊本每半葉十一行行二十一字高六寸五分廣四寸三分白口單邊官銜翰林學士朝散大夫右諫議大夫知制誥兼侍講同提舉萬壽觀公事

兼判集賢院上護軍河內郡開國侯食邑一千三百戶賜紫金魚袋臣司馬光奉敕編集按此書結銜與陸氏皕宋齋六種結銜均異瞿氏書目云卷一至卷八題朝散大夫右諫議大夫權御史中丞充理檢使上護軍賜紫金魚袋臣司馬光奉敕編集其卷九以下題銜較多曰翰林學士朝散大夫右諫議大夫知制誥兼侍講同提舉萬壽觀公事兼判集賢院上護軍河內郡開國侯食邑一千三百戶賜紫金魚袋臣司馬光奉敕編集第四行低三格題某朝紀小字注曰起某某盡某某凡幾年用太歲名第五行低五格題某王帝第六行本文與此正合每卷高下擠寫不同有汪印士鐘白文閬原珍賞朱文小方聯珠印

存一之三十六

又

宋刊本每半葉十一行行十九字小字二十四高八寸廣六寸白口單邊上有字數下有刻工姓名雙魚尾蝴蝶裝晉府藏書板心分鑑漢第幾間有音釋每朝加官

衙

存四之五　九之十一　十五之十七　二十四之二十九　三十九之五十九
六十三之六十五　七十六之七十八　一百五十八之一百六十九　一百
七十七之一百七十九　二百四十二三　二百四十五之二百四十七　二百
八十六七

又

宋刊本行欵與上同𧕿裝有禮部評驗書畫關防官印都省書畫之印朱文方印
解物沈盛沈茂兩行並押板心止云鑑第幾無朝代非一刻矣
存七十四之八十一　九十之九十二　一百零八之一百十零篇　一百二十
六之一百二十八篇零　一百三十二三　一百四十五之一百四十七　一百
六十之一百六十二　一百七十二之一百七十四　一百八十七之一百九十
五　二百二十五之二百二十七　二百五十四五

音注資治通鑑

元胡三省注元刊本每半葉十一行行二十字高七寸三分廣四寸八分黑口雙邊上有字數下有刻工姓名有姜氏圖書朱文方印

存三十九之四十二　五十一　七十七之八十　八十五之八十　一百零一二　一百零六之一百零八　一百四十二之一百四十五　一百六十之一百六十二　一百八十四之一百八十五　二百一十二　二百一十九之二百二十一　二百六十一之二百六十九

又

行欵同前題銜端明殿學士翰林侍讀學士朝散大夫充集賢殿修撰提舉西京嵩山崇福宮上柱國河內郡開國侯食邑一千八百戶食實封六百戶賜紫金魚袋臣司馬光奉敕編集有晉府圖書

存一百七十三之一百七十五　二百五十三之二百五十五

又

行欵同前

存四十之四十七　九十五之九十七　一百二十二之一百二十四　一百二十之一百三十　一百六十七之一百六十九

又

行欵同前

存五十三四　六十三之六十八　七十一二　七十六　八十一二　八十五之八十八　九十七八　一百十五　一百二十三之一百二十六　一百三十一之一百三十四　一百四十七八　一百五十七八　一百六十三四　一百六十七八　一百七十六之一百八十六　一百九十三四　二百十七八　二百四十六之二百四十八　二百六十二三　二百八十之二百八十一

又

行欵同前
三十四之三十六　六十二三　八十二之八十四　八十八九　九十七之九
十九　一百二十七　一百四十之四十一　一百四十五之一百四十七　一
百七十二之一百七十四　一百七十八之一百八十　一百八十七之一百八
十九　二百零三四　二百四十一之二百四十三　二百五十七之二百五十
九　二百七十四　二百九十三四

又

元刊明補本行欵同前
存九之十一　二十五六　四十一之四十四　六十一之六十四　七十八之
八十　八十九之九十　一百零九十　一百二十一之一百二十九　一百四
十五之一百四十八　一百五十四之一百五十六　二百零七八　二百一十
七之二百二十　二百二十九之二百三十五　二百五十三之二百五十六

二百六十六之二二百七十一　二百七十三之二二百七十九　二百八十一二
二百八十四

釋文辨誤十二卷
元胡省三撰專辨史炤釋文之誤
存一之六

資治通鑑綱目五十九卷
宋朱子撰宋刊本每半葉八行行十七字大小字同高七寸寬四寸五分白口雙邊上注年分干支陰陽文不一前序及卷一鈔配後亦缺二葉刊印俱精有菉竹堂藏書白文大長方印

資治通鑑綱目集覽四十九卷
宋王幼學撰明刊本每半葉十行行大十六字小二十四字高六寸四分廣四寸五分黑口雙邊旁有小耳紀年號至正辛巳鮑爾序有晉府圖書此本系集覽本

書他本刻綱目原書於前系集覽於後皆後刻本　四庫未收

存一之十四　十九至五十九

洪武戊辰孟夏
梅溪書院重刊

又

元王幼學集覽元刊本每半葉十二行行十九字大小字同高六寸九分廣四寸四分黑口雙邊首行資治綱目第一次行卽本文集覽二字加墨綫雙圍泰定元年王幼學序　四庫未收

歲在上章敦牂孟夏
魏氏紅實書堂新刊

存一之四　八之五十九

資治通鑑綱目發明五十九卷

元尹起莘發明明刊本每半葉十二行行二十字高六寸一分廣四寸一分黑綫
口雙邊字畫英挺不減宋元佳刻首行資治通鑑發明卷第一布衣臣尹起莘上
進元書止有綱無目頂格發明低一格　四庫未收

洪武二十一年孟春
建安書市鼎新刊行

資治通鑑綱目書法五十九卷
宋劉友益撰元刊本每半葉十三行行二十五字高五寸六分廣三寸五分黑綫
口單邊上格記年月下有字數　四庫未收
存三之六　十九之三十四　五十三之五十九　又四十九之五十九

吉安
至

資治通鑑綱目五十九卷　全
明弘治刻本書法集覽發明考異考證均全弘治丙辰董仲昭跋

資治通鑑綱目發明三卷

明刊本

存一之三十一　四十五之五十九

皇朝編年備要三十卷 全

宋陳均撰舊鈔本大字影宋精鈔每半葉八行行十六字有錢大昕跋

宋史理宗紀端平二年三月乙未詔太學生陳均編長編綱目補迪功郎卽此書也此書成於紹定二年己丑本名編年備要至端平乙未經進乃改名長編綱目而直齋陳氏著錄仍其舊名蓋未進御之前先已刊本伯玉所見與今本當不異據眞陳林三序似平甫別有舉要一書今刊本編年之下空二格豈所缺者卽舉要兩字與辛亥四月假張文學冲之手鈔本讀竟因識於簡末嘉定錢大昕

增修陸狀元集百家注資治通鑑節一百廿卷

元張晉亨撰元好問序元刊本每半葉十四行行二十三字高六寸廣四寸黑口

單邊有小耳蝶裝

存一之四十　四十二之一百二十

宋史全文資治通鑑前集十八卷後集十五卷

前集署李燾撰後集劉時舉撰元刊本每半葉十三行行二十二字高六寸廣四寸二分黑口雙邊昔人所謂坊本也

建安陳氏
餘慶堂刊

首
葉

餘慶書堂

宋史全文
〖李燾經進本〗
資治通鑑

宋史全文資治通鑑

存五之八　二十五之三十六

附宋朝事實二卷

通鑑前編十八卷

宋金履祥撰元刊本每半葉十行行二十二字高七寸八分廣五寸一分白口單

邊上有字數下有刻工姓名　蝴蝶裝白紙

存十八

門人御史臺都事汝南郭坰校正

門　人　金　華　許謙校正

續資治通鑑

元刊本每半葉十三行行二十二字高六寸一分廣四寸二分黑口雙邊上標事跡蝴蝶裝

存三之八

通鑑續編二十四卷

元通桱撰元刊本每半葉九行行二十一字黑口高五寸八分寬四寸八分至正廿一年周伯温序有朱叔爲字朱文方印泰峯朱文方印

又

元刊本行欵同前

又

行欵同前

存一之二十二

又二十四卷

元刊本每半葉十行行二十二字高六寸八分寬四寸八分黑綫口單邊下有刻工姓名前有周伯琦序陳基序姜□序陳桱自序至正廿二年歲次壬寅叢桂堂識

紀事本末類

通鑑紀事本末四十二卷

宋刊大字本每半葉十一行行十九字高八寸寬六寸三分上注字數下有刻工姓名白口單邊此大字本迺汴趙節齋與蕙重併卷第刻於寶祐五年後延祐六

年節齋之孫明安賓之嘉禾學宮遞有修板此猶元時印本也

又

宋刊本行欵同前白皮紙蜨裝

存七　十六　十八九　四十一

又

宋刊本行款同前竹紙蜨裝

存二　四　六　七　十一　十三之十八　二十四之二十七半册　三十一

三十七　三十九　四十一

又

行欵同前

存十九　二十六　三十　三十二　三十九之四十一　二十四鈔　二十八

鈔

又

明紅格鈔本

存二十　二十一　二十三　二十五六　三十七八　七册

通鑑紀事本末四十二卷

宋刊小字本每半葉十三行行二十四字高六寸五分廣五寸白口單邊上有字數下有刻工姓名緜紙蝴蝶裝有國子監崇文閣官書戳記玉海言淳熙三年樞教授嚴州時所刻詔模印十部進呈一修於端平甲午重修於淳祐丙午宋刊宋印宋諱如玄懸縣朗浪埂匡筐恇勗洭胤殷酳炅穎炯耿憬恒峘姮禎貞徵癥湞曙署樹佢頊旭勖煦胸佶姞完梡丸莞垣遘媾搆溝冓姤詬慤慎蜃讓援皆爲字不成構注太上御名眘注御名桓有改爲亘者蓋淳熙時刊本多而端平淳祐修版少耳書法秀整體兼顏柳譌字極少遠勝大字本趙與簄以爲字少多譌殊不足足信皕宋樓有殘本二十九卷此本三十六卷惜不能鈔合爲憾

清學部圖書館善本書目

卷一後有章大醕序序後有待省進士州學兼釣臺書院講書胡自得掌工承值郎差充嚴州府學教授章士元董局銜名案大醕字景孟東陽人一作永康人寶慶二年進士湻祐五年以朝奉郎知嚴州轉朝散郎六年十月除侍左郎官在任有惠政官至大府少卿章士元於潛人紹定二年進士湻祐四年嚴州府學教授紹定四年陸子遹知嚴州始剏釣臺書院湻祐辛丑王泌知嚴州始延堂長以訓嚴氏子孫十二年知州季鏞聞於朝以教授兼山長見景定嚴州志

存三之二十八　三十　三十二之三十四　三十七之四十二

別史類

隆平集二十卷

宋曾鞏撰明刻本紹興十二年趙伯衛序有董氏萬卷堂本篆文木印瞿氏書目
云明刻本較之坊本已有天壤之別有湻熙元年掌知政事姚憲重校壽梓一行
似另加非原刻有怡府世寶朱文大方印
存一之六　三十之二十

古史六十卷
宋蘇轍撰宋刊本每半葉十一行行二十二字高七寸五分廣五寸二分白口單
邊上注字數下刻工姓名末五卷鈔補

又
宋刊本與上同出一板

宋太宗實錄八卷
傳寫本宋錢若水柴成務宋度吳淑楊億同撰見晁氏讀書志陳氏書錄解題原
書八十卷今存共八卷億本傳云實錄凡八十篇億獨草五十六卷則此本多其

筆卷末有書寫人及初對覆對姓名宋諱皆闕筆郡中黃氏得南宋時館閣鈔本

此從之傳錄

存二十六之三十　七十六　七十九之八十

明太祖實錄二百五十七卷

明紅格鈔本姚廣孝夏原吉胡廣等修首葉邊上有供事某人對

存一之十三　二十五之二百五十七

太宗實錄一百三十卷

紅格鈔本張輔夏原吉楊士奇楊榮金幼孜陳山陳瑛楊溥修

存十之十五

宣宗實錄一百十五卷

紅格鈔本張輔楊士奇楊榮楊溥王直王英修

英宗實錄三百六十一卷郕王附

紅格鈔本孫繼宗陳文彭時劉定之吳節修
存一之二百零九　二百十七之二百四十二　二百七十四之三百六十一

憲宗實錄二百九十三卷
明紅格寫本劉吉等修

孝宗實錄二百二十四卷
明紅格寫本李東陽焦芳王鏊楊延和梁儲等修
存一之四十九　五十之一百七十七　二百零三之二百二十四

孝宗實錄
綠格舊鈔本弘治二年六月止以下缺

武宗實錄二百七十七卷
明紅格寫本費宏等修
存一之七十　七十四之一百五十三　一百六十四之二百七十七

世宗實錄五百二十八卷

明紅格寫本徐階等修未竟萬曆五年張居正等續成之

存一之二十一　六十之七十一　八十四之一百二十　一百三十五之一百四十五　一百九十七之二百零七　二百二十之二百四十四　二百五十七之二百六十九　二百八十二之二百九十三　三百三十二之三百五十五　四百零六之四百十七　四百三十二之四百四十二　四百六十八之四百七十九　四百九十二之五百二十八

穆宗實錄七十卷

明紅格寫本張居正等修

存十六之二十一　四十一之四十六　五十九之六十四

神宗實錄五百九十六卷附泰昌七卷

明紅格寫本温體仁等修

存一之三百四十二　三百五七十之五百九十六

熹宗實錄八十六卷

明紅格寫本葉向高等修

存一之四十二　五十五之八十六

通志二百卷

宋鄭樵撰元刊本每半葉九行行二十一字大小字同高九寸八分廣六寸六分白口單邊上有大小字數下有刻工人名蜨裝至治二年吳繹題二年九月印造字大說目刻於三山郡齋此係當時初印本紙潔如玉即吳跋所稱摹補五十部之一敟後有蓋從杞等官銜

又

元至治二年刊本舊印

又

行款同前
在序目　十一　二十　二十五之二十七　三十一之三十三　四十六之四
十八　六十三　八十一　八十八　九十之九十二　九十四　九十七　一
百零三之一百零六　一百零八之一百三十　一百三十四　一百三十七
一百四十七　一百五十三　一百六十一　一百七十之一百七十一　一百
七十九之一百八十　一百八十三之一百八十九　一百九十一之一百九十
三　一百九十五之一百九十八

又

行欵同前
存一之五上　六上　十上下　十三之十五上　十七　二十五之二十七
三十一之三十五　五十二　五十五　六十七八　七十七　七十九之八十
一百七十四之一百八十一　一百八十三之一百八十六　一百八十八之

一百九十六　一百九十九之二百

又

行欵同前

存一百零九　一百二十一下之一百二十四　一百二十五之一百五十八

一百六十之一百六十一　一百六十三之一百七十　一百七十二之一百七

十六　一百七十七八之一百八十一　一百八十四之一百八十六　一百九十

之二百　又重一百九十八

又

行欵同前

存一之三　五下　十上　十二　二十一二　三十六七　五十五之五十七

七十七　八十四下　八十九　九十四　九十六　九十八九　一百零二

上　一百零七八　一百零九上　一百十二之一百二十一上　一百二十二

三　一百二十六七　一百三十八之一百四十五　一百四十七　一百四十
九　一百五十　一百五十二　一百五十四之一百五十六　一百五十八九
一百六十二之一百六十七　一百七十二五　一百七十七
又
行欵同前
存一之四　十三之十八　二十一之七十　七十四之七十六　七十九之九
十　九十三之九十七　九十九之一百零一　一百零五六　一百十一之一
百二十七　一百二十九之一百三十二　一百四十之一百六十七　一百七
十一之二百
又
行欵同前
存一之三　六　九之十　十六七　二十　二十五之二十七　三十一之三

十五　四十三之四十九　五十四之五十七　六十六之七十　七十八九
八十一之八十七　九十一　九十七　一百零二之一百零五　一百零七
一百十一　一百十五下　一百十六　一百十八　一百二十　一百二十五
六　一百二十八九　一百三十三之一百三十八　一百四十一之一百四十
五　一百四十七之一百五十三　一百五十七　一百六十一之一百六十三
一百七十一二　一百七十五之一百七十八　一百八十一之一百八十四
一百九十一之一百九十四　一百九十七之二百

又

行款同前
存五　十下　十五之十六　二十八之三　三十六之三十九　五十八九
六十五六　六十七八　七十一之七十三　八十　八十二三　一百十二
一百十八　一百二十之一百二十一　一百二十五六　一百二十八之一百

三十　一百四十二三　一百四十五六　一百五十一　一百五十七　一百
六十一二　一百九十四五　一百九十七八

契丹國志二十四卷
宋葉隆禮撰舊鈔本

十八史略十卷
元曾先之撰元刊本每半葉八行行十七字高六寸七分寬四寸二分白口單邊
上有字數下有刻工姓名有至正壬午張士和等序

元史略四卷
元梁寅撰明洪武十九年刊本自敘

南燼紀聞二卷
不知撰人名氏舊鈔本

酌中志餘一册

不知撰人名氏舊鈔本

劫灰錄附錄別集

珠江廌舫記舊鈔本按此卽馮甦滇黔筆記之別本朱筆改虞山蒙叟誤牧翁無

此書也

清學部圖書館善本書目

史部下

雜史類

國語二十一卷

過錄顧澗蘋校天聖本有陸葉黃顧跋

錢遵王印寫錢宗伯家藏宋刻本與今本大異今歸於葉林宗借勘一過戊戌夏五月六日常熟陸貽典校畢識 六月十二日燈下覆校畢　勑先

戴剡源先生讀國語曰先儒奇太史公變編年爲雜體有作古之材以余觀之殆放於國語而爲之也此眞讀書好古之識世無戴書人但知蘇歐通套評論之而已洞庭葉石君識時年六十有七三月十一日識

此書首借朱秋厓所臨惠松厓校閱本對勘而參以傳錄陸勑先校本亦可自信爲善本矣繼得影寫明道本屬余友顧澗蘋正之宋本之妙前賢所校實多闕遺

清學部圖書館善本書目　一

遂一一攷訂如左書中稱影宋本者皆盡美盡善處也而今而後國語本當以此爲最勿以尋常校本視之乾隆乙卯八月棘人黃丕烈識

宋本國語從來罕有義門先生以不得購見爲恨事此書晚出可謂唐臨晉帖矣末册有跋語原委可證 蕘圃

乙卯夏日用影宋本覆校一過澗蘋顧廣圻記

明道二年所刊國語印本不可得見此影寫者時章獻明肅劉后臨政諱其父名通字每缺一筆今所寫尙然精審可知矣傳校本外間多有余亦屢見之錯誤脫落均所不免近陳氏樹華曾著外傳考正所據亦傳校本故終不得其要領如周語欲城周注欲城周者欲城成周也今本正文衍成字幷添注爲甚蕪累之語魯語魯人辭而復之今本夫人作大夫若是則敬姜何以爲別於男女之禮乎又笑吾子之大也注謂驕滿也蓋大卽驕泰字今本於正文加滿字遂改注謂爲滿以就之此類往往未經改正往者惠松厓先生假陸勅先所校於沈寶研寶研秘不

肯出今蕘圃黃君乃以眞本見借所獲抑何奢歟悉心讎勘兩踰月始克歸之自今而後宋公序以下本皆可覆瓿矣乾隆乙卯六月四日澗薲顧廣圻書

國語二十一卷

校本過段懋堂校有顧廣圻跋

國語韋昭注宋明道二年刻本校癸丑五月從段懋堂先生借得傳錄宋本訛字反較此本爲多悉仍其舊存之異日尚當參稽他書審定去取也初九日鐙下校畢因記顧廣圻

懋堂先生校語錄上方爲別又記

凡筆乙去處皆不用宋本十一月圻重閱又記

乙卯六月影宋本重勘凡補段君校所遺又如干字多記於上方向謂宋本多訛乃惑於宋公序補書耳二十一日記

國語二十一卷附古文音釋

明刻本許宗魯刊版口有宜靜書屋四字有跋

按宋氏補音三卷音釋最詳意義頗繁附出剿篇章不屬刪籍剿考閱夾艱均匪負圖姑爾省刻獨抒其序忠有此書云樊川許宗魯志

子許子刻國語成授鎣復校三豖既去六書惟故學士采焉然童子授讀尚迷心目鎣因校隨筆以備遺忘校綫得字凡五百有奇命曰國語古文音釋附於首卷以使初學凡直註者本文也凡稱同者通用也凡稱音者音同義異也凡稱異者文各見而義亦異也閩中王鎣謹識

戰國策校注十卷

元吳師道撰元刻本每半葉十一行行二十字小黑口高六寸二分寬五寸單邊邊闌外有國名三卷末有至正乙巳前藍山書院山長劉鏞重校勘一行八卷末又有平江路儒學正徐昭文校勘一行

存卷四　八之十

貞觀政要十卷

唐吳兢撰明經廠大字本

存一　五六

平宋錄三卷

元平慶安撰舊鈔本有雪苑宋氏蘭揮藏書記朱文長印

詔令奏議類

兩漢詔令二十三卷

西漢十二卷宋林虙編東漢十一卷宋樓昉編元刊本每半葉十行行十八字高六寸二分寬四寸五分白口雙邊上有字數有朱圍句讀至正己丑蘇天爵序

存一之四

陸宣公奏議二十二卷

唐陸贄撰明刊本永樂十四年浙江嘉興府淮陽齊政後序

重刊陸宣公奏議二十二卷

明宣德刊本

存一至十六

陸宣公奏議纂注十二卷

元潘仁注元刻大字本每半葉七行行大小十七字高八寸六分廣六寸一分黑口單邊板心有細墨口上魚尾上記字數下魚尾下記刻工李福之李貴先等姓名蝶裝首列許有壬普顏實理潘仁王理四序次目錄次本書題唐丞相陸宣公奏議纂注卷之一次三行低一格題論兩河及淮西利害狀論關中事宜狀爲本卷總目四行低二格題論兩河及淮西利害狀爲本卷子目五行低三格爲注今存論兩河及淮西利害狀至收河中後請罷兵狀論緣邊守事宜狀至請邊城貯備米粟等狀都八卷其第十卷又進量移官狀末云王者之道待人以誠有責怒而無猜嫌有懲沮而無怨忌其下云至終篇而至字旁注以今本校之敚斥遠以

傚其不恪甄恕以勉其自新等三百九十一字則亦未爲善本惟阮元四庫未收書目提要所載宋鄭暐注鐵琴銅劍樓藏書目錄善本書室藏書志皆有其本當時尚以經進獨此潘仁纂注各家絕無著錄則秘閣所藏洵可寶也此本用闊簾羅文紙印卷首有白文文府胡盧印清眞軒方印

存一之六　九十

范文正公政府奏議二卷

宋范仲淹撰元刊本每半葉十二行行二十二字高七寸四分廣五寸白口上有字數首題范文正公政府奏議目錄卷上分治體兵書凡二十九篇卷下分邊事薦舉雜奏凡四十九篇目錄後有元統甲戌褒賢世家歲寒堂刊篆文木印本書首行題范文正公政府奏議上次行低二格題治體二字三行低四格題答手詔條陳十事四行奏議末有八世孫文英隸書跋與愛日精廬藏書志合顧世有明翻元統本題十五世孫啓文十六世孫惟元同校者此猶元統舊槧也今錄文英

跋於後

先文正公奏議十七卷韓魏公爲序在昔板行於世雖不復存其政府奏議二帙卷中不載茲得舊本惜多漫滅將繕寫鋟梓而鄉士錢翼之見焉樂爲之書於是命工刊成置於家塾期世傳之元統二年甲戌九月八世孫文英謹識

包孝肅奏議十卷

宋包拯撰明正統刊本前正統丙辰胡儼序後合肥方正識

國朝諸臣奏議一百五十卷

宋趙汝愚撰宋刊本每半葉十一行行二十三字高七寸二分寬五寸二分白口單邊中縫上有字數下有刻工姓名首序次表次目錄史季温跋有大德四年九月補葉

存一之八　三十六之四十二　五十八之一百零三　一百十三之一百十九

一百三十三之一百三十八　一百二十之一百二十六

又

宋刊本行欵同前

存一之九　十九之二十六　五十一之五十九　六十七之八十二　一百零九之一百十四

又

宋刊本行欵同前

存三十五之三十八　四十二之五十二　九十之九十四　一百零一之一百零三　一百零八之一百零十　一百二十二之一百二十九　一百四十五之一百四十八

又

宋刊本行欵同前

存二十四之三十七　六十二之六十八　七十八之八十九　九十八之一百

清學部圖書館善本書目

零四　一百零十一　一百二十六之一百三十　一百三十三之一百四十一
又
宋刊本行欵同前
存一之十　二十三之三十　五十八之九十一　九十七之一百十九　一百
二十六之一百三十一　一百二十六之一百三十五　一百三十九之一百五
十
又
宋刊宋行欵同前
存一之八　十五之十九　一百零十之一百十四
吏戶禮曹章奏
梁清寬彙鈔順治元年鈔本
諸牒類

宗藩慶系錄

宋寫本每半葉五行行十九字首行太祖皇帝下第六世宗藩慶系錄卷第幾宣祖皇帝太祖皇帝黃綾金書

太祖位下

存　第六世　卷四

第七世　卷十三　卷十七

太宗位下

存　第六世　卷二十

第七世　卷十八祗三葉　卷十九　卷二十三　卷二十七　卷二十八　卷三十　卷三十四　卷三十九

魏王位下　卷七不敍世數爲魏王廷美四子廣陵郡王德雍之後昌國公克彙

清學部圖書館善本書目

等世系

存　第六世　卷二　卷三　卷九缺末葉　卷十二

第七世　卷八　卷二十二　卷二十三　卷三十五

卷三十六祇半卷

仙源類譜

宋寫本每半葉五行行十五字首行太祖皇帝下第六世仙源類譜卷第幾次行少保右丞相提舉編修玉牒提舉修四朝國史提舉編修國朝會要提舉詳定三司勅令衛國公食邑八千五百戶實食封三千七百戶史浩奉勅編修一行書勅字提行僖祖皇帝至太祖皇帝均黃綾朱書

太祖位下

存　第六世　卷一　卷二十二

第七世　卷二　卷二十二　卷二十六闕下半卷

卷三十　卷四十五

太宗位下

存　第六世　卷四 闕下半卷　卷六　卷二十一　卷三十九

卷四十一　卷五十六

第七世　卷口 闕上半卷　卷二十七　卷四十四

卷五十　卷六十二 闕末葉　卷九十六 闕末葉

卷九十八　卷一百　卷一百十一

卷一百十四　卷一百二十一

卷一百二十五　卷一百三十一

卷一百三十八 闕後半卷

卷一百四十　又零葉一册 不知卷數

萬姓統譜一百四十六卷

明凌迪知撰明刊本

存一之十八　二十七之八十四　八十九之一百零二　一百十二之一百十九　一百二十三之一百二十七　一百二十八之一百三十二　一百三十五之一百四十

傳記類

闕里志十三卷

明陳鎬修弘治乙丑徐源序正德紀元陳鎬跋

存十之十三

闕里志十二卷

明朱頤埰後序編中載萬歷丙辰謁聖林文刻在萬歷時矣

以上聖賢

關王事蹟五卷

元胡琦撰明刊本胡琦自序至大戊申李鑑序明成化六年閻禹錫重刊有序成化辛卯張寗識

鄜王劉公家傳三卷

傳寫本宋劉武僖公光世家傳闕首卷未著撰人趙清常從閣本錄得者其跋云第一卷脫十八葉惟存十九葉尾張三卷止於紹興元年不知後當逸去幾何蓋首尾皆不全矣

宋史岳飛傳附岳忠武廟名賢詩

元僧可觀編元刻本此取大德本宋史列傳覆刻後附詩文一卷題住山僧可觀錄都三十一葉板心有金允中字當是刻工姓名可觀爲棲霞嶺褒忠演福院僧武林舊事記棲霞嶺口褒忠演福院云元係智果觀音院後充岳鄂王香火是也據輟耕錄載岳武穆王飛墓在杭棲霞嶺下王之諸孫有爲僧者居墳之西爲其廢壞廟與寺靡有孑遺天台僧可觀以訴於官時何君頤貞爲湖州推官柯君敬

仲以書白其事田之沒於人者復歸然廟與寺無寸椽片瓦會李君令初爲杭總管府經歷慨然以興廢爲己任而鄭君明德爲作疏疏成郡人王華父一力興建岳寺與廟又復完美今卷末有遂昌鄭元祐重建岳王祠寺疏及重建岳鄂王精忠廟記皆是可觀所刊名賢詩詞祭文記序凡七十九家其中葉紹翁趙孟頫商明潘純林泉生均輟耕錄所謂膾炙人口云

後有在已卯菊月住山僧高會重集一行

金陀粹編二十八卷續三十卷

宋岳珂撰明繙宋本

精忠廟志十卷

明張應登撰有馮孜序郭朴序

存一　三四　六七

太和山啓聖實錄四卷

明刊本上圖下書與宋刊列女傳同分前後續別四卷陰文新刊武當足本類編全相啓聖實錄卷幾一行

祠山事要指掌集十卷

明盛希年撰宣德癸丑刊本黃立跋

以上名人

高士傳三卷附虞槃高士傳一卷

周世敬輯本

世所傳皇甫謐高士傳明嘉靖間黃省曾刊本傳後有頌卽其手筆高士傳未見宋槧者想久經佚失當時省曾必從太平御覽中鈔出故叔夜作亦錯雜其間兼取後漢書逸民傳補綴成篇臆爲刪增遂使嵇與皇甫氏混而莫辨余數年前別有輯本雖非元晏原書尚可略見廬山面目嘗檢藝文類聚人部隱逸門見有魏隸高士傳數則偏尋史志並無其書及繹其文辭核諸御覽所載多同叔夜語始

悟魏隸嵇康字形相似因而致譌輾轉翻刻反疑魏隸別是一人注書家往往引
作故實昔人以校書爲難由今思之良非易事是書三國志注所記一百十九人
兹據見聞所及不得其半卽史通所引董仲舒楊子雲莊子楚辭二漁父事亦皆
高士傳中語也至劉宋周續之注今無片言隻字流傳若非附入隋志竟有名氏
翳如之歎卷分上中下者存隋唐二志之舊也嘉慶戊寅冬十一月既望長洲周
世敬子肅氏識

四史外戚傳四卷
不知何人所撰用南監九行本齊書十行本晉書魏書隋書外戚傳印訂別行蜨
裝明史藝文云永樂中編輯

稗史集傳一卷
傳寫本元徐顯卿撰專記其所與游及耳目所聞見者凡隱士十一人烈婦二人
前有自序傳後有論贊繹其旨蓋亦元之逸士也舊爲毛子晉藏書

列女傳三卷
明仁孝皇后撰明經廠大字本
常熟先賢事略十六卷
明馮復京嗣宗撰明萬歷刊本
鄭氏旌義編三卷
明宋濂張沈王鈍三序洪武丁丑刋黑口本
紹興十八年同年錄
精鈔本有璜川吳氏收藏圖書朱文方印
十朝名臣言行錄四十卷
宋刊本每半葉十四行行二十三字黑口高五寸九分寬四寸首行新纂門目十
朝名臣言行錄按宋藝文志朱熹五朝名臣言行錄十卷又三朝言行錄十四卷
四朝名臣言行錄十六卷續錄十四卷並不知何人編 盧文弨補宋藝文志又有

鍾堯俞宋名臣言行錄類編舉要十六卷趙順孫中興名臣言行錄均非此書則
此本天壤間罕見秘笈然觀小引亦坊間射利所爲非名手所纂也有怡親王寶
朱文方印
是書詮次專以切於舉業者爲主自建隆開統至紹興乾道中興名臣碑傳搜括
殆盡學者開卷當知其有補也

相鑑二十卷

明太祖欽定明刊本洪武十三年罷中書省詔儒林採歷代史所載相臣賢者自
蕭何至文天祥八十二人爲傳十六卷不肖者自田蚡至賈似道二十六人爲傳
四卷太祖製序見文淵閣書目兩部均缺首御製序將仕郎翰林國史院編修吳
沈序有晉府書畫之章朱文方印
存賢臣一之四　七之十　存姦臣一二

歷代臣鑑三十七卷

明宣宗御製明刊本見文淵閣書目亦注殘缺
存一之二十九　三十四之三十七
元名臣事略十五卷
元蘇天爵撰傳鈔足本
中州人物志十六卷
明朱睦㮮撰隆慶刊本翁大立序
謨烈輯遺二十卷本紀一卷
明魯府輯本癸丑年九月十五日印嘉靖壬寅春正月之吉魯宗臣當㴐謹序後
有東吳逸史識有明善堂覽書畫印記白文長方印安樂堂藏書記朱文大長方
印
史鈔類
通鑑總類二十卷

宋沈樞撰元刊本每半葉十一行行二十三字高七寸八分廣五寸六分黑綫口單邊上有字數下間有名氏有宋樓鑰序至正二十三年周伯琦序

又仝

行款同有晉府書畫之印

又仝

行欵同

東漢詳節三十卷

宋刊本每半葉十四行行二十二字白口高四寸八分寬三寸四分眉上標事題首行眉山先生東漢敍録次行唐庚子西纂有揭印奚斯朱文方印極佳卷尾又作呂大著點校三劉互注東漢詳節只有六卷七八兩卷配二十四字本首行諸儒校正東漢詳節與是十七史詳節本同

西漢詳節三十卷

行欵同上

存十九至末

史書詳節

元刊本半葉十四行行二十三字

史記二十卷 全

東漢二十卷 存二十二至三十

三國一册 存十一至二十册

晉書

南史 存一至七 十七至二十

北史 存一至八 十九至二十八

隋書二十卷 全

十七史詳節

元刊本每半葉十三行行二十三字黑口高五寸寬三寸二分首行東萊先生校

正史書詳節卷幾

史記二十卷

西漢三十卷

東漢三十卷

三國志二十卷

晉書三十卷

魏齊周二十十八卷

隋二十卷

南史二十五卷

唐六十卷

五代十卷

時令類

月令通攷十四卷

明盧翰撰萬歷己丑刊本王道增序翰自序

輿地類

三輔黃圖六卷

元刊本每半葉十一行行二十一字黑口有元本朱文二字張印月霄朱文方印

愛日精廬藏書朱文方印

又

明刊本黑口弘治　華亭嚴永清序

明順天府志六卷

明刊本萬歷癸巳沈應文修

欽定日下舊聞攷三十六册

藁本

以上都邑

山海經圖讚十三卷

舊鈔本有葉樹廉印白文石君朱文聯珠兩方印樸學齋朱文大方印歸來草堂朱文大方印孫氏從添白文慶增氏朱文兩方印

山海經圖讚津逮中有之矣蓄書必取舊刻名鈔故此本有葉孫兩家藏書齋記雖非鈔之至精者亦在收藏之列是書出余友張君秋塘知余所好如是欲易家刻國策一部遂易之分十三卷者猶舊第也甲戌人日記時瑞雪未消新月欲下一種清景閒窗靜夜人獨領之復翁記

輿地總圖二册

明精鈔本圖表均極精

太平寰宇記二百卷

宋樂史撰舊鈔本

存一之二十四　四十之五十七　八十九之九十五　一百零三之一百零五

一百十二之一百三十二　一百四十三之一百四十八　一百五十七　一

百七十二之二百卷

重三卷　五十二之五十三

大明清類天文分野之書二十四卷

明洪武十七年官脩官版大字本係府州縣於星分野名爲天文實則地志於元

明間分并割隸最爲詳備

寰宇通志一百十九卷

明大學士陳循等奉勑撰舊鈔本案洪武三年命儒臣魏俊等六人編類天下郡

縣地理形勢爲大明志今其書不傳後成祖采天下郡縣圖經命儒臣纂輯爲一

書亦未及成而中輟其郡經圖經大半散入永樂大典中今文淵閣書目大典殘

帙尚可攷見景泰七年命循等重編體例一準元一統志不知何以改名至英宗
復辟後改修一統志天順五年進呈相去不過四五年序中絕不言及體例亦不
相遠則英宗之卞可知書共五十册内閣書目已云闕第八一册今止存三十三
册朱闌白紙字大悦目惜其不全耳
存十之二十二　四十五六　五十之一百十五

明一統志九十卷
明吏部尚書兼翰林院學士李賢等奉勅撰官刊本

又
刊本同上
存八之三十五　三十八之四十　四十五之六十六　六十九之七十八　八十一之八十一二　八十五

又

刊本同上

存八之三十五　三十八之四十　五十一之六十　六十三之六十五　六十
九之七十八　八十一二

又

刊本同上

存十四之十八　二十四　二十八九　三十二之三十四　六十三四　六十
九之七十一　七十七八

又

刊本同上

存十四五　三十二三　七十七八

又

刊本同上

存十四之十八　二十四之三十五　四十三之六十一　六十三之六十六

地理沿革表三十卷 全

國朝陳芳績撰舊鈔本以歷代史地理志排比沿革作爲此表

方輿路程攷略

康熙中奉旨修纂修官有汪士鋐錢名世等銜名

存直隸三册　四川三册　湖南十四册　廣東七册　河南二十册　陝西二十二册　安徽一册　江西九册　浙江七册　福建五册

新安志十卷

宋羅願撰乾隆刻本據影宋本校

仙溪志四卷

傳寫本題迪功郎興化軍仙遊縣尉黃巖孫編有自序及陳堯道劉克莊序巖孫字景傳温陵人書作於寶祐丁巳而進士題名及咸淳景炎後人次第增入非原

本矣其書記載甚略惟人物差詳

咸淳臨安志一百卷

宋潛說友撰舊鈔本有臣弘謀印白文榕門朱文兩大方印張篆字元健朱文方

印師子林舊主人朱文長方印有汪士鐘讀書朱文小長方印

琴川志十五卷

宋鮑廉撰毛刻初印本

琴川三志補記十卷

黃廷鑑撰補鮑志於元末明初最爲加意道光刊本

琴川三志補記續八卷

黃廷鑑輯分金石詩文雜錄八卷道光癸巳刻本

至正金陵新志十五卷

元張鉉撰元刊本每半葉九行行大小十八字高七寸七分廣五寸六分黑口單

邊板心上魚尾上記字數下魚尾下記刻工陳君祐朱俊甫等姓名蝶裝此本首
册已爛脱數葉存者爲新舊志引用古今書目次金陵新志總目次入本書爲地
理圖金陵通記疆域志官守志祠祀志人物志其人物志子目爲治行至列女都
六卷以卷首有圖故古今書刻載南京國子監雜書謂之金陵新志圖又南雍志
雜書類云金陵新志十五卷存一千一百六十四面壞板九十二面元奉元路學
古書院山長張鉉輯知是書嘉靖是已有壞板此本雖殘缺而卷中字畫完好則
印在嘉靖前矣每册首有白文朱氏伯京印末有朱文東倉朱伯京家藏圖書印

存一二　四之十五

至正金陵新志

行欵同上

存四之六　十一　十三下

至正金陵新志

鈔本末行編寫儒生劉溟　呂巹　翟庸　徐震

存一二圖　四五　十四十五

以上郡縣

水經注四十卷

明嚴氏刊鍾譚評本另有朱筆標何義門校本

洪景伯隸釋集善長所載漢魏諸碑爲一卷書其後云時無善本雌黃不可妄下當日猶云爾況今日乎鬱儀中尉於此書不爲無功惜如隸釋及通鑑注之類不加旁求博證耳　康熙戊戌八月何焯記

水經注釋四十卷

鈔本此書有原刻翻刻大板四川省城刻中板此係未刻前鈔有拜經樓吳氏藏書朱文方印愚谷白文小方印

天台山志一卷

不著撰人姓氏傳寫本卷末有前至元間桐柏道士王中立遭遇世祖皇帝宣授仁靖純素眞人云云則爲元人所作殆順帝時也

仙都志二卷

元道士陳性定撰傳寫本此仙都山在括蒼縣卽縉雲山道家謂洞天第二十九蜀亦有仙都山道經謂第四十二福地則在酆都縣境此書凡分六門曰山川曰祠宇曰神仙曰高士曰草木曰碑碣題詠作於至正中有無名氏序

龍虎山志三卷續一卷

元元明善撰元刊明修本每半葉十行行二十四五字不等高七寸八分寬六寸白口單邊首列元明善程鉅夫兩序序皆行書次龍虎山志目錄卷上次行結銜翰林侍講學士中奉大夫知制誥同修國史臣元明善奉勅編勅編二字跳出在三行目錄分山水宮宇人物上而無目錄卷下及人物下諸標題本書首空二行始入正文龍虎山云云又人物上篇有洪武間授正一教主嗣漢四十二代天師

張正常制至正統間諭四十五代天師張懋丞文則四庫存目有云此本載山川人物建置道侶並累朝制敕藝文頗爲龐雜殆已多所竄亂非其舊者自是確論

又

行欵同上

太和山志十五卷 全

明永樂刊本前有太嶽太和山提調官欽差太常寺丞任自垣表

太和山志

明大字寫本

存四之十四

破山興福寺志四卷

明程嘉燧輯崇禎刊本有錢謙益序

濂溪志十卷

明胥從化編萬歷壬辰刊本

以上山川

武林舊事六卷

明刊本有正德戊寅浙江監察御史朱廷佐跋杭州府留志淑跋

西事珥八卷

舊鈔本舊史徐釚白文方印菊莊徐氏藏書白文長方印

以上瑣記

政書類

太常紀要十五卷

江蘩撰自序康熙四十一年刊本

憲綱事類一卷

洪武中御史臺進正統四年官刊本

以上職官之官制

太平寶訓政事紀事五卷

傳寫本不著撰人名氏書中稱高宗爲太上皇帝當出孝宗時人所編卷首有題識云以富公弼所進太祖太宗真宗三朝寶訓及林公希所進仁宗英宗兩朝寶訓國朝會朝事實類苑編年之書與夫建隆以逮紹興詔令指揮歷朝名臣章奏之集言行紀錄搜括殆盡以成是編其云富公三朝寶訓卽直齋書錄所載之三朝寶要玉海所載之太平故事館閣書目作寶訓直齋已辨其非此猶沿其誤也

三事忠告四卷

元張養浩撰明刻本洪武二十七年陳璉序黃穀跋

通制條格二十五卷

鈔本雜令僧道營繕三門　四庫存目二十三卷分目二十七營繕下尙有河防服制站赤榷貨四目尙不知有幾卷四庫由大典輯此則原書也

清學部圖書館善本書目

洪武御製大誥武臣一卷

明太祖御製洪武十八年劉三吾後序見文淵閣書目

賜諸番詔勅一卷

官刊本

祖訓錄

洪武六年頒示諸王分十三目綿紙鈔本

宗藩昭鑒錄五卷

洪武中陶凱等編集明鈔朱絲闌本

以上職官之官箴

通典二百卷

唐杜佑撰鈔舊本

存一之七

通典詳節四十二卷

元刊本每半葉十四行行二十三字高五寸九分廣四寸一分黑綫口單邊首行

增入諸儒議論杜氏通典詳節目錄之後有牌子

至元丙戌 重新繡梓

五代會要三十卷

宋王溥撰舊鈔本華潛重訂乾隆甲寅潛跋

文獻通考三百四十八卷

宋馬端臨撰元刊本每半葉十三行行二十六字高八寸一分廣六寸一分黑綫

口單邊上有大小字數蝶裝至大戊申李謹思序王壽衍上表饒州路達魯花赤

下樂平州旨揮至治二年六月

又

元刊本行款同上

存三十七之四十三　八十九之九十五　一百零二之一百二十九　一百四十四之一百七十一上　一百八十之一百八十七　二百二十八之二百五十七　二百六十四之二百六十九

又

元刊本行款同上

存一之三　九之十二　三十七之五十三　六十五之六十九　七十六之八十　八十九之九十三　九十八之一百零八　一百十五之一百十九　一百二十六之三十八　一百四十六之一百五十二　一百五十九之一百六十四　一百七十六之一百八十三　一百九十三之二百零九　二百七十二之二百七十八　二百八十四之二百九十　三百三十七之三百四十二

又

元刊本行欵同上

存六十四之七十　七十九之九十四　一百十七之一百二十一　一百三十二之一百四十二　一百六十七之一百七十三　二百五十之二百五十五　二百六十之二百六十五　三百十五之三百十八

又重八十五之八十

又

元刊本行欵同上

存一百九十三之二百零一　二百十九之二百二十九　二百六十六之二百七十一　二百九十二之二百九十五

文獻通考詳節

舊鈔本

明會典一百八十卷

明弘治十五年奉勅撰官刊本
存目錄八之十　十九之二十二　二十六之三十四　四十之四十一　六十
之六十七　八十一之八十三　一百零八九　一百十七八　一百二十三四
一百二十八九　一百三十四之一百三十七　一百四十五六　一百四十
九之一百五十　一百五十五之一百五十七　一百六十之一百七十一　一
百七十四之一百八十
又存坊本小字本十三册
明會典二百二十八卷
明萬歷四年張居正等奉勅撰官刊本按四庫著錄爲弘治本提要云萬歷本世
不甚傳而天祿琳瑯所收即此本內閣亦儲六部是搜羅未到遽詆爲世不甚傳
也
又

行欵同上
存一之二十二　二十四之八十　八十三之百六十一　一百八十一之一百九十九　二百零一之二百十五　二百十九之二百二十八

又
行欵同上
存十四之四十二　一百十九之一百三十二　一百三十六之一百五十一　二百零九十　二百十四之二百二十五

又
行欵同上
存四十三之五十四　六十之七十六　八十四之八十六　九十一之九十五

又
行欵同上

存十之十一　一百八十一之一百八十五　二百零一之二百零八　二百十二之二百十五　二百二十之二百二十八

又

明鈔本

存三之十二　十六之五十六　五十八九　六十一之八十七　一百零一之一百十　一百十二三　一百十六之一百四十七　一百五十之二百二十八

以上通制

大唐郊祀錄十卷

唐王涇撰傳寫本題朝散郎前行河南府密縣尉太常禮院修撰臣王涇上前有進書表是書作於貞元中攷次歷代郊廟享祀及有唐因革故事首三卷爲郊祀凡例四至七曰祀禮八曰祭祀九十曰饗禮一代典制略備中隨文注釋亦有考證原本有圖今已佚見崇文總目書錄解題文淵閣書目

太常因革禮一百卷

宋蘇洵撰傳鈔本後有乾道李壁跋

廟學典禮六卷

傳寫本元人所撰不著姓氏亦無序跋其書凡涉聖廟學官儒生之制一時詔旨悉錄之卷首列應繙譯之字句數十條蓋書中間存蒙古語未盡改去也卷首有曾在當湖胡鐩江家朱記

聖朝通制孔子廟祀一卷

傳寫本至　正二正月二十二日集賢院奏准孔子廟祀條格詳列省注釋奠迎神捧俎徹豆送神望瘞儀大約依朱文公檢到政和五禮新儀後有正配位陳設之圖從祀陳設之圖大成殿圖菉竹堂書目有釋奠格例一册即此書也卷首有嗣盛印章朱記

大明集禮五十三卷

明徐一夔等奉勅撰官刊本

存四七八　十一二　二十七之三十七　四十六七上下　五十三

明倫大典

明張居正等奉勅撰爲大禮一案與諸臣辨合上意者褒之不合者駁之後者三

朝要典卽遵此式内閣書目云明倫大典二十四册全

存九之十五　十七之二十　二十二之二十三

謚法通考十八卷

明王圻撰萬歷二十四年刊本趙可懷序

乘輿儀仗做法

明官書刊本

高昌譯語

綿紙籃格本口上有四夷館三字

華夷譯語

翰林侍講火源潔撰用漢字譯寫胡語洪武二十二年劉三吾序見讀書敏求記

聖孝鴻篇四卷

舊鈔本恭紀世宗憲皇帝大事喪儀

以上禮制

兩淮鹽法志十二卷

明史起蟄撰嘉靖辛亥刊本華觀楊選許穀三序

福建鹺政全書二卷

明周昌晉修天啓丁卯刊本二本分四册

存一 三

河東運司志十卷

運司馮達道修順治庚子刊本

夏鎮漕渠志略二卷
河道胡廷佐修順治十年刊本
以上邦計
故唐律疏義三十卷
舊鈔本有嚴長明校藏印朱文長印師竹齋小長印
乾隆丁卯借陸耳山學士爲魚門同年鈔副凡字廿六萬四千五百八十寫工錢
五千二百九十一旹八月之望曲阜孔繼涵題記
故唐律疏議
元刊本每半葉十二行行二十三字高六寸三分廣四寸一分黑口雙邊
存六之十九
故唐律疏議附纂例
與前刊不同止有疏議無問答明刊本九行行二十八字高六寸七分廣五寸黑

口單邊字數或在魚尾上或在下諸子疏字皆陰文纂例存一册至擅興止

存二十七之三十

以上法令

目錄類

國史經籍志五卷

明焦竑撰舊鈔本

千頃堂書目二十二卷

黃虞稷撰咫進齋鈔本姚覲元手校

曹楝亭書目三册

曹寅撰舊鈔本有曾在當湖胡遂江家朱文長方印

江蘇采輯遺書總目二册

傳鈔本兩江總督高晉江蘇巡撫薩載設局采書得書一千八百部照經史子集

編呂此書未刊行

序

洪維

皇上執古御今終始典學既搜輯永樂大典復飭各直省蒐訪遺集爲四庫全書期以半年竣事其有以珍藏善本彙交進呈者

優旨襃獎各賜書籍且諭核辦完竣之日仍給還原獻之家意甚美法甚良也總其大綱分爲三等擇其中罕見之書壽諸梨棗以廣流傳用活字法以聚珍名計字二十五萬餘此上焉者也其次則選派謄錄彙繕成編陳之册府其有俚淺訛謬者止存書名彙入總目亦無毀棄之患焉江南之書使相高公設局江寗藩院李公設局揚州巡撫薩公偕布政司增公按察司胡公設局於江蘇之紫陽書院廣徵坊肆及藏書家其自呈者蘇州則有蔣曾瑩吳成佐朱奐松江則有周厚堉四家而已自三十七年九月始至三十八年冬共選得二千八百部陸續裝載至

京交付書局予忝莅其事爰屬與校書生彙其目錄標其卷帙及著書人姓名得
若干卷仰惟
皇上萬幾聽政宵旰不遑而披覽圖籍薈萃略備文治之盛雲漢爲章伏讀
詔書謂本朝士林如顧棟高陳祖范任啓運沈德潛輩各著成編非勤說卮言可
比是四人者皆生長三吳上蒙
聖天子賜第於生前褒揚於身後豈非立言不朽之明驗與書曰學於古訓乃有
獲易曰君子多識前言往行以畜其德藝林承學之士生逢
明盛下帷發憤庶幾研性命之精抉六經之奧內以善其身心而外施於國家政
事於以上追夫臯夔伊傅之作者豈不謂千載一時哉至如一卷之書一家之說
或藏諸名山或登諸柱史金玉之光積而必發宗廟之器久而彌新觀於此者其
亦可以慨然而興矣同時浙江所進書頗多善本先有目錄刊行江南書既分爲
三而呈書之家善本亦尠又限以時日多未審詳如其博觀而慎擇之尚有待於

闕下諸君子

平津舘書目四卷

孫星衍撰鈔本

金石類

歷代鐘鼎彝器欵識法帖二十卷

宋薛尚功撰明朱謀垔隱之甫刊本

隸釋二十卷

宋洪适撰舊寫本

存一之十七

二王帖三卷

宋許開編刊本歸安姚衡跋衡字雪逸文僖第五子廣東布政使覲元之父衡工書在廣東巡撫怡良幕

二王帖乃南宋丹陽許開所刻世不多見所傳皆吳江重刻本也前有右軍大令像取諸法帖中二王書鈎摹上石而逐帖釋文於後此爲康熙年星溪俞良貴臨而鐫諸木者漫漶尚可惜其無神明也攜行篋中爲書扇之用究有優孟衣冠耳道光戊戌七月二十二日與楊少青二兄薄遊雙門底至汲古堂翻閱故籍得之縻白金五分復至城隍神祠買武彝巖茶過何芝生兄談傍晚歸姚衡記

寶刻類編二十卷

不知撰人名氏舊鈔本

金薤琳瑯二十卷

明都穆撰精鈔本有蕭爽齋書畫記朱文長方印朱歟之印白文西村朱文兩小方印又兩大方印

吳下冢墓遺文三卷

明都穆撰傳鈔本

清學部圖書館善本書目

吳下冢墓遺文續三卷

明葉恭焕撰鈔本

金陵古金石攷一卷

明顧起元撰舊鈔本有江恂私印白文于九朱文方印蠅鬚館珍藏書畫印記朱文長印

史評類

致堂管見三十卷

宋胡寅撰宋刊本每半葉十二行行二十三字高六寸寬四寸七分白口單邊

存七之十五　十九之二十四

大事記十二卷解題十二卷

明刻黑口本解題卷末有官銜嘉定壬申吳學識此書難得惜大事記缺卷一又缺通釋三卷

司校正鄉貢免解進士充府學直學　鄭應奇
司校正鄉貢免解進士充府學直學　李安詩
司校正國學內舍免解進士充府學錄　郁　雲
司校正迪功郎新婺州武義縣主簿充府學正周浩然

大事記者史遷表揚事□□也以事繫年而列將相名臣於其下蓋不但存□策書之法而已特其體統未備猶有餘憾班固表公卿百官詳於拜罷而置大事弗錄失遷意遠甚

太史先生是書名襲遷史體備編年包舉廣而興寄深雖不幸絕筆於征和而書法可概見其文則史其義則竊取之矣通釋是書之總也解題是書之傳也學者攷通釋之綱玩解題之旨斯得

先生次輯之意云嘉定壬申鋟木吳學謹識於後冬至前三日學掾東陽李大有

書

皇朝大事記九卷中興大事記四卷

明藍格鈔本次行黄甲省元新肇府教授温陵吕中講義三行省元國學前進士

三山繆烈蘭皋蔡柄編校有黄虞稷印白文方印圜客朱文聯珠方印慕齋監定

朱文圓印宛平王氏家藏白文方印燕越胡茨村氏藏書印白文大方印愛日精

廬藏書朱文方印士禮居藏朱文長印有黄虞稷跋

中字時可晉江人淳祐七年廷對第六人教授肇慶府除國史實錄院檢閲上疏

言當去小人之根革贓吏之弊遷國子監丞兼崇政殿説書言人能正心則不足

爲人君能正心則事不足治理宗嘉納之以予告歸召爲祕書郎丁大全忌之出

知汀州尋復舊官主管成都玉局觀卒是書予得之戊子春迄今丁巳已三十年

矣鄉後學黄虞稷題

清學部圖書館善本書目

子部

儒家類

荀子二十卷

周荀况撰宋刊本每半葉十一行行二十一字高五寸七分寬三寸九分黑口雙

邊欄外標題或有或無注中重言重意互注皆以陰文爲識

法言十卷

南華眞經十卷

文中子十卷

共四子

本宅今將　監本　四

子纂圖互注附入重言重

意精加校正妶無訛謬賸
作大字刊行務令學者得
以參考互相發明誠爲益
之大也建安　　謹咨

列子十卷

周列禦寇撰元刊本每半葉十二行行二十六字大小字同高六寸五分廣四寸二分黑口雙邊印本尚足

新序十卷

漢劉向撰元刊黑口大字本

説苑二十卷

漢劉向撰元刊本每半葉十一行行十八字前五卷鈔配

又

漢劉向撰明刊黑口大字本

說苑新序合刻

明刊本嘉靖丁未何良俊序

揚子十卷

漢揚雄撰明刻本

文中子十卷

隋王通撰世德堂刊本

意林注五卷

唐馬總撰國朝周廣業附注前有例言八則錄略十一則首序撰人諱字爵里著述大意而諸史所記卷帙現今完闕存佚附焉篇中涉有疑義重采舊注及他書補之先有注者加本注二字下別以按語偶有所論亦附篇末

新刊分類近思錄

宋朱子與呂祖謙同撰宋刊巾箱本每半葉九行行十八字白口高四寸寬三寸四分首行新刊分類近思錄卷之七次行建安葉采編集三行潞州周公恕類次字畫精湛惜所闕過甚耳

存七之十

近思錄集解十四卷

明朝鮮刊本正統元年六月日奉訓郎集賢殿副校理知製　教世子左司經臣金汶拜手稽首敬跋

朱子成書

元刊本每半葉十一行行十一字高六寸寬三寸黑口雙邊首行朱子成書次行廬陵後學黃瑞節附錄大德乙巳劉將孫序有晉府書畫之印敬德堂圖書記

至正元年辛巳
日新書堂刊行

存太極圖　通書　西銘　正蒙　易學啓蒙　律呂新書
缺家禮　皇極經世指要　周易參同契　陰符經
重首册

朱子語類大全一百四十卷
宋黎靖德編成化刊本
存一之六　十五之三十五　四十四之六十一　八十三之九十

文公先生經世大訓十六卷
明余祐撰天啓三年刊本馮嘉會序
存一之十三

晦庵先生朱文公語錄四册
不著撰著人名氏元鈔藍格本內閣書目作三十册今存四册

木鐘集十一卷

宋陳埴撰明刊本

大學衍義四十三卷

宋眞德秀撰宋刊本每半葉十行行二十字高七寸五分廣五寸五分白口單邊先序次進表次申狀次自序次目錄首行眞西山讀書乙集二大學衍義卷幾

存一之九 蝶裝

大學衍義

明翻宋本每半葉十行行二十字黑口雙邊

存一之十一　二十二之二十六　三十一之三十四　四十三

大學衍義四十三卷

元刊本每半葉十一行行二十一字高五寸五分寬三寸六分黑綫口首序次省劄申狀次表與宋本同然首已無西山讀書記乙集字樣矣

存一之三十六　三十八之四十三

大學衍義

元刊本行款與上同

存十三之二十二

又

元白口大字本每半葉九行行十七字高九寸五分廣六寸九分雙邊雙魚尾下有刻工姓名字近趙體

存一之九　十九之二十三　三十四之四十三

又

元刊本每半葉九行行十七字

存二十二之二十五　三十六之三十九

大學衍義四十三卷

明翻宋本每半葉十行行二十一二字不一高七寸三分廣五寸四分黑口雙邊

清學部圖書館善本書目

首行眞西山讀書記乙集上大學衍義猶是宋本舊式

大學衍義

明刊小字本每半葉十一行行二十一字黑口單邊有進表有尙書省劄子然已

無眞西山讀書記乙集上數字矣

存十之十一

又

明經廠本

存六之三十　四十一之四十三

又

高麗本

存一之䦨　十之四十三

眞西山讀書記

宋眞德秀撰宋刊本每半葉九行行大字十六七不等小字廿五字高六寸九分
廣四寸九分白口單邊有延祐五年補刊
存甲集五之六　十一之十二　十八之二十
乙集四　蝶裝

黃氏日鈔
明刊本
存十一之十三　三十七之四十二　七十七之八十

性理羣書句解前集二十三卷後集二十二卷
宋熊節編熊剛大注有象宋刊本每半葉十三行行二十四字大小字同黑口單
邊昔徐興公題跋云己酉客衢州在祥符寺佛殿敗篋拾得一冊有象有贊與今
存者相類
前集全　後集存

聖學心法四卷

明成祖御撰官刊本爲類四曰君道臣道父道子道成祖製序

內訓一卷

明仁孝皇后撰官刊本

性理大全七十卷

明胡廣等奉勅撰官刊大字本永樂中既命胡廣等纂修經書大全又以周程張朱諸儒性理之書類聚成編成祖製序

性理大全

小字本

存一二、六之八　十之十三　四十三之四十六

又

明鈔本

存目卷一　四五　八之十　十五十五　二十一二

孝順事實十卷

明永樂中編官刊本

爲善陰隲十卷

明永樂中編官刊本

勸善書二十卷

明仁孝皇后撰官刊本采三教聖賢勸善懲惡之書類編爲書附以事實凡二十卷

勸善書

明刊小字本

五倫書六十二卷

明宣宗采經傳子史嘉言善行爲是書正統中英宗製序官刊本

清學部圖書館善本書目

五倫書
行款同上
兵家類
兵要望江南詞一册
舊鈔本有當湖小重山館胡氏遂江珍藏朱文長方印
虎鈐經二十卷
宋許洞撰元鈔本用大德公事紙鈔有晉陽家藏朱文方印天籟閣朱文長印竹
垞朱文方印花山馬仲安家藏善本朱文方印鞠農白文小長印吳翌鳳家藏文
苑白文長印
正百將傳十卷
宋張預撰青鮮刊本按百將傳本一百卷此本題正百將傳自周至五代止有十
卷或分爲數傳或止存此數均未可知

存二　三　五　七　八　十

武經總要四十卷

宋曾公亮等撰舊鈔綿紙藍格本

前集存一之四　六之九

後集存五之八　十三之十七

武經總要

亦綿紙本鈔手更舊

前集存一之四

法家類

刑統賦一卷

宋律學博士傅霖撰傳鈔本賦共八韻四庫因其不全退之存目荃孫取郄氏韻

釋沈氏粗解刑統賦補全刻入藕香零拾賦解云前賢律學博士傅霖見律有千

條恐人止依已定之文不知通變之法故撮諸條機要之語成賦使人以類推窮其理不致差錯也

刑統賦解二卷

傳鈔本首行刑統賦解次行宋左宣德郎律學博士傅霖三行元東原郄□韻釋四行元益都王亮增注解居首傳註也歌居次郄氏韻釋也增註在後則王亮所撰有趙孟頫序查初白跋是書已見晁氏讀書志原題作元人者非是

粗解刑統賦一卷

元沈孟奎撰傳鈔本首行粗解刑統賦次行律學博士傅霖撰三行鄒人孟奎解前有至正庚辰孟奎自序又至正壬辰沈維時題奎字文卿至正間人所解皆淺顯易明令人便於誦讀瞿氏藏本誤與別本合訂其實只缺五句解兩段

刑統賦疏一卷

元沈仲緯撰傳鈔本仲緯吳人郡府掾取傅氏賦文而爲之疏疏文後每條有直

解解後有通例則取當時罪案舊例以爲左驗前有揚維楨彥倬序

刑統賦注一卷

此書瞿氏訂在沈孟奎粗解刑統賦後查沈解止缺兩條書未結尾此書從第三

韻起另是一書沈解甚淺此書較詳間或引案中有年江路云云亦元人所撰也

大誥一卷大誥續編一卷

明太祖御製官刊本據明史尙有大誥三編今缺

大誥武臣一卷

明太祖御製官刊本

醫家類

肘後備急方八卷

晉葛洪撰明刊本口上分元亨利貞四字有袁又愷藏書朱文方印五硯樓圖書

記朱文大長方印

大德重校聖濟總錄二百卷

元刊本每半葉八行行十六字高七寸四分寬六寸小黑口雙邊上有字數下有

人名

存六十五至六十　七十一　九十三　一百五十

大觀本草三十卷

宋唐慎微撰　宋刊本每半葉十二行行二十字高六寸六分廣四寸五分黑口雙

邊圖亦甚精

存十二十三

重修政和經史證類備用本草三十卷

宋唐慎微撰元刊本每半葉十一行行二十三字刻印絕精

類證普濟本事方十卷

宋許叔微撰舊鈔本有韓印之圻白文禮春朱文兩方印古柏山房朱文方印

張仲景註解傷寒百證歌五卷附傷寒發微論

宋許叔微撰傳寫本是書乃述張仲景之意而申言之刻者遂誤加張仲景註解五字於書名以致難通知可有類證普濟本事方著錄四庫而此二書不載朱國楨湧幢小品記知可所作諸書中有擬傷寒歌三卷凡百篇當卽是書惟誤五卷爲三卷又有翼傷寒論二卷疑卽發微論見敏求記惜原序殘闕不知何人校刻

外科集驗方一卷

楊清叟編明刊本洪武戊午原陽趙宜眞廬陵吳有壬序有怡府世寶朱文方印明善堂安樂堂兩印

祕傳外科方一卷

明刊本洪武二十八年乙亥歲孟冬淵然道者序

仙授理傷續斷方一卷以上三種同函

舊題藺道者所傳明刊本有序無年月

普濟方四百二十六卷

明周定王橚撰舊鈔本密行小字氣息古雅後有考論官對方醫士寫書人刊字四項人每卷不同首有曾藏汪閬源家朱文長印

存八之十　十六之二十一　二十三之二十七　三十四之三十六　四十至四十三　百二十四　百三十二至百三十四　百四十九　百五十四　百五十八至百六十五

普濟方

明刊本原書四百二十六卷原籤十二支每字十册應得一百二十册可稱繁富矣

存三十一　三十四　四十五之四十九　五十二　五十八　六十三　七十二　八十　八十二之八十四　八十七　八十八　一百另二　一百另四　一百十六

玉機微義五十卷
明徐用誠撰
存七至五十
重十三至五十
本原原始十二卷
明李中立撰明刊本萬歷羅文英序
回回藥方三十六卷
不著撰人名氏舊鈔本旁注天方字一卷一册
存目錄下　十二十三　三十四
纂圖類方馬經
不著撰人名氏明刊本
存五六　五無首　六無尾

清學部圖書館善本書目

天文算法類

景祐乾象新書三十卷拾遺十卷

宋楊惟德等奉　勅撰明鈔本藍格綿紙有何印元錫白文夢華館藏書印白文

兩方印李印兆洛白文方印杲堂手校朱文方印

嘉靖丙午六月十二日五川居士在萬卷樓記

皇朝國史院　牒

檢准　景祐四年十月六日　尙書省箚子節文勘會已降聖旨

仁宗體天法道欽文聰武聖神孝德　皇帝

命　太子洗馬兼司天春官正權同判監楊惟德春官副王用立翰林官李

自正何諶等奉勅纂輯

採摭歷代渾象占書及春秋至五代諸史於資善堂撰集景祐乾象新書今

來合要宰執侍從卿監職事等官內事理差少鈔錄委官校對無差漏疾速

津發赴院　又命內侍省東頭供奉官管勾御藥院任成亮鄧保信皇甫繼和周

惟德總其事數月成書三十卷賜名

御製　命曰景祐乾象新書照使幸勿仍前違滯謹牒

景祐四年　　十月日牒

太子洗馬司天春官事同脩臣正權

司天春官同判監事同脩臣楊惟德

司天春官副事同脩臣王正用

翰林官同脩　　臣李自正

翰林官同脩　　臣何　諶

朝散郎祕書省著作郎兼國史院檢討官兼吳王益王教授臣王容 兼權兵部郎官

古今律歷考

明邢雲路撰萬歷庚子王邦俊序四庫著錄

存一之十六　二十二之二十五

天文 秘書二十册

不著撰人名氏舊鈔本

崇禎新法算書一百卷

明大學士徐光啓太僕寺少卿李之藻光祿寺卿李天經及西洋人龍華民鄧玉函羅雅谷湯若望等所修西洋新歷也共三十卷今存廿二種内尚有缺缺軼

治歷起緣八卷 存一之三　五之八

奏疏四卷 存一二

八綫表一卷

日躔表二卷

月離表四卷 存一　三

五緯表十卷 存八之十

交食表九卷存三 四 六 八
恒星緯表二卷
歷小辨一卷
日躔歷指一卷
月離歷指四卷存二之四
五緯歷指九卷
恒星歷指四卷存第三
交食歷指七卷
恒星出沒二卷
古今交食攷一卷
黄赤正球二卷存一
渾天儀說五卷存第二

大測二卷 存下

新法歷引一卷

測食略二卷

西域歷法通徑

明劉信撰刻格舊鈔本署承德郎欽天監夏官正安成劉信編輯

存十一之十四　二十一之二十四

以上推步

算法全能集二卷 蝶裝

元賈亨類編元刊本每半葉十行行二十字高八寸廣五寸黑口單邊下有刻工姓名亨字季通長沙人分總説五項常用法二十項書中説錠説鈔定爲元時書

書目罕見

以上算法

景祐太乙福應經集要十卷

宋楊維德奉旨撰集舊寫本每半葉九行行十九字仁宗御製序官銜朝散大夫太子洗馬兼司天春官正權司天監點檢歷書上柱國賜紫金袋臣楊維德等奉聖旨撰集見國史經籍志

存一之五

觀象玩占五十卷

唐李淳風撰明鈔紅格本

元珠密語十七卷

唐王砅撰舊鈔本黃蕘圃跋有武林高深甫妙賞樓藏書朱文大長方印古杭瑞南高士深藏書記朱文長方印曾藏汪閬源家朱文長印士禮居白文方印蕘夫朱文小長印乙亥秋余養疴杜門時郡中有託余輕購古書者故書友之蹤跡日盈我門矣託購者惟是宋元舊刻一切舊鈔名校故余亦得藉是收錄一二焉七

月小盡日有書友告余曰某估有舊鈔玄珠密語曾送閲乎余曰未也遂爲余言其詳余即往購之明晨物主果以此書來索番餅八枚初書友持是書來云係杭州人家舊藏向以十金得之余頗信其言因書中有古杭高氏藏書印也及議成而私謂所親曰實從閶門外上塘街以青蚨五十六文得之持示同行胡立羣許以餅金故知其佳必爭高直也并爲余言某坊曾還若干某坊者經義齋主人胡姓鶴名立羣其字也在書估中爲能識古書之一人惜知觀書而所見未廣聞見尙未能擴耳安得在余齋坐臥十日盡發所藏以增長識力乎又曾新鈔本參閲知彼爲十卷而此爲十七卷其書較全又末缺失處僅少一葉零道估之博識如是而於此書之何本鈔手之何時藏弆之何人皆未有以知之但知其舊鈔而已矣舊鈔之必爭高價而已矣及一入余手而本則定其爲道藏也道藏目錄卷四基字號計十三卷驗諸卷一云二同卷而已矣時則定其成爲弘也驗諸欄格之闊黑口而已矣人則定其爲名家也驗諸書中之藏書圖記而已矣及出讀書敏

求記證之知十七卷爲全又驗諸道藏本目錄知卷一之十七共十三卷蓋一二同卷五六同卷十一十二同卷十四十五同卷故又云十三卷也惟是坊間新鈔改爲十卷不知其由文義亦微不同姑用他紙錄此缺失者本書仍以空格存其舊云至於每篇敘次此五行類應紀篇已下三篇道藏目錄在地合運勝紀篇後似又歧異矣復翁記高瑞南明中葉人大藏書家凡宋版舊鈔書上有其藏書印余家所藏多有之

嘉慶乙亥中秋前八日命工錢瑞正子伊人重裝前跋所云私謂所親者卽伊人也於是書亦有購訪之勞焉裝成次日適錢塘何君夢華至出示此書幷詢以古杭高瑞南君必知其詳夢華云此人家多藏書幷於醫家書尤喜藏弆其有宋刻朱氏集驗方卽其書也今夢華已將眞本歸阮氏雲臺而影寫本歸五硯樓今鈔本又由五硯歸余故附載其始末如此至余舊藏宋本外臺祕要亦有其圖記而宋本咸淳臨安志本爲古杭志書宜瑞南之珍藏也今皆在士禮居中得此元珠

清學部圖書館善本書目

密語可謂三絕矣中秋前七日廿止醒人記

越歲丙子夏日書友以明刻外科祕方示余方悉高瑞南爲明神廟時人外科祕方卽其刻也渠序云余少志博習得古今書爲最多更喜集醫家書又爲此書得一確證矣 丙子中秋校道藏本其通體序次與此正無移易也

人身一小天地素問六氣眞探源星宿也近時醫不讀書欲求明理其可得乎吳中一老醫王其姓丙其名繩孫其字樸莊其號余猶及見之治病亦曾邀之而未經領略其妙頃與王惕甫讀知治其專人之病預決其死生遲速以壬癸日爲難過并云須歷幾箇壬癸日始卒後果如所言證以此書樸莊殆得力於此者乎蕘圃附記 樸莊曾屬惕甫作一文字序其書遺其卒時惕甫不家歸後其長子又卒無从得其事故文缺焉

天元玉歷祥異賦十册

不知撰人名氏舊鈔五色繪圖本明洪熙皇帝製序

大統通占

明承德郎欽天監副臣劉哲奉勅編明鈔本

存五之六　十一　十五之十六　三十六之四十一　五十四之五十七

以上占候

龍法五册

不著撰人名氏舊鈔本有乾隆庚子楊大琛序

以上相宅相墓

六壬管見十二卷

不著撰人名氏舊鈔本

以上占卜

命書

不著撰人名氏舊鈔本

存甲子十七册　甲寅二十二册　甲辰八册　甲午十六册　甲申十册　甲戌二十三册
乙丑二十册　乙卯五册　乙巳四册　乙未六册　乙酉十册　乙亥九册
丙子十二册　丙寅十一册　丙辰九册　丙午六册　丙申五册　丙戌九册
丁亥一册
戊子十册　戊寅二册　戊辰十九册　戊午六册　戊戌十一册
庚子七册　庚寅十五册　庚午九册　庚申十九册　庚戌十六册
辛丑四册　辛未十六册　辛酉十六册　辛亥十二册
壬子十二册　壬寅四册　壬辰九册　壬午一册　壬申十九册

太乙統宗寶鑑二十卷

元吳琉撰舊鈔本元大德七年癸卯曉山老人序此書推至崇禎末年按絳雲樓書目錢曾敏求記均載之竹汀日記云算積至明正德丁丑止則後人增入此本

推至崇禎疑竹汀所見有缺　四庫入存目亦二十卷

選擇歷書五卷

洪武九年欽天監奉勅撰定明刊本亦見千頃堂書目

統歷彙集元龜

不著撰人名氏舊鈔本存十一月四至十二月十五止

存二十五　二十六

以上陰陽五行

清學部圖書館善本書目

藝術類

宣和畫譜十二卷
不著撰人名氏明刊本

書叙指南十二卷
明刊本嘉靖安謙撰序有錢氏叔寶白文句吳逸民朱文兩方印滎木軒白文方印有蕘圃跋

書叙指南十二卷明嘉靖時刻初書友以是示余亦重其爲錢磬室藏本至其書之無足重雖書友亦知之余初疑爲明人著述不之重後晤書友云是書四庫已收且書載文獻通考蓋古書也余因檢之果然然彼此有不同者通攷云書叙指南二十卷晁氏曰任淩撰崇甯中人纂集古今文章碎語分門編次之凡二百餘類陳氏曰皆經傳四字語備尺牘應用者今書十二卷卷不同矣今云淩水正齋任廣德儉編次名不同矣今不及二百類類不同矣今不止四字語語不同矣當

清學部圖書館善本書目

時明人重刻有删削增添也書經翻刊必不能復古甯獨此哉卷中有補鈔者有增改者又不知所據云何矣朱墨二筆皆出一手審是明人筆氣疑爲功甫筆取他手鈔書證之似不類未敢臆斷也壬申夏五收於經義齋復翁識

書畫史二卷

宋米芾撰明翻宋本摹印極精有結一廬藏朱文腰圓印塘棲朱氏結一廬圖書記朱文方印

書學會編四卷

明天順壬午刊本黄瑜跋

法帖釋文十卷

書史一卷

法帖刊誤二卷

法帖譜系一卷

譜錄類

考古圖十卷

宋呂大防撰元刻本每半葉八行行二十二字高六寸廣四寸四分黑口雙邊大德己亥古迂陳才子序

至大重修宣和博古圖錄三十卷

宋王黼撰元刊本每半葉八行行十七字高九寸六分寬七寸四分白口單邊印在後有孫印星衍白文方印繡衣執法大夫印白文方印

至大重修宣和博古圖錄

行款與上同今存鐘四爲周至漢鑑三爲龍鳳門至鐵鑑門錢曾讀書敏求記稱是書雕造精工字法倶摹歐陽乃當時名手所書非草草付諸剞劂者凡臣王黼撰云云元板都爲削去皆與此本脗合以視明嘉靖七年掌監司黃景星翻刊本殊有精粗之別雖祇本書三十分之一二未可輕棄也

清學部圖書館善本書目 十八

新纂香譜二卷

宋陳敬撰傳鈔本原書四卷此存卷一卷二爲香品香異修製印篆凝和諸類舊爲文瑞樓藏本從玲瓏山館馬氏假得傳鈔者當時已非全帙矣是書所採有沈立之洪駒父香譜武岡公庫香譜張子敬續香譜潛齋香譜拾遺顏持約香史葉庭珪香錄是齋售用錄温氏雜記各種今皆不傳存一書以存衆書則是本足貴也有熊朋來序洪氏香譜序顏氏香史序葉氏香譜序卷首有文瑞樓藏書記朱記

雜家類

呂氏春秋二十六卷

秦呂不韋撰元刊本每半葉十行行二十字白口高七寸寬四寸八分有大小字有周印良金朱文方印毘陵周氏九松迂叟藏書記朱文長方印

淮南鴻烈要略閒詁二十八卷

漢淮南王劉安撰高誘注舊鈔本有蕘圃手校朱文大方印士禮居藏白文方印

此淮南鴻烈解二十八卷舊鈔本余得諸顔家巷張秋塘處云是其先世青父公所藏卷中有校增字如高誘撰文云云皆其筆也淮南子世有二本一爲二十一卷出於宋本一爲二十八卷出於道藏本至二十卷者錢述古所謂流俗本也近時莊刻謂出於道藏顧澗蘋取袁氏五硯樓所藏道藏本校之知多訛脱余却手臨一本頃從都中歸高郵王伯申編修聞余修淮南本極多屬爲傳校又五柳居陶藴輝思得善本淮南付梓余家居無事思爲校勘遂借袁本重校於此本道藏面目略具於是矣道藏刻於正統十年十一月十一日卷首碑牌可證行欵每葉十行每行大小十七字此本字細行密不及鈎勒卷中有青父校增字句當據別本今悉照道藏刪去雖是弗存以歸畫一暇日當取宋刻正之辛酉九月重陽後二日蕘圃黄丕烈識

余收得宋刻係曹楝亭藏書故五柳主人於揚州得之以歸余者也子書唯淮南

世鮮宋刻故近今翻刻從前校讎皆未及宋刻余既收得同人慫慂校出忽忽未有暇也偶一校及輒又中止年來目力漸衰遇小字甚不明了此書宋刻字既小又多破體并印本漫漶處故校難而所校之本又係小字舊鈔兼細如蠅頭故校校尤難前輟校不知幾何年而今茲三月下澣一日始復校此旬日之間事阻者三四日草草畢工略具面目於破體字及宋刻誤字之灼見者亦復不記出一則省工夫二則改正字從破體雖曰存眞反爲費事惟於古字古義或有可取者仍標其義異而出之雖疑者亦存焉蓋慎之也校書取其佳處或因疑而刪之甚非道理猶兢兢守此意耳丙子四月朔丕烈

劉子二卷

齊劉晝撰影鈔宋本首有石研齋秦氏印朱文長方印

顏氏家訓二卷

隋顏之推撰明程伯祥刊本

東城顧氏有殘宋本二種一爲續顏氏家訓一爲蔡松年詞一宋刻一金刻始攜至余家余適有次子病危未及議直後歸小讀書堆亦未及向抱冲處借觀也抱冲既歿書盡扃閉假觀尤難不意閱二十年來一旦俄空焉精刻名鈔盡入他人之手而此二種屬書友物色之覆云無有既而探聽消息已歸常昭人家松年詞標題明秀集無怪書友不知卽物主亦不知爲陳子準所得此續顏氏家訓爲張月霄所得二種分兩家物之分合不常如是頃因修志往兩家借書從月霄丐歸方知續家訓前固有顏氏家訓原文也存六七八三卷首缺二葉卽係續家訓文因就三卷中有顏氏原文者手校於此其續者當別錄其副始余檢讀書敏求記方知有此書他目未詳然遵王亦不言有顏氏家訓原文載於續者之前今方知之甚哉撰述之難也至蔡詞子準甚祕未及借觀其板刻之爲金板約略想見蓋余所見金刻書味氣都合也辛巳八月大盡日復見心翁校訖記於縣橋小隱之學耕堂南軒

清學部圖書館善本書目

按黃跋云前正編後續此本僅存正編似黃氏書於續編之跋割粘於此故書與跋不符

長短經九卷

唐趙蕤撰舊鈔本後有淨戒院新印五家獨醉醒居士白文方印迂松閣白方印

以上雜學

白虎通德論二卷

漢班固撰明刊本

容齋隨筆五卷四筆五卷

宋洪邁撰元刊本每半葉十行行二十一字高六寸八分寬五寸二分白口單邊下有刻工姓名間有大德乙巳補葉日本有隨筆二筆瞿氏有二筆俱全同此一刻此書得明李瀚本及會通館活字本尙屬難得況宋刻乎惜只存十卷耳

存隨筆一之五　四筆一之五

程氏考古編十卷

宋程大昌撰舊鈔本

程氏續考古編十卷

傳寫本此書惟見陳氏書錄卷數亦合其考據精確與前書相同而尤詳於史事卷端有王惕甫芑孫跋謂追述當時職志緣起足爲後據歐公所謂勿浪書者是也舊爲何義門藏書卷首有何焯之印惕甫借觀二朱記

續墨客揮犀十卷

宋彭乘撰傳寫本直齋書錄載墨客揮犀本有續集亦十卷後來傳本絕稀各家書目皆謂已佚此葉石君藏書卷末有題記正德己巳歲夏日以舊刻本橅於志雅齋卷首有葉樹廉印石君孫從添印慶增氏金庭玉郎人家諸朱記

芥隱筆記一卷

宋龔頤正撰舊寫本有湘城九霞野逸龔文照紫筠堂藏書白文長印文照之印

白文野夫所藏朱文連珠小方印

困學紀聞二十卷

宋王應麟撰馬氏刊本辛楣先生校語瞿中溶錄於書眉

馬氏後序此本偶逸去韻盦屬蕘生補錄於後時在潛研堂己未十一月乙酉朔也

宋王尙書厚齋先王困學紀聞二十卷初鏤板於元大德間明宏治萬歷中俱有重刻本是書爲先生晚年所著會粹羣籍穿穴紛綸學者每苦津逮之難茲得太原閻百詩徵君箋釋各條之下又得長洲何義門學士校閱本暇日以大德本互爲勘對有文義可兩存者並注於後因鳩工刻置家塾而記其顚末如此乾隆戊午八月祁門馬曰璐書於叢書樓

荃孫按此後序罕見故錄之

校訂困學紀聞集證二十卷

十箋本香山黃培芳校

余讀困學紀聞初得閻何註本繼得萬氏集證本又得五箋本於戊辰冬始稍加丹鉛最後得此合註之本兩遊京師遞有所增而初校本已爲友人丐去因將前後所得薈萃斯編卽後日增加亦錄於此惟此編所收雖富尙病轇轕余隨得隨錄亦未整齊當删其繁複刊爲善本余或不及深望後人也培芳

道光三年癸未春借門人許編修乃普所藏汪選樓本再校選樓名家禧浙人凡墨筆除杭氏外多出汪本云十箋者舉成數也香石識

凡補輯者擬加補字增訂加詳者仿此

各家姓氏擬總列於前每卷上題浚儀王應麟伯厚下署香山黃培芳香石補箋

以上雜考

論衡三十卷

漢王充撰通津草堂刊本後有周玆寫陸奎刻有洛下王孫世家朱文大方印陸

氏子嵩白文方印飛雲閣朱文圓印松窗小隱朱文方印

封氏聞見記十卷

唐封演撰舊鈔本

吹劍錄二册

宋俞文豹撰舊鈔本有高銓之印白文固叟朱文兩方印

霏雪錄

明鎦績撰舊錄本有宏治張文昭跋

棗林外索三卷

明談遷撰舊鈔本

以上雜説

事物記原十卷

宋高承撰明刊本照宋本校過

此書係求到京本將出處逐
一比校使無差謬重新寫作
大板雕開並無一字誤落皆
慶元丁巳之歲建安余氏刊

紺珠集十二卷
不知撰者姓氏舊鈔本

自警編五卷
宋趙善璙撰宋刊本每半葉十行行二十字高　寸　分廣　寸　分白口單邊
嘉定甲申正月望漢國趙善璙自序端平改元刻木於九江郡齋三月旦善璙再
書分甲乙丙丁戊五集明刻本改爲九卷矣
存甲乙丁戊

自警編

存甲乙丁

説郛

碎金二卷

不著撰人名氏明刊本大字行書寫刻俱精書亦日用雜字之類

碎金

明刻小字本首行明本大字應用碎金刻亦佳

以上雜纂類

天學初函

明徐光啓等編明崇禎間刊本

理編十種

西學凡一卷　天學實義二卷

唐景教碑　辨學遺牘一卷
疇人十篇二卷　七克七卷
交友論一卷　靈言蠡勺二卷
二十五言一卷　職方外紀五卷

器編十種
泰西水法六卷　同文算指前編二卷通編八卷
渾蓋通憲圖說二卷　幾何原本六卷
圜容較義一卷　表度說一卷
測量法義一卷　天問略一卷
句股義一卷　簡平儀一卷

傳是樓彙鈔
舊鈔本前有目一葉全不全不可知書皆明人著亦無罕見者

燕對錄一卷　朝鮮紀事一卷

損齋備忘錄二卷　朝鮮賦一卷

畜德錄一卷　菽園雜記一卷

青溪暇筆一卷

庚圃雜記二卷

病逸漫記一卷

瑯琊漫鈔一卷

君子堂日詢手鏡二卷

以上雜編

類書類

藝文類聚一百卷

唐歐陽詢撰明胡纘宗刊本陸采跋同治杭州譚仲儀借陳氏帶經堂馮己蒼錢

求赤校本仍過錄於胡本上佳書也

陸子玄後跋言胡公刻此書甫印二百部後任恐徵求之煩欲焚其板子玄不忍燬去一半爲後人易補地幷云書止二百勿輕視之是此書止印行二百部弗以新刊而輕視以後版已毁半非補刻不能印矣求赤一跋足解大馮之惑何韜庵尚有足本之說耶　近年黎星使刻古逸書將板送蘇州書局亦畏徵求無已而兩淮運使程君裁撤淮南書局書版悉置潮地霉爛幾半不意此種風氣明人已有開其先者

原跋

是書之利可泉胡公實主之始於丁亥之秋孟迄於今歲之秋仲凡歲有一月而成其費緡錢四百千有奇而校讎供餽之勞不知凡幾其成亦云難矣繼公政者愛民惜費欲杜往來之求也命予焚之予不忍僅劖其半以示存羊之意庶幾他日可補而竟以副胡公博雅好古之志云是書也其印止二百本覽者其毋忽諸

嘉靖戊子冬十一月長洲陸采子玄識
歲丙子閔人劉履丁贈錢宗伯牧齋以宋刻藝文予從牧齋借校此本始於丁丑之四月畢於六月之十七日是年閏五月蓋百日而終卷也劉本正是此本之祖中有模糊缺處無不因襲始知陸采所云劃半之說謬也卷末有胡盧碧沙印又舊學圖書四方方印未知何家物也孱守居士記
崇禎丁丑借錢宗伯牧齋宋本校過與此本正同劃半之說妄也此書似非全書但宋時已止存此想世無完本矣馮己蒼書
陸采云劃其半以示存羊意謂胡可泉刻成此書後俗人欲焚此板今劃半以示不忍之意非謂此書之不全也附記於此馮先生必以爲然求赤漫識
孫淵如有足本藝文類聚陸采之言非無因也壬辰嘉平臨畢記 韜庵
同治三年歲在甲子嘉平月杭州譚儀仲儀父借陳氏帶經堂藏書傳校寄贈周季況卷中校語或馮或錢或陳端緒可尋間有參錯者儀亦間附一二於下方短

景草率隨朱筆繙寫未克逐條采校季況方得北堂書目眞本或者併二書撰校勘記以遺後來虞歐可作樂得此功臣也校凡十日而數僅馮先生之十一耳繼事者易爲功諒哉儀識

大唐類要一百六十卷

唐虞世南撰藝海樓鈔本朱筆校訂

康熙中朱錫鬯得大唐類要有跋見曝書亭集季滄葦得古唐類範見延令書目嘉慶初古唐類範爲吳縣黃蕘圃所得散片兩包未曾裝册余屢借觀卷首有季振宜印首尾有秀水朱氏潛采堂印每卷古唐類範四字俱挖補蓋類範即類要卽書鈔書估作僞實卽書鈔原本也右嚴鐵橋跋北堂書鈔原本云爾同治丁卯冬來蘇門獲胡氏琳琅祕室明寫本書鈔憶郁泰峯宜稼堂書目中有大唐類要之目欲寓書其家借本一校適檢丁禹生方伯藏書有此顧湘舟氏藝海樓鈔本不知所出云何於郁氏本何如略校胡本數頁其舛錯甚於胡本而足以補正者

清學部圖書館善本書目

亦自不乏暇日當通讎一過十一月十三日游木瀆歸書志郘亭眲叟莫友芝得此書之明年蔣劍人又爲說合胡氏鈔本係屬散帙令書賈重裝月餘杳無回信遣人詢之則子偲早持漢幟易之矣始知子偲之記此一段有因也然則海内之酷嗜異書蓋無出於子偲右者丁卯三月朔禹生記

初學記三十卷

唐徐堅等奉勅撰明項氏刊本板口有甯壽堂三字有華山馬仲安藏善本朱文方印金星軺藏書記朱文長方印

太平御覽一千卷

宋李昉等奉勅撰明藍格鈔本有日本人印

太平御覽

明鈔本每半葉十行行二十二字

存目錄一之四　一之十六　二十一之二十六　七十二之八十一　三百四

之三百十三　五百二十六之五百三十五　五百五十六之五百六十六　六百二十九之六百三十八　七百零七之七百二十　七百七十三之七百八十四　八百零三之八百十二　八百四十七之八百六十二　八百八十四之九百四十五

册府元龜一千卷

宋王欽若等撰宋刊本每半葉十四行行二十四字高六寸二分廣四寸白口單邊宋羅紋紙印口上或云府幾或云元幾或陽文或陰文工緻無偶有晉府書畫之印有國子監崇文閣印書横立直寫卷數

存四十一之四十五　五十六之六十　二百七十一之二百七十五　三百四十一之三百四十五　三百五十六之三百七十五　三百八十六之三百九十　三百九十六之四百　四百十一之四百十五　四百五十六之四百六十　四百七十一之四百七十五　四百九十一之四百九十五　五百八十六之五

百九十　共七十六卷蝶裝

册府元龜

明鈔彙萃本

存七百一之七百五　七百九之七百十六　七百三十三之七百三十六　七百四十一　七百五十七之七百六十　八百二　八百七之八百十　八百十三之八百十四　八百六十六之八百七十五　九百三十四之九百三十五　九百三十九　九百四十三　九百四十八之九百四十九　九百五十七之九百六十六

國朝册府畫一元龜甲集九十卷乙集七十四卷

舊鈔本所載宋事分門類纂截至徽欽爲止引用書加方匡各種書目均未著錄

存甲集三十六之四十三　六十九之七十六　八十五之九十

乙集目錄兩册　十六之二十二

錦繡萬花谷前集四十卷後集四十卷

不著撰人名氏宋刊本每半葉十一行行十九字高六寸五分寬四寸一分小黑口精妙之至

前集存一之八　十一之十九　二十一之二十五　二十九　三十一之三十

三十五之四十

後集存二之三十七

山堂考索前集六十六卷後集六十五卷續集五十六卷别集二十五卷

宋章如愚撰元刊本每半葉十五行行二十四字小黑口高五寸一分寬三寸四分延祐庚戌圓沙書院新刊牌子兩行此書姚氏書全而後印又破爛難於整理閣本止前集缺十七之二十止四卷續集一二兩卷今轉取姚書補鈔以成完書

山堂考索

行欵同上

清學部圖書館善本書目 ○二十八

山堂考索前集

行欵同上

存一之五　一之九　二册一之十三　二十五之三十一　四十之四十九　四

十三之五十四

山堂考索後集

行欵同上

存目一之二十　一之九　二册十二之二十四　三十二之四十一

山堂考索續集

行欵同上

存三之六　十二之十八　九之五十六　四十一之五十六

事文類聚前集六十卷後集五十卷續集二十八卷別集三十二卷新集三十六卷

外集十五卷

元刊本前後續別四集皆宋祝穆撰新外二集元富大用撰其合爲一編則不知
始自何人
事文類聚前集
行款與上同
存一之二十九　三十四之六十
又
行款同上
存序目之一　四之十三　八之十四　十之十七　二冊　十四之二十四　四
十三之六十　四十五之六十
事文類聚後集
行款同上
存序目之二十七　三十九之四十九

事文類聚續集

行欵同上

存一之十一　五之十二册　五之十一二册　六之十三　十五之二十八

二十一之二十八

事文類聚新集

行款同上

存序目一之十　二十一之三十五

事文類聚外集

行款同上

存一之十一　十四之二十八

古今源流至論後集十卷

宋林駉撰元刊本每半葉十二行行二十五字白口板心高五寸八分寬三寸八

分惜不全
存六之十

古今源流至論別集十卷
宋黃履翁撰行款同前
存六之十

玉海二百四卷
宋王應麟撰元刊本每半葉十行行二十字至元六年東嘉薛元德序
慶元路儒學刊造玉海書籍提調官
教授王弘　桂克忠
學正虞師道　薛元德
學錄汪興　王壽朋
直學陳眉壽　學吏岑立道

校正對讀厚齋孫王厚孫王甯孫

書寫王秉王陞楊德載

刊字生張周上等三十人

翁洲書院山長曾性　重校正

紹興路高節書院山長金止善監督

玉海二百四卷

元刊本行欵同

附刻

詩攷一卷

詩地理考六卷

漢藝文志攷證十卷

通鑑地理通釋十四卷

漢制考四卷

急就篇四卷

姓氏急就篇二卷

周易鄭康成注一卷

王會解注一卷

踐祚篇一卷

小字紺珠十卷

六經天文編一卷

通鑑答問五卷

玉海

存一之三　十之十二　二十二之二十九　三十二之三十八　四十之四十
八　五十四之五十五　五十七八　七十九之八十　八十三之九十二　一

百九之一百十　一百十五六　一百二十　二十一　一百五十三四　一百六
十七八　一百七十三之一百七十六　一百七十九之一百八十　一百八十
六七　一百九十七之二百零一　二百零四
又
存一之二　六　八　十二之十六　十九之二十三　三十七之四十七　五
十二之五十九　六十五之八十七　九十之九十六　一百之一百二十二
一百三十之一百四十二　一百九十六之一百九十九　二百零三之二百零
四
又
存十六之二十一　四十之四十四　三十七之三十九　六十六　九十八之
一百　一百零四之一百零六　一百十三之一百十五　一百二十八之一百
三十　一百四十六之一百四十八　一百五十二之一百五十四　一百六十

四之一百六十九　一百八十二之一百八十四　二百之二百零二

小說類

鐙下閑談二卷

傳寫本不著撰人各家書目未載惟見館閣書目所記皆唐及五代時異聞當出宋人所作目後有陳道人書籍鋪刊行一行是宋時有刊本也卷後孱守居士題識云崇禎甲戌借葉林宗本錄仲昭所書

北窗炙輠錄二卷

宋施德操撰姚覲元手鈔本

桯史十二卷

宋岳珂撰元刊本每半葉九行行十七字高六寸七分寬五寸黑口雙邊提行空格從宋嘉定本出有自序有夢鷗僊館白文小方印

歸潛志十四卷

元劉祁撰舊鈔本
青瑣高議二十卷
宋劉斧撰黑格鈔本
存前集一之五
廣异記二十卷
唐戴孚撰精鈔本有汪士鍾藏朱文長印
酉陽雜俎二十卷
唐段成式撰舊鈔本朱筆校首有江山劉履芬彦清父收得朱文大方印有宋嘉定癸未鄧復應甫跋又有淯祐十載跋人名佚去
博異志一卷
傳寫本題谷神子名還古纂或曰姓鄭氏是書見崇文總目晁氏讀書志陳氏書録皆作博異志或作博異記者譌舊爲邑人孫明志鈔本卷首有孫氏藏本朱記

四

釋家類

景德傳鐙録四卷

宋刊本每半葉十三行行二十四字高七寸寬五寸黑口單邊上有字數間有刻工名有巢鶴堂白文小方印曰藻珍玩朱文方印上湖朱文小長方印葉印時愷襄虞兩朱文聯珠印

存二之三　十之十一

法苑珠林一百卷

唐釋道世撰明鈔本朱絲闌本鈔極精

存一之八　十一之十九　二十三之三十　三十三之三十九　四十六之五十三　五十七之六十　七十一之七十八　八十七之八十九　九十七之一百

五鐙會元二十卷

宋釋普濟撰宋刊本每半葉十三行行二十四字高六寸八分廣五寸一分白口

單邊上有字數下有刻工姓名

存五之十八

五鐙會元

明鈔本有至正四年釋廷俊林鏞序

存一　三之五　九　二十

神僧傳九卷

不著撰人名氏官刊本始於漢明帝時摩騰法蘭終於元世祖時國師帕克巴凡

二百八人

禪林類聚

比邱智鏡集明刊本

存十三之十四

釋氏通鑑十二卷

括山一庵釋本覺編集咸淳薦福師己序

存一之六

釋迦成道記

唐王勃撰成化庚子刊大字本

宗門武庫附雪堂和尚拾遺錄

比邱道謙編明洪武翻宋刊本每半葉十行行十八字高六寸廣三寸九分黑口

單邊湻熙丙午淡齋李泳跋

昭武西山白雲禪庵比邱慧欽謹抽己資兼
募衆緣雕刊斯本用廣流通普願見聞　洞
明　祖意者
洪武己未孟春圓日比邱宗延謹識

清學部圖書館善本書目

大慧普覺禪師年譜一卷

宋釋祖詠編傳寫本前有湻熙癸卯張掄序後有比邱宗演及程公許跋又附呂成公啓一首摹手蹟以刻者又湻祐十二年劉震孫書後宗演跋末有墨圖記云寶祐癸丑天台比邱德濬募刻重刊於徑山明月堂每半葉十一行行二十字案師著與年譜同刻者有宗門武庫一卷遺錄一卷語錄三十卷見徐立齋相國含經堂書目

普菴語錄四卷

明永樂刊本

存一 三

別岸和尚語錄

元刊本每半葉十一行行二十二字高五寸四分廣三寸七分黑綫口單邊下有字數分護語芙語天語華語萬語偈頌至正辛巳沙門善住序至正甲申沙門正

印跋

蒙山和尚普說

元釋祖立編舊鈔本

禪林寶訓二卷

沙門淨善重集明刊本每半葉十一行行二十字

饒州府德興縣南山普
甯寺比邱智海抽施衣
資刊此上卷報資
恩有利及人天者

黃蘗心要

唐裴休撰并序明永樂刊本

三教平心論一卷

清學部圖書館善本書目

靜齋學士劉謐撰元刊本每半葉十一行行十八字高六寸一分寬四寸三分單
邊寬黑口龍集甲子秋七月十日

頓悟入道要門論二卷
唐沙門彗海撰舊鈔本

福源石屋珙禪師語錄
門人至柔編明刊本洪武十五年沙門豫章來復序

佛果圜悟禪師碧巖錄十卷
元刊本每半葉十一行行十一字高五寸七分廣三寸九分建炎戊申暮春晦日
比邱普照序二卷後至申初元付夾山比邱寄方跋至申郇至正甲申石刻中常
有之
存一之五

楞嚴會解十卷

明師子林沙門維則撰明刊本嘉靖辛酉李元陽序有誦清芬齋收藏朱文長方印庵摩羅室朱文方印長白熙元造石象一區願一切書永脱諸厄白文扁方印有象

翻譯名義集十四卷

宋姑蘇景德寺僧法雲編元刊本每半葉十二行行二十二字高六寸三分寬四寸二分黑口雙邊後有大德辛丑普洽記有漢陽葉名灃潤臣印朱文方印

翻譯名義集

宋刊本每半葉十行行二十七字高六寸一分廣三寸九分白口單邊止存卷六一册並有越虞澄照院超諸閣下比邱懷則置墨書一行

存六

天人歸德頌

明趙玉芝撰明成化十九年刊本

〇三十六

四

東林和尙雲門庵主頌古

釋悟本撰宋刊本每半葉十一行行二十字高五寸八分廣三寸九分白口單邊

上有字數下間有人名紹興癸丑呂本中序

菩薩尊者名稱歌曲

明永樂十五年刊本

密哩斡巴上師道果十册

大瑜伽士名稱幢師述持呪沙門莎南屹羅譯明鈔本

存卷十

波羅密經一卷

宋刊本每半葉六行行十七字經摺裝有鬱岡精舍白文方印笪字朱文圓印江

上外史朱文方印直指繡衣御史章白文方印

嘉熙二年中秋月魯國

篆書

善男子洪林發心刊布

龍舒淨土文十四卷

宋王日休虛中撰永樂十九年重刊元本於京師永壽寺

道家類

道德經講義十二卷

題宋左街鑒義主管教門公事佑聖觀虛白齋高士呂知常撰進卷首有無名氏序謂知常是書宋孝宗胡曾表進之此本爲明正德間鎭安道士李元機與居民邱鳳所刻見鐵琴銅劍樓書目有籤後人受之甫讀書記朱文方印越谿草堂朱文方印明善堂覽書畫記白文長方印安樂堂藏書記長方印

莊子注十卷

晉郭象注明德堂六子本有朱筆圈點

參同契二卷

明鈔本

周易參同契發揮三卷釋疑一卷

宋俞琰撰明刊本

三子口義十八卷

宋林希義撰明刊本萬歷辛巳趙秉忠序

雲笈七籤一百二十二卷

宋張君房撰明張萱刊本

存一之十一　二十之二十二　二十七之三十　三十五之四十五　五十之五十三　五十八之六十　八十七之一百零五

上清靈寶大成全書四十卷

明周思德撰宣德七年刊本分十干又分上下前後四十五代天師張澹然序

存一之四　六之二十六　二十八之四十

靈寶聚玄經三卷

明鈔本

清學部圖書館善本書目

集部

別集類

賈長沙集十卷

漢賈誼撰明刊本黑口極舊卽賈誼新書

嵇康集十卷

魏嵇康撰明吳匏庵叢書堂鈔本格心有叢書堂三字有陳貞蓮書畫記朱方格界格方印

中散集十卷吳匏庵先生家鈔本卷中譌誤之字皆先生親手改定自板本盛而人始不復寫書卽有書不知校讎與無書等祇供蠹損浥爛耳觀前賢於書籍用心不苟如此又可憑以證他本之失也庚子六月入伏日記於顧南原之味道軒

乾隆戊子冬日得於吳門汪伯子家張燕昌

清學部圖書館善本書目

六朝人集存者寥寥苟非善本雖有如無此嵇康集十卷爲叢書堂鈔本且匏庵手自校讎尤足寶貴歷覽諸家書目無此集宋刻則舊鈔爲尚矣余得此於知不足齋淥飲年老患病思以去書爲買參之資去冬曾作札往詢其舊藏殘本元朝秘史今果寄余并以此集及元刻契丹國志活本范石湖集爲副余贈之番餅四十枚閒窗展玩因記數語於此觀張芑塘徵君跋知此書舊出吳門而時隔三十九年又歸故土物之聚散可懼可喜特未知汪伯子爲誰何耳嘉慶丙寅寒食日晨雨小潤夜風息狂蕘翁書

四月望後一日香嚴周丈借此校黃省曾本云是本勝於黃刻多矣余家亦有黃刻暇日當取校也前不知汪伯子爲誰何今從他處記載知其人乃浙籍而寄居吳門者家饒富喜收藏骨董郡先輩如李克山惠松崖皆嘗館其家則又好文墨者也是書之出於其家固宜後人式微物多散佚可慨已然思後人得其物而思其人俾知素愛好古昔有其人獨勝於良田美產轉徙他室數十百年後名字翳

如不更轉悲似喜乎伯子號念貽云余友朱秋崖乃其內姪也故稔知之蕘翁又記

是書余用別本手校副本備閱於丁卯歲爲舊時西賓顧某借去久假不歸遂致案頭無副本殊爲可惜頃因啓廚見此復跋數語俾知此本外尚有余校本留於他所也癸酉五月廿有六日復翁記其去得書之日已八閱歲矣

陶淵明集十卷

晉陶潛撰翻宋本每卷注字數

陶集六卷

陳焯手鈔本邊上穎川中子書下湘管齋珍祕無軒前後有跋

余慕靖節之爲人讀其集愛焉今年春從友人借得仿宋刻本攜至括蒼山館日少暇就鐙鈔之不覺銷去銀燭三數十條也然是中有深趣矣乾隆二十六年中秋後五日桂花雨中端居不出偶檢行篋得之手裝成册因爲題記無軒居士陳

清學部圖書館善本書目 二

焯書於湘管齋

濟甯寓樓讀陶詩畢敬題於後

顏謝非同調千秋第一人精深涵道味爛熳發天眞有恥難諧俗無官不計貧平生頑懦意感動賴先民 時余方卧病乞假癸丑七月望愼行志

陶詩宋以前無註者至湯東澗始發明一二而未詳元初詹若麟居近柴桑因徧討古跡考其歲月本其事迹以註釋其詩吳草廬爲之序比於柴桑之註楚騷當時必有刻本而今不可得矣此本間引東澗之說惜未見考注耳康熙甲午夏初白老人識

乾隆壬子十一月既望瓜圖居士寄向所勘本就鐙卽錄歸之焯記

此編鈔於辛巳乃二十九歲時也今越癸酉年八十一矣念五十餘年中不獲另書一淨本悠悠忽忽可勝慨然嘉慶十八年七月五日泰然翁書再識

東坡先生和陶詩四卷

宋蘇軾和每半葉十行行十六字高板心上魚尾上記字數下魚尾下記刻工姓名首列東坡先生和陶淵明詩目錄次行低一格題第一卷三行以下低三格題飲酒詩至怨詩楚調接書第二卷爲形贈影至答龐參軍第三卷爲時運至雜詩十一首第四卷爲連雨獨飲至歸去來辭其分四卷與宋史藝文志合四卷之中惟飲酒時運擬古雜詩勸農歸去來辭後附子由繼和停雲詩後附子由次韻本書首行題東坡先生和陶淵明詩卷第幾首陶詩次東坡詩次潁濱詩皆低四格題和字又低五格題子瞻子由等字據費袞梁谿漫志稱東坡既和淵明詩以寄潁濱使爲之引潁濱屬藁寄東坡東坡命筆改云嗟夫淵明不肯爲五斗粟一束帶見鄉里小人而子瞻出仕三十餘年爲獄吏所折困終不能悛以陷大難乃欲以桑榆之末景自託於淵明云云則是和陶詩有潁濱引也而此本無之卷用皮紙印面有藍䁥題東坡先生和陶詩其下雙行小註一之四終四字

分類補注李太白詩集三十卷

唐李白撰宋楊齊賢集註元蕭士贇删補
分類補注李太白詩集二十五卷
朝鮮活字本
存一之二　六之九　十三之十四
集千家注批點杜工部詩集二十卷
唐杜甫撰元黄鶴注元刊本每半葉十三行行二十三字高六寸六分寛四寸二
分小黑口雙邊夾行須溪先生劉會孟評點
集千家注分類杜工部詩集二十五卷
元刊本每半葉十二行行二十字高六寸二分寛三寸一分黑口雙邊紙印精絶
後有積慶堂刊四篆字牌子有鬻及借人爲不孝朱文大方印
存一之五　八之二十五
杜工部詩千家注六卷

元刊本每半葉十二行行大二十字小二十六字高六寸三分寬四寸六分黑口

雙邊清江范椁德機批選此書字畫精朗德機批選世所罕見

集千家注批點杜工部詩

元刊本每半葉十四行行二十六字高七寸一分廣四寸五分黑口單邊

存六之十四

又

明刊本

纂注分類杜詩二十五卷

朝鮮活字本

存目錄　三　五之九　十一之十五　十七之十九　二十一之二十四

顏魯公文集十五卷年譜一卷行狀一卷

唐顏眞卿撰咫進齋鈔本

顔魯公文集補遺一卷附年譜行狀附錄

明活字雙行口有上錫山安氏館五字

劉隨州集十一卷

唐劉長卿撰明藍格棉紙本

朱文公校梓昌黎集四十卷

唐韓愈撰元刊本每半葉十三行行二十三字

按此書亦常見尊之者謂宋謂元實則明補明印而已

昌黎外集十卷

元刊本每半葉九行行大小字同

韓文考異四十卷外集十卷遺文一卷

元刊本每半葉十二行行二十字

昌黎先生文集四十卷外集十卷

明刊本攷異音釋附

柳文四十二卷別集二卷外傳二卷

唐柳宗元撰元刊本每半葉十二行行二十字有馮登府跋

增廣注釋音辨唐柳先生集四十二卷別集二卷外傳二卷附錄一卷題南城先生童宗說注釋新安先生張敦頤音辨雲間先生潘緯音義前有劉禹錫序年譜

乾道三年陸之淵柳文音義序爲潘緯作也宋刊黑口本每葉廿六行行廿三字

右趙山堂雜記也驗之此本悉合惟紙墨饃餬蓋宋板之下一等耳中有竹垞印

余得之禾中書估時甲午人日

柳先生文集四十三卷別集二卷外集二卷

明刊本與上韓文合刻

呂和叔文集十卷

唐呂溫撰姚世鈺傳鈔馮氏不借本有董訥夫跋姚世鈺跋有吳興姚氏文房朱

文方印世鈺朱白文聯珠印陳貞蓮書畫記朱文界格方印

戊申春日從董兒訥夫假鈔呂和叔集既斷手復以家藏元板唐文粹覆審附注數十字而歸其原書董氏姚世鈺記

呂和叔文集常熟馮君舒己蒼鈔寫自宋本而缺第六七兩卷又從英華文粹錄其所有者而校讎之覩原目僅缺七篇其用心可謂勤矣然亥豕之誤未盡去也雍正丁未七月鈔得此書幷爲刊誤且記其愜意者於題下色用黃不敢亂其舊云

錢遵王讀書敏求記述其從祖牧翁絳雲樓有鈔宋槧本呂和叔文集十卷凡英華文粹字有異同者俱詳註其上不言殘缺而大馮君所見祇有前五卷其後五卷別購異本鈔補六七卷漏落如故豈牧翁後得足本歟或卽同馮氏寫本而誤以爲全也雍正七年十一月二十三日訥甫記

皇甫持正集六卷

唐皇甫湜撰舊寫明刊本首有讀易樓秘笈書朱文長印

長江集十卷

唐賈島撰明刻本有野夫朱文胡盧印九霞逸夫珍玩朱文小方印長洲龔氏羣

玉山房藏書印

長江集十卷

道光癸未秋九月假陳子雅藏本校定於紓溪寓館之敦好齋九震野逸文照記

汲古閣本校宋刻

癸卯皋月五日假錢氏宋本勘校一過正庵

長江集十卷

明鈔本有上黨馮氏私印朱文繆篆長方印上黨朱文小印求赤朱文小聯珠方

印馮班定遠白文方印

書此者張敏卿今日求傭書人筆意清雅若是者何可得耶讀竟慨然

柳大中家宋本重錄 朱筆

崇禎甲申五月重裝 [illegible] [illegible]

丁亥冬岷山人借鈔 孫江之印 岷山人 白文

陶世濟崇禎乙亥歲五月觀

此册眞鈍吟老人所點流轉入郡中一人手沈生韻谷知余慕從老人議論用白金二十銖購以見贈書後諸名氏孫江字岷自錢孫保字求赤陶書濟字子齊皆有文而與老人善錢名載邑志陶事詳老人兄孱守居士所著懷舊集中云[illegible]

癸巳秋後生何焯書

項斯集一卷

唐項斯撰 舊鈔本葉石君藏有石君朱文胡盧印石君朱文方印審研堂朱文長方印胥江朱文方印

項子遷集亦從林宗藏本鈔謄辛亥之冬底本在林宗舊鄰人處余從而購得此

一五

爲重本因置案頭常爲展閲康熙十五年樸學齋老人識於安定谷芳館

李君虞集一卷

唐李益撰舊鈔本有石君朱文方印石君朱文胡盧印樹蓮居士白文大方印百家唐詩有君虞詩集缺字頗多此照柳大中本鈔得大中名僉吳中老儒藏書甚富後流於趙靈均家靈均名均吳中高士趙凡夫之子多古書墨刻妻文淑善花草者也靈均死後唐詩在從兄林宗處故得鈔之今林宗死書盡散矣此書底本不知在誰何也嗟乎人事有聚必有散藏之篋衍不如飽之心胸多聚而不讀我甚笑之戊申初冬來歸家山偶檢書籍敍其源流於末云康熙七年十月下旬之三日東洞庭山鎮惡先生葉萬字石君識

温庭筠詩七卷附別集

唐温庭筠撰馮彥淵鈔本有擁萬堂印白文大方印馮竇伯藏書記朱文方印花叢朱文腰圓印板上有馮彥淵藏本五字首行海虞馮氏校訖一行

清學部圖書館善本書目

此是照宋刻繕寫點畫無二取較時本迥不相同虞山馮武識

薛許昌詩十卷

唐薛能撰汲古閣本何小山校墨筆粘簽

皮子文藪十卷

唐皮日休撰舊鈔本

唐風集三卷

杜荀鶴撰汲古閣本馮武據宋本校

此余家藏南宋板鈔本癸卯春仲借得隱湖毛氏北宋板細校一過異同處悉兩存之海虞馮武

咸平集三十卷

宋田錫撰舊鈔本有平江陳氏西畇藏書兩朱方印西畇草堂朱文大方印西畇草堂藏本朱文長印第一葉有陳噂之印朱文西畇居士白文兩方印

咸平集三十卷庚午春借知不足齋寫本重録計四百五十葉計字十二萬四千餘字五月初十校畢酉畇

張乖厓集十二卷附録一卷

舊鈔本有五硯樓朱文長印廷檮之印袁氏又愷朱文兩方印

雍正十一年春從無錫華豫原借得忠文公集宋板元印中有數葉大德三年至大元年補刊十行行十八字祖范與弟姪輩共五人同鈔竟行字縮狹餘則悉照原式裝潢藏貯家祠子性願鈔者不妨領歸但不可損毁遺失及私爲己有四月望日記

小畜集三十卷

宋王禹偁撰舊鈔本有朱筆校字過録明謝肇淛跋

余少時得元之詩文數篇讀而喜之鋭欲見其全集遍覓不可得既知有板梓於黄州託其州人覓之又不得去歲入長安從相國葉進卿先生借得内府宋本疾

讀數過甚快因鈔而藏之今學爲詩者未能窺此老藩籬而動彈射宋人至不遺餘力此與以耳食者何以異悲夫萬歷庚戌三月望日晉安後學謝肇淛敬跋

范文正公集二十卷

宋范仲淹撰元刊本每半葉十二行行二十字高七寸寬五寸三分白口單邊

天歷戊辰改元
褒賢世家重刻
於家塾歲寒堂

存一之五　七　十三之二十

范文正公集

行款同上

存七　十之二十

范文正公集附錄

行款同上有元統二年甲戌八世孫文英識

尺牘三卷

言行拾遺一卷

遺事錄四卷

別集四卷

遺文一卷

鄱陽遺事一卷

年譜一卷

年譜補遺

遺跡

吳中遺跡

山東遺跡

洛陽志

西夏堡寨

元統甲戌
褎賢世家
歲寒堂刊

范文正公集附錄五種

行歘同上

吳中遺跡

西夏堡寨

洛陽遺迹

醴泉遺迹

鄱陽遺迹

鉅鹿東觀集十卷

宋魏野撰舊校本張訒盦以朱筆照宋板校前有紹仁之印朱白文學安朱文兩聯珠印訒盦白文方印

蘇魏公集七十三卷

宋蘇頌撰舊鈔本有蓺芸主人朱文汪氏士鍾白文聯珠方印

傳家集八十卷

宋司馬光撰明刻本

歐陽文忠公集一百五十三卷　二十册蝶裝

宋刊本每半葉十行行十六字高六寸二分寬四寸八分白口單邊上有字數下有刻工姓名有元人收書印記每卷末熙甯五年秋七月男發等編定紹熙二年三月郡人孫謙益校正上加批語並朱圈句讀

年譜全　目錄全

十
一五

居士集　廿之廿四　四十六之五十

外集　五十一之六十四　六十八之七十五

表奏四六　九十　五六

奏議　一百零二之一百十四　一百十七之一百二十

集古　一百三十四之一百三十七　一百四十一　一二

書簡　一百四十四之一百四十六

印記

太平路總管李亞中
置到官書至治元年
歲次辛酉九月朔旦
儒學教授梅奕芳識

歐陽文忠公集　十九册　蝶裝

宋刊本每半葉十行行十六字高六寸二分廣四寸八分白口單邊上有字數下
有刻工姓名上加批語並朱圈句讀書底號字直下是當日皮書與今之西裝同

歐陽文宗集卷　之　共四十四册

外集　五十一之六十五　七十一之七十五

答問　七十六之七十八

外制　七十九之八十一

內制　八十二之八十九

奏議　一百二之一百十四

雜著　一百十五之一百十八　一百二十五之一百三十三

集古錄　一百三十四之一百四十三

附錄　一之三

歐陽文忠公集　十五册　蝶裝

清學部圖書館善本書目

宋刊本每半葉十行行十六字高六寸八分寬五寸白口單邊上有字數下有刻
工姓名餘均同惟前兩本字搜而寬此肥而緊稍有不同
年譜目錄
居士集　四之七
外集　五十五之六十七　七十二三
内制　八十七之八十九
奏議　一百十二之一百十四
雜著　一百十五之一百十七　一百二十一之一百二十四
書簡　一百四十九之一百五十三
廬陵歐陽文忠集五十卷　三册
明刊本每半葉十二行行二十一字高六寸五分廣四寸三分黑口下刻工姓名
在綫下首行歐陽文忠公集卷第幾次行臨江後學曾魯得之考異有蘇軾序序

後昔柔兆攝提格縣人陳斐允章校勘刊謬一行

一之九　十一之二十四重一册　三十六之五十

歐陽文忠公集五十卷　四册

明寫考異本九行十八字

七之二十三　三十二之五十

歐陽文忠公文集　三十册

明刊本每半葉十行行二十字高六寸五分廣四寸雙口雙邊

居士集　五十卷全

外集　五十五之六十五　七十一之七十五

外制　七十九之八十一

内制　八十二之八十五

書奏四六　九十三之九十六

清學部圖書館善本書目

奏議　一百零二之一百零八　一百十三四

雜著述　一百十七之一百二十三　一百三十一之一百三十三

集古錄　一百三十四之一百三十六

書簡　一百四十之一百四十三　一百四十七之一百五十三

附錄三之五

居士集　二冊

明刊本每半葉十一行行二十三字高七寸八分廣四寸七分黑綫白口單邊下一邊刻工姓名一邊署信字分金木水火土一字十卷首行居士下臨川曾魯得之考異古舒後學蔡玘行素訂定番陽後學李均度校理古溧後學俞允中校正四行

存十一之三十

居士集五十卷

明刊本

存三之二十五　五册

伊川擊壤集二十卷

宋邵雍撰明刊本

存六之十五

趙清獻文集十六卷

宋趙抃撰宋刊本每半葉九行行十七字高八寸四分廣五寸後有後學天台張

綝校正一行

存七之十六　又重一本

范忠宣集

宋范純仁撰元天歷歲寒堂刊本行款同文正公集

存七之十四

清學部圖書館善本書目

臨川先生文集一百卷

宋王安石撰明刊本

存二十八之三十六　四十七之四十九　五十九之六十九　八十一之九十

一

臨川先生文集

行款同上

存五十七之六十　八十一之九十一

重刊明成化本東坡七集一百五卷

蘇集宋本罕見以明成化本爲最古陶齋主人於兩江任内影摹重刊幾欲突過原本此初印書皮宣香墨固不得以新刻輕之

蘇文忠公集一百十五卷

宋蘇軾撰明刊黑口本

存一之四　十一之四十六　五十二之六十七　七十一之七十八　八十五
之八十七　九十一之九十三　九十七之一百零四
蘇文忠公集
行款同上
存二　八之十　十五之十七　二十之二十五　三十六
又
行款同上
存二十三之二十五　三十八之四十　六十之六十三　八十五之八十七
王狀元集諸家注分類東坡先生原刻無詩字無集字
宋刊本每半葉十一行行十九字小字二十九高六寸二分寬四寸一分黑口單
邊字數在闌外內有補葉
存十九　二十　二十四　二十五

增刊校正王狀元集諸家注分類東坡先生詩

元刊本每半葉十二行行二十一字小二十六字高六寸五分寬四寸三分黑口雙邊首行增刊校正王狀元集注分類東坡先生詩卷幾次行宋禮部尚書端明殿學士兼侍讀學士贈太師謚文忠公蘇軾三行在分類詩之下廬陵須溪劉辰翁批點

廬陵 書堂新刊

存序目之卷一　三之十五　二十三之二十五

增刊校正王狀元集諸家注分類東坡先生詩

行款同上

存三之十五

又

行款同上

豫章先生遺文十二卷

傳寫本嘉定戊辰曾孫銖後序謂今所傳豫章文集多遺闕持節東蜀訪諸耆耋得之黔戎間凡若干紙別而爲二曰遺文曰刀筆則當時與刀筆合刻者凡詩一銘贊頌序一卷記書一卷表奏狀啓婚書一卷雜著一卷疏祝文靑祠祭文一卷墓銘墓表一卷行狀一卷題跋三卷行記一卷附宜州乙酉家乘於後是書較豫章文集中別集字句頗有異同每半葉八行行十五字宋諱字亦有缺筆確從舊本錄傳舊爲平津館藏書卷首有孫星衍芳茂山人二朱記

山谷老人刀筆二十卷

傳寫本此本與全集中簡尺微有不同宋時已有別行本矣卷首列山谷老人傳一篇

后山詩註十二卷

宋任淵撰影宋鈔本後有道光丁亥校宋本一行

古靈先生文集二十五卷

宋陳襄撰舊鈔本有海甯楊芸士藏書之印朱文方印楊印文蓀芸士朱文兩方印

范太史集五十五卷

宋范祖禹撰傳寫文瀾閣本勞氏舊擛有勞格白文小印

傅忠肅公文集三卷

宋傅察撰明鈔本周必大序晁公休狀有西河朱方長方印毛古愚藏白文方印弈苞白文葉九來朱文兩聯珠印西河毛氏藏書之印白文長印

唐眉山集二十卷

宋唐庚撰舊鈔本有紹興鄭康佐跋

石林居士建康集八卷

宋葉夢得撰舊鈔本前有翁澍之印季霖兩白文連珠印林表朱文聯珠印種石軒印朱文小方印江山劉履芬校定書籍朱文大方印

北山小集四十卷

宋程俱撰影宋鈔本大字本極精

又

傳寫本姚彥侍以影宋鈔本手校并鉤勒行款

此坊鈔本乃余粤垣所收上年七月余大病初起枯坐小窗乃取影宋本逐字校勘至是而畢光陰荏苒已半年矣戊子正月九日鐙下記歸安姚覲元

陵陽先生詩集四卷

宋韓駒撰舊鈔本有西畇艸堂朱文方印

沈忠敏公龜谿集十二卷

宋沈與求撰舊鈔本有得樹樓藏書朱文長方印查岐昌印白文方印

龜溪集十二卷按宋史沈忠敏德清人龜溪在城南一名孔愉潭卽餘不溪也事載晉書集以地名沒後五十年公之孫詵爲浙漕始傳於世一刻於紹興辛亥一刻湻熙丁酉卷帙皆同近見湖州府志稱沈集五十卷未知何据余家藏本係先太史倩人鈔自秀水潛采翁家當時未加細校今朱氏書散軼不知宋刊本落何人手無從借閱正訛矣乾隆庚午五月岩門山樵查岐昌識

孫尙書大全集七十卷

宋孫覿撰舊鈔本有伯淵朱文小方印

內簡尺牘編注十卷

宋孫覿撰李祖堯注舊鈔本

歐陽修撰集七卷附錄一卷

宋歐陽澈撰傳鈔本

東萊先生詩集二十卷

宋呂本中撰舊鈔本乾道曾幾跋有仲魚小篆長方印得此書費辛苦後之人其鑒我白文長方印汪士鐘白文藝芸主人朱文連珠小方印

知稼翁集十二卷

宋黃公度撰舊鈔本

朱文公晦庵文集一百卷

宋朱子撰宋刊本每半葉十行行十九字高七寸四分寬五寸六分白口單邊下有人名首目錄無序跋各本皆同攷成化本黃氏仲昭跋云晦庵朱先生文集閩浙舊皆有刻本成化戊子偶得閩本因取浙本校之其間詳略微有不同如劾唐仲友數章閩本不載其所劾事狀今詳此本備載無遺當是浙本白綿紙蝶裝館本十行十九字共五部拼湊成一書皆紙墨精潔筆書整齊僅缺六十二三兩卷夫世寶宋槧雖斷簡殘編猶珍同拱璧而況百卷巨帙首尾完具又況其爲朱子之書也則是翁所稱驚人秘笈者當無踰此矣再攷另十行十八字則補刻者尚

淸舊板刓缺不一卽存在南雍之板與十九字本大異然則兩刻一時兩時一地
兩地疑不能解瞿目有十行十九字本陸目只有十行十八字本有續集別集天
祿後目有前集十二卷後集十八卷本未載行款是又一本可知

晦庵文集

宋朱子撰宋刊本每半葉十行行十九字高七寸四分寬五寸六分白口單邊下
有人名

又

行款與上同
存一之十　十二　十四之十六　十八之十九　二十一之二十七　二十九
之三十九　四十三四　四十六七　四十九　五十　五十二之五十九　六
十九之九十六　九十九　一百

又

行款與上同

存一之六　十四　十八　二十二之二十七　二十九　三十一之三十九

四十一　五十二　五十四之六十一　七十二之七十五　七十七之七十九

八十一之八十六　八十八　九十三之九十五上　九十六

又

行款與上同

存二之六　二十六　二十九　三十二之三十六　五十六　七十三之七十

五　八十之八十二　八十四之八十六　九十三之九十五上　九十六

又

行款與同上

存二十九之三十三　九十三之九十五上

又

宋刊本每半葉十行行十八字高六寸七分廣五寸二分白口單邊
存十三之二十三　三十之三十四　五十一之五十四　五十八之六十一
六十四之七十二　七十五之七十七　八十五之九十一　九十五上下　九
十八之一百
續集存卷四下　別集存六之十

又
行款同上目錄全補葉較多原板糢糊已甚以下各部同大約南監印本
存一之四　九之三十三　三十七之四十三　四十九之六十　六十七之七
十二　七十五之八十一　八十五之九十一　九十五之九十七

又
行款同上目錄全
存十之十三　十七之二十二　四十三四　四十八之五十　五十三之五十

九　七十三之八十五　八十九之九十一　九十四之九十五

又

行款同上

存一之四　二十一之二十九　三十三之三十五　五十二之五十六　六十一之六十三　七十三之七十四　七十八之八十一　九十二之九十四

續集一之四下

又

行款同上

存十一之十七　二十一之三十五　四十之四十四　四十七之五十一　五十九之六十二　六十六之六十八　七十　二三　七十七之八十　九十二之九十四

又

清學部圖書館善本書目　九

行款同上

存一之六　十九之二十一　二十四之二十六　二十九之三十七　四十二之五十　五十六之六十一　六十九　七十　七十三之七十七　八十一之八十三　九十之九十三

又

行款同上

存二之五　十六之十八　二十三之二十五　三十一之三十三　七十一二　八十九之九十

晦庵文集一百卷別集十卷續集十卷

明成化重刊閩本續集有淳祐五年王遂序淳祐庚戌徐幾跋正書有成化十九年莆田黄仲昭跋明杭本入南雍此則閩本也

存一之七十九　八十九之一百

晦庵文集一百卷

明鈔本每半葉十行行十八字

存八之十三　十八之二十　二十二之三十二　三十九之四十七　五十一

之五十三　六十二之六十五　七十之七十二　八十一之九十　九十五

九十六

晦庵先生朱文公續集十卷別集十卷

宋刊本每半葉十行行十八字高六寸七分廣五寸二分白口單邊上有字數下

有人名淳祐五年王遂序淳祐庚戌二月徐幾跋別集景定癸亥余師魯書

東萊別集十六卷附年譜碑志二卷

宋呂祖謙撰宋刊本每半葉十行行二十字惜多缺葉有藥盦珍玩宋元秘本朱

文長印

止齋先生文集五十二卷附錄一卷

宋陳傅良撰黑口明刊本

格齋四六南塘四六梅亭四六三種

宋刊本每半葉十行行十九字白口高六寸二分寬四寸口上書南塘梅亭二字三松獨無有海虞毛表奏叔圖書記朱文方印汲古閣圖書記朱文長方印東吳毛表圖書朱文長印奏叔朱文方印毛表之印朱文方印奏叔白文方印虞山毛氏汲古閣收藏朱文方印虞山毛表奏叔家圖書白文長方印毛奏叔氏朱文方印叔鄭後裔白文方印乾學朱文徐健庵白文聯珠方印

梅溪先生前集二十卷後集三十卷奏議四卷

宋王十朋撰明刊本

存前集一之四　十一之十六

後集八之十五　十七之十八

雲莊劉文簡公文集十二卷

五

淡生堂鈔本從天順本出有十世孫梗識語

雲莊詩

舊鈔本

誠齋文膾前集十二卷後集十二卷

宋楊萬里撰宋刊本每半葉十二行行十九字小黑口高四寸六分高三寸三分

有圈點擲首行批點分類誠齋先生文膾卷一前集陰文次行君心門三四兩行

君心分占兩行謹嗜慾作一行

前集存　一之四　七之十二

後集存　一之二　四　五　八之十

橥水心集二十九卷

宋葉適撰舊鈔本

南湖集六卷

元黃性之撰舊鈔本

山房集九卷

宋周南撰傳鈔閣本

文山先生全集十六卷

宋文天祥撰明刊本

存三之十二　十五　十六

文山先生别集六卷

明刊本

存一之三

湛然居士集十四卷

元耶律楚材撰舊鈔本有汪印士鐘白文民部尚書郎朱文小方聯珠印汪厚齋

藏書朱文小方印

月屋漫藁一卷
勞氏鈔校十二行本据宋賓王校本傳錄
桂隱文集四卷
元劉詵撰舊鈔本有仲遵朱文長方印陳鱣私印白文西畇居士朱文連珠小方
印西畇草堂藏本朱方長印
魯齋遺書十卷
元許衡撰明刊本嘉靖乙酉蕭鳴鳳刊行紙印均佳有陳鱣白文西畇居士朱文
兩方印
白雲集四卷
元許謙撰舊寫黑格本有潘印顯謨勝夫氏白文聯珠印包子莊秘笈印朱文長
印高銓之印固叟朱文兩方印
紫山大全集二十六卷

元胡祇遹撰傳寫本原書六十七卷其子太常博士持所編今已散佚不存此館臣從永樂大典中錄出加編次凡賦詩詩餘七卷文十二卷雜著四卷語錄二卷有延祐二年門生劉賡原序案元史本傳第詳政績而未及詩文劉序謂潛心伊洛之學慨然以詩文爲己任今讀其雜著經濟學術悉可攷見又嘗著易解三卷老子解一卷其非無本之學可知矣

吳文正公集一百卷

元吳澄撰明刊本每半葉十五行行二十八字高六寸八分廣四寸六分黑口單邊此百卷本非四十九卷可比

存四十一之六十

草廬文粹五卷

明吳訥編宣德九年刊本訥自序

草廬文粹五卷

明吳訥編正統六年重刊本前吳訥序後集五世孫炬識

秋澗先生大全文集一百卷

元王惲撰明弘治刊本有濩澤車璽序

存一之十九　四十六之七十三

秋澗大全集一百卷

舊鈔本

中菴集十八卷

元劉敏中撰舊鈔本有容夫校定朱文方印甘泉汪氏鈔祕書之一白文方印蕘圃手校朱文方印

己丑九月慮吳門顧澗蘋家案頭適有殘本中菴集爲容夫先生家鈔鱣昔見先生家藏宋元別集多人間未見之書皆以掌理閣書時所鈔藏此其一也旣屬澗蘋爲我錄副復志於後以徵奇遇　海鹽陳鱣

嘉慶十六年借拜經樓本校一過　老蕘

右殘本中菴集十一卷舊爲汪容夫先生家鈔本中用硃筆校改處猶是先生手筆也後爲黃君蕘圃所得復爲校正數字即用墨筆所改者也按此書久佚四庫從永樂大典録出爲二十卷今缺上七卷下二卷蕘翁收時巳如此矣余曾假録一副擬從閣中補鈔之未果也今原本爲闌源觀察所藏暇日出示屬爲補跋按此書雖有缺失然世不多見甚爲可貴觀察好事者能補鈔刊行之豈非一美事哉己丑十一月初一日顧廣圻書

道園學古録五十卷

元虞集撰明嘉靖刊本每半葉十三行行二十三字

雍虞先生道園類藁五十卷

元刊大字本每半葉九行行二十字黑口高七寸二分寬五寸有牒文歐陽玄序中有鈔葉均在目録之外似同時録增目録文亦間有缺者四庫未著録

存詳未

黃文獻公集二十三卷

元黃溍撰元刊本每半葉十四行行二十五字高六寸三分廣四寸四分黑口雙邊宋濂序

存一之三　十二之十五

又

元黃溍撰舊鈔本有西圃蔣氏手校鈔本朱文長方印孫爾準讀書記朱文方印

元金華黃文獻公溍所著詩文全集二十五卷爲日損齋藁宋景濂爲之序今已不存世但有新舊兩本舊本二十三卷新本僅十卷而已蓋明萬歷間溫陵張維樞選而重刻者凡涉釋道二氏之文一槪弗錄意欲闢異端崇儒敎而不計其文之工拙爲可噱也茲本盛行於世舊本遂至不絕幾如綫矣予遍訪二十餘年卒無一遇歲庚子五月乃得之吾友林鹿原寓齋因假之歸錄其總目其詩與文凡

新本所刊落者悉補入之另爲一本俟他日照目繕寫俾復舊觀不亦善乎是以
目校手鈔亟卒其業而不自覺其憊也
昔庚子五月二十五日舒本魯介夫識於干畝堂
閩中鹿原林氏藏本乃按新刻中遺缺者目校手書另爲一册後錄其總目以待
依次繕寫介夫之嗜古好學可謂至矣余從借觀因照總目序次命傭書人錄鈔
四閱月而後卒業缺者補譌者正初者續稿悉歸原部介夫之有志未逮者余代
成之他日攜至一枝軒中對案披閱亦一大快事也
雍正元年十月十九日邗江蔣西圃識於京華寓齋
逸軾

圭齋集十五卷
元歐陽玄撰明刊本王鳴盛跋
行狀不言年數攷元史本傳年八十五當生於宋咸淳十年甲戌延祐二年乙卯

賜同進士及第時公年四十有二始入官卒於至正十七年凡居官四十三年据
宋濂序言公文集皆燬於兵火是集不過辛卯至丁酉七年中所作則是七十九
歲至八十五歲作也然開卷第一篇天馬賦卽係登進士第試作則知掇拾殘稿
隨其所得編入之不盡七年中所作此公學本空疏手筆庸庸是集又出兵燹之
餘叢殘賸稿且多係八十後哀耄所作故無足觀福位壽考無一不備又享大名
世所共推聊存以備一家可耳
丙午五月西莊王鳴盛記時年六十有五

柳待制文集二十卷

元柳貫撰松江謝氏鈔本

皇清雍正七年歲次己酉婁東謝氏手鈔藏於尚論堂 共六本

柳先生詩文爲元人集中最上乘不特世鮮元刻卽明初翻本亦爲今所甚珍余
近鈔宋元人文集耑事較讎目無善本不獨鈔本多譌卽刻本亦難憑也總於翻

剡之頃惟事矜功護短不肯自認才學有限以闕文疑譌留俟後人以致含胡臆測三寫成烏前鈔周益公集中詞科舊稿首序原鈔以繇（音寅爻辭）爲繇新鈔改繇爲由譌復傳譌當吾手也甲辰冬盡繡水竹垞先生門下客周姓者持柳文肅公集求售據稱映鈔元板閱之見字畫纖細疑譌頗多乙巳春臘得彭城錢氏收藏明初翻本又借金星軺所藏國初翻刻本兩較之下慨夫一解不如一解不獨今人不如古人也頹靡不挽誰使之然因於暇日以繡水爲主參之明初國初辨其筆畫錄其疑譌以俟政高明未必非明窗淨几一端也宋蔚如跋

揭文安公評先生文云如老將統百萬兵旗幟鮮明戈甲焜煌不見有暗嗚叱咤之嚴余於己酉長夏假宋蔚如兄家藏鈔本手自印寫通得五百三十四紙覺篇篇與文安公之言吻合非文安公不能定先生之文也嗚呼盡之矣錄竟時雍正七年閏七月七夕日書於杏花小樓太倉謝浦泰心傳謹識

乾隆乙卯春從同榜蔣賓嵎館中得天順本柳文肅公集已自詫爲希有惜多中

爛板字跡糊塗十五卷慈慧庵記後十三篇盡從闕如是所憾也兹八月十日書船友陳輔義攜是本來係太倉浦星驪鈔本觀其跋語知是宋蔚如藏本傳錄蔚如蓋以影鈔元板爲主而以他本輔焉者也取與天順本彼此參對不特字跡糊塗者十可補其八九而且十五卷中所闕記文俱全其餘之賴此校正者不可枚舉以云影鈔元板未必予虛行款字數刻本悉同惟增附文十五則刻本所無文肅集得此本當爲最善矣　棘人黃丕烈識

雁門集八卷

元薩天錫撰舊鈔本從張化張習刊錄習有後跋有馬曰璐白文方印臣星衍孫伯淵兩白文方印

羽庭集六卷

元劉仁本撰舊鈔本有世守陳編之家朱文蟠龍腰圓印老屋三間賜書萬卷歙西長塘鮑氏知不足齋藏書印朱文兩大方印遺藁天留朱文方印

鹿皮子集四卷

元陳樵撰舊鈔本勞季言撰有丹鉛精舍朱文長方印勞格季言朱文聯珠小方印

丁鶴年集四卷

舊鈔本鮑氏知不足齋藏本分海巢哀思方外三集又續集爲第四卷并有附錄又有詩續詩補須借琳瑯秘室本校之有知不足齋朱文方印遺書天留朱文大方印

梧溪集七卷

元王逢撰舊鈔本

三聖集 四明釋梵琦和

元刊本每半葉十三行行二十四字和寒山子詩

知常先生雲山集

舊鈔本

存三　四

以上元

劉文正公詩一册

舊鈔藍格本分體鈔有圈點

黃楊集六卷

元華幼武撰淡生堂鈔本有澹生堂經籍記朱文長方印曠翁手識白文方印山

陰澹生堂藏書白文大方印

袁海叟集四卷

裘杼樓鈔本

潛溪集八卷

明翻元刊本嘉靖口口高節跋極佳

堯藻集五卷

舊鈔本

花谿集三卷一册

吳興沈夢麟撰陸珩編弘治癸丑彭韶序

巖居稿八卷

明刊本有慶曾朱文小印紅豆齋攷藏有漁洋手跋池北書庫攷藏朱文方印

向嘗與學子論詩云工於五言不必工於七言工於古體不必工於近體觀鴻山及唐孟襄陽集可悟令人自古樂府古詩十九首以下無不儗者眞妄人也辛未十一月漁洋山人

何翰林集二十八卷

明刊本後有嘉靖乙丑何氏香嚴精舍雕梓兩行牌子一行下有宮商角徵羽五字分號

以上明

確庵文集四册

陳瑚撰舊鈔密行小字本

黄君受益以所購確庵集寄示以余所藏本校之互有異同余所藏本有聖學入門書講義序記書傳墓誌表碑文雜著此皆無之惟尺牘像贊較余所藏本爲多鈔本開江書築圍書日記亦是本所無年譜行實崇祀錄書院錄謚議墓誌銘予亦無之從遊集皆及門諸子之作先生嘗選刊同志之詩爲離憂集與從遊集並行曾於友人處借鈔之從遊集未之見也續得頑潭詩話兩卷又皆以詩紀事與諸同人倡和之作亦無刊本當時詩文藁雖有刊本無卷數餘皆先生孫橫山所手鈔都係未定之本故彼此參錯惟西郊呂氏所藏最爲完善後爲越中楊芸士所得芸士没後轉售海虞李升蘭孝廉異日當假而鈔之補其所闕以成全璧也

丁巳仲秋葉裕仁校竣記

臧拜經手藁二十册
此拜經叢稿日記文集均在内並有未刻逸文
陸鐵莊文集十二卷
句吳陸楣藁本
總集類
文選六十卷
宋刊本每半葉九行行大字十五小字十九高七寸五分寬五寸八分白口單邊
下有人名每卷後有校人姓名是贛州本
州學齋長吳拯校對
州學齋長陳烈校勘
右迪功郎贛州司戶參軍　李盛覆校
存目卷一　二　四　五　七之九　十二之十五　十七之十九　二十二之

三十六　三十八之四十八　五十之六十

李善注文選

宋刊本每半葉十行行大十八字小二十五字高七寸八分廣六寸白口單邊首行文選卷第五梁昭明太子撰三行文林郎守太子右內率府錄事參軍事崇賢館直學士臣李善注上口上標李善注文選五字

存三之八

李善注文選六十卷

元刊本每半葉十行行二十一字大小字同白口版高六寸三分廣四寸五分首行文選卷一次行梁明太子選三行唐文林郎守太子右內率府錄事參軍事集賢館直學士李善注上奉政大夫同知池州路總管府事張伯顏助率重刻末葉監造路吏劉晉英郡人葉盛一行收藏有汪士鍾字春霆號頤園圖書印白文長方印

清學部圖書館善本書目

存三之六　十一之六十

增補六臣注文選六十卷

宋陳文子校補宋刊本每半葉十行行大十八字小十九字高七寸四分廣四寸五分白口單邊上有字數首行增補六臣注文選卷幾次行梁昭明太子撰空二格唐六臣集注三行茶陵前進士古迂陳仁子校補

增補六臣注文選

存四之九　十三四　十七八　二十三四　二十七之三十三　三十六之六十

增補六臣注文選

行欵同前此係明翻本

文選六十卷

存十三之十八　二十一之二十四　二十七八　三十一之三十六　四十五

之四十八　五十三之五十六

又

明重刊張伯顔本每半葉十行行二十二字比原本多一字行款全別不得謂之繙刻原款官銜一行共兩行此本改二行爲四行矣

存一之三　八之十六　二十六之三十四　三十九之四十一　四十一之五十一

又

李善及五臣注明袁褧刊本紙墨極精

又

朝鮮刊本

存五之八　十七　十八　二十一　二十二　二十五　二十六　三十二　三十四　三十七　三十八　四十三之五十一　五十三之五十九

清學部圖書館善本書目

文苑英華一千卷

宋李昉等奉敕編宋刊本每半葉十三行行二十二三字不等高七寸廣五寸白口單邊板心上魚尾上記字數下有刻工姓名今存表牋狀檄露布彈文移文啓書疏序爲卷六百一至七百首題文苑英華卷六百小注疑表字下有墨圍白文小注一作皆唐類表六字次三行又有墨圍白文雙行小注云唐書柳冕傳有此表類表作柳冕是也英華誤作李俛又本傳云柳冕爲福建觀察使上表明朝覲之義兼表文又有瘴癘之說恐非青帥四行五十三字褚遂良諸廢在官諸司捉錢一空七格題表四十九次行低一格題陳情一下有墨圍白文雙行小注云陳情表二卷華英所編失年代先後今正之十七字沈炯陳情表後有墨圍白文大字二作皆陳書本傳七字卷六百三請致仕一下有墨圍白文雙行小注云致仕表二卷英華所編失年代先後今正之十七字柳冕青帥乞朝覲表青字下有墨圍白文今史表後有墨圍白文雙行小注云此篇六百九十七卷重出今已刪去

十四字李嶠爲汴州司馬唐授不請預齋會表後有崔融爲韋將軍請上禮表次行有墨圍白文大字云此篇當在六百十三卷上禮門今已移入姑存其目一行二十字闕名留墨丁爲盧從愿請替東都留守表後有蘇頲爲羣臣請公除表次行有墨圍白文大字云此篇當在五百七十一卷還祔門今已移入姑存其目一行二十一字諸如此類略存一二以見例文獻通考經籍門載平園周氏跋文苑英華後云頃嘗屬荆帥范仲蓺均倅丁介稍加校正晚幸退休編求別本與士友詳議疑則缺之凡經史子集傳註通典通鑑及藝文類聚初學記下至樂府釋老小說之類無不參用惟是元修書歷年多非出一手叢脞重複首尾衡決姓氏差誤先後顛倒不可勝計今皆正之詳注逐篇之下不復徧舉始 於嘉泰改元春至四年秋訖工是也證諸宋史周必大傳嘉泰元年御史施康年劾必大首唱僞徒植黨與降詔爲少保必大跋所云晚幸退休卽指此事是書爲周必大命彭叔夏校正之本故每卷題文苑英華卷第幾百幾十幾後皆有登仕郎胡柯鄉貢進

士彭叔夏校正一行觀文苑英華辨証序云文苑英華一千卷字畫魯魚篇次混淆比他書尤甚公既退老邱園命以校讎膚見淺聞甯免謬誤然攷訂商榷用工爲多散在各文覽者難徧則卷中墨圍白文皆彭叔夏校語矣又据辨正序題嘉泰四年冬十有二月己丑朔鄉貢進士廬陵彭叔夏謹識知叔夏爲江西人也每册用黃綾裝後有墨印小字云景定元年月日裝背臣王潤照管訖月日上皆空而以筆填十一十二於月上初一二十六於日上每册首一葉上方有晉府書畫之印下方板匡內有內殿寶璽御府圖書二印末葉上方有敬德堂章子子孫孫永寶用二印下方板匡外有緝熙殿書籍印皆朱文

河南程氏文集八卷

宋程顥程頤撰宋刻大字本每半葉八行行大小十四字高六寸四分廣五寸白口單邊首有目錄已殘從十四葉起次首行低三格題伊川先生年譜下空二格題朱熹二字板心上魚尾下均題明道目知目錄前必有明道先生年譜其板心

或誤題伊川目錄文也本書每卷題河南程氏文集卷第一二三四五六七八次行低五格題明道先生文一二三四下有小字旁注表疏書記程文附銘詩行狀墓志祭文等字四卷爲上册下册五卷起亦題伊川先生文一二三四下有小字旁注表疏學制雜著等字而文一之下小字旁注巳經爛脫又卷中有空白紙界烏絲闌者蓋殘闕矣据直齋書錄解題謂二程共爲一集建甯所刻本當卽此書惟彼爲十二卷而此祇八卷或有誤字有汲古堂朱文長印蘇氏書印白文方印

三蘇文粹七十卷

不著撰人姓氏明刊小字本

吳都文粹十卷

宋鄭虎臣編舊寫本有包子莊秘笈印朱文長印

聲畫集九卷

宋孫紹遠編舊鈔文

清學部圖書館善本書目

國朝文鑑一百五十卷
宋呂祖謙撰宋刊本每半葉十行行十九字高六寸六分廣四寸九分白口單邊上有字數下有刻工人名皮裝螮裝子目連屬本文
存目錄中　二之五　六之九　十四之十六　三十四　三十五　三十九之四十一　七十一之七十三　八十七之九十三　九十八之一百零五　一百零八之一百十二　一百十六之一百十九　一百四十之一百四十三　一百四十六之一百四十八

宋文鑑
晉藩刊本首有嘉靖皇帝荅晉王書晉王知烊謝書又重刊序嘉靖五年晉藩志道堂書於敕養德翁院

又
明繙刊宋本天順八年商輅序弘治甲子胡拱辰序胡韶序首去皇朝二字

存目中　二之五　六之九　十四之十六　三十四之三十五　三十九之四十一　七十一之七十三　八十九之九十三　九十八之一百零五　一百零八之一百十二　一百十六之一百十九　一百四十之一百四十三　一百四十六之一百四十八

宋文鑑一百五十卷

明刊本弘治甲子胡拱辰序前有商輅序有黎陽朱文小長印夢鷗仙館朱文小方印

西漢文類五卷

宋陶叔憲編傳寫本是書晁氏讀書志著作二十卷此本原書四十卷今存卷三十六至四十卷末有紹興十年四月日臨安府雕印一行每半葉十三行行二十四字分注二十五至三十字不等敬竟殷匡貞徵桓完等字減筆紙面鈐請遠堂三字朱記當是南宋時紙鋪號也舊藏愛日精廬張氏

清學部圖書館善本書目

文章正宗二十卷

宋眞德秀撰宋刊本每半葉十行行二十字小字同白口高七寸一分寬五寸三分中縫大小字有古吳蔣氏收藏白文方印

又

宋刊本行款同前有晉府圖書之印

存卷四半卷

續文章正宗二十卷

宋刊本每半葉十一行行二十一字高七寸四分寬五寸七分白口單邊

存一之四　十之十三　十二之十四

九僧詩一卷

舊鈔本有席鑑之印朱白文小方印席氏玉照朱文方印僞印甚多不錄

選詩補注八卷補遺二卷續編四卷

宋劉履撰明刻本

西漢文鑑二十一卷東漢文鑑二十卷

明愼獨齋刊本首行石壁野人陳鑑編次行建陽京兆劉弘毅刊印本頗早口上

注字數上有刻工姓名

西漢文鑑

宋刊巾箱本每半葉九行行十八字白口高三寸八分寬二寸五分

存二之十六

中州集十卷樂府一卷

金元好問編舊鈔本

注唐詩鼓吹十卷

元郝天挺注元刊本每半葉十行行大小二十字高七寸一分廣五寸二分白口

單邊板心魚尾上記字數大字居中下記刻工姓名首題注唐詩鼓吹卷第幾次

行結銜資善大夫中書左丞郝天挺注元史本傳稱天挺受業於遺山元好問又注唐人鼓吹集一十卷行於世是也瞿宗吉歸田詩話又稱元遺山編唐詩鼓吹專取七言律詩郝天挺爲之注世皆傳誦少日效其制取宋金元三朝名人所作得一千二百首分爲十二卷號鼓吹元音則元明間盛行是書可見今存卷五之七爲劉滄至李羣玉三十四家用綿紙印極精

玉山名勝集八卷

元顧瑛編舊鈔本

文體明辨八十四卷

明徐師曾撰師曾字伯魯吳江人刻本

存十九之二十二　二十六　二十八之三十三　三十五之三十九　四十一　四十二　四十四之四十九　五十一之五十五　六十一　附錄一二　十二　十三　目錄一冊

明文翼運

不知卷數明沈猶龍選分類按年編有圈點共存十九卷大號五十九止於類書似不止百卷四庫未著錄

存六　九　十三之十四　十七之十九　二十之二十二　三十八　四十五之四十七　四十九之五十一　五十四之五十六　五十九

文章類選四十卷

明慶王㮵撰黑口本

明刻唐詩十二家

明楊一統允大編萬歷甲申刊本今存王勃盧照隣宋之問岑參高適五家各一册

潁陽四先生集四卷

明內閣書目已著錄彙錄張紘李宗樞楊爵孫丕揚文明刊本

唐律多師集十二卷

不著撰人名氏舊鈔本

詩文評類

崇古文訣三十五卷

宋樓昉撰宋刊本每半葉十一行行二十一字高四寸八分寬三寸一分寶慶丁亥端月延平姚瑤跋楮墨精緻惜止一半首行迂齋先生標注崇古文訣

古文關鍵二卷

宋呂祖謙撰明刊本

詩話總龜前集五十卷後集五十卷

宋阮閱撰舊鈔本

東觀選要六册

舊鈔本石廷佐紀常有序

七家批錢注杜詩二十卷

朱墨筆錄於錢刻本上

七家批姓氏爵里

顧炎武

王無異

潘耒

王士禎

閻若璩

杜濬

鐵保

長州吳起潛紫瑜甫記

詞曲類

東坡樂府下卷

宋蘇　軾撰摹宋本

稼軒長短句十二卷

宋辛棄疾撰明小草齋影寫大德乙亥廣信書院本絕精有晉安謝氏家藏圖書朱文大長方印東吳毛氏圖書朱文長印西河季子之印朱文方印平江貝氏文苑朱文長印簡香曾讀白文長印

滄江虹月詞一卷

錢塘江初問樵撰藁本仁和沈星煒題辭後有無名氏跋

清學部圖書館善本書目終

敦皇石室經卷中未入藏經論著述目錄 疑僞外道目錄附

翊灼案佛教典籍浩繁歷來編目錄者胥依經律論三藏列次三藏中又復各分大小乘以爲前後此例尚嫌儱侗不便觀覽茲準涅槃經六波羅蜜多經定例分爲大乘小乘大乘中分經藏律藏論藏祕密藏雜藏五類小乘中不分庶統緒朗然而易於尋攬惟此項未入藏經卷多係破碎首尾不完翊灼以限於日力愧未及一一詳爲攷證也

大乘經藏類

華嚴略疏 辰字第五十三 一卷

翊灼案此係釋六十華嚴尋繹文義頗類雲華搜玄記不知何人著也

華嚴行願品頌 寒字第八十四 始字第五十七 共二卷

普賢行願王經 宇字第三十五 一卷

翊灼案此二經皆是唐譯之異本可資讎校

大方廣華嚴十惡經 芥字第四十五 一卷

翊灼案此經未見著錄本卷不完未能覘其義趣以定眞僞姑附於此俟後攷證

維摩經疏 洪字第十一 昃字第二十六 昃字第二十三 昃字第二十四 呂字第九十六 生字第九 崑字第九十九 岡字第六十二 夜字第四十三 河字第九十九 淡字第七十六 潛字第四十三 潛字第九十八 羽字第十九 師字第七十七 帝字第四十一 帝字第八十六 鳥字第八十七 始字第七十八 服字第九十一 共二十卷

維摩經解 盈字第八十六 昃字第五十 爲字第八十六 裳字第七十三 共四卷

翊灼案此二種二十餘卷皆不完整不能攷爲何人之作惟其文義頗精實淨名經之要箸也

維摩經科要 騰字第四十七 一卷

維摩經義科 致字第六十二 一卷

翊灼案此二種可備參考惟首尾亦不完不識爲何人著作

維摩經義記 辰字第三十二 一卷

翊灼案此卷末題釋瓊許寫審其文義蓋是隋慧遠所著之八卷本也

維摩經肇注 往字第九十一 歲字第十七 致字第七十一 致字第七十二

霜字第十六 夜字第七十一 重字第二十 淡字第五十一 帝字第九十

皇字第三 始字第十三 制字第三十二 字字第五十三 乃字第五十四

共十四卷

翊灼案此與流通本之肇注有不同者可資仇校

維摩經集解開中疏 道液撰 秋字第七十二 閏字第九十六 生字第二十四

柰字第八十二尾 薑字第七十 薑字第九十四 河字第五十三 河字第

三十六　位字第四十八　共九卷

内題資聖寺沙門道液述

翊灼案道液爲人不詳此疏融會性空義旨甚精可寶也

賢護經疏列字第十三　淡字第十九　淡字第七十五　共三卷

翊灼案此是性宗著述疏義甚精惜首尾不完

勝鬘經疏玉字第二十四　柰字第九十三　共二卷

翊灼案此疏似六朝人著作齊陽都沙門法瑗有勝鬘經解三卷不知卽此否也

觀彌勒上生經疏服字第二十二　生字第六十八　共二卷

翊灼案此是相宗人著述二卷已得十之六七可寶也

无量大慈經薑字第八十九　一卷

閻羅王受記經鹹字第七十五　一卷

內題佛說閻羅王受記令四衆逆修生七齋往生淨土經

讚僧功德經 海字第七十八 服字第六十二 衣字第二十二 共三卷

菩薩見實三昧經 宇字第二十七 一卷

究竟大悲經 宙字第十五 一卷

大通方廣經 盈字第十九 第二十四 列字第五 露字第六十六 衣字第一

共五卷

淨度三昧經 昃字第二 結字第六十五 共二卷

普賢菩薩說咒經 來字第六十四 暑字第六十 共二卷

佛說禪門經 露字第九十五 鳥字第三十三 共二卷

莊嚴成佛經 果字第六十九 一卷

入無分別總持經 囊字第二十三 一卷

慈敎經 河字第六十四 一卷

父母恩重經 翔字第二十五 一卷

大丈夫經 始字第十七 一卷

翊灼案以上十四經或向未見著錄或久遺佚今姑附此以待詳攷

大般若經釋 潛字第六十九 第七十四 帝字第八十三 共三卷

翊灼案釋大般若者著錄所見甚少此卷或宗智論爲之歟

般若心經疏 崑字第十二 闕字第九 共二卷

翊灼案此經疏家極少此疏甚精發揮性空義旨至爲透豁唐初人著作也

金剛般若經疏 收字第一 閏字第二十一 第二八 第四十八 菜字第十五

翔字第三十七 始字第三十七 共七卷

翊灼案此疏七卷似非一種然斷文殊卷殊難究竟繹其文義則甚精要空宗之傑著也

釋般若中名義 結字第九十三 一卷

翊灼案此卷可作空宗參考

般若心經海字第七十七　一卷

翊灼案此又一譯可資讎校

涅槃經疏地字第九十三　字字第六十　閏字第二十四　第七十六　第九十一　餘字第四十六　致字第七十　制字第八十九　共八卷

翊灼案此疏殘佚太多不可攷爲何人著作文義旨趣則性宗也

涅槃經義記雨字第九十　一卷

翊灼案此爲隋慧遠所著義至精要日本續藏收而不全此卷或能裨其闕則尤可寶也

法華經玄贊黃字第十二　昃字第六十八　李字第二十　河字第三十九　共四卷

翊灼案此爲唐慈恩寺窺基撰以相宗之精英發明一乘之祕奧最極圓湛此

卷惜闕略太多將來或能從日本續藏中鈔補以爲完璧則尤可寶也

法華疏暑字第七十　致字第十五　結字第四十二　玉字第二十六　號字第六十六　李字第二十　柰字第十一　淡字第三十二　始字第五十三　共九卷

翊灼案此疏殘佚甚多不可攷辨據其義理則賢家最精者聞賢首有法華疏若干卷此其是歟

阿彌陀經義述戾字第三十　官字第三十五　共二卷

翊灼案此卷未見著錄義甚精惜殘佚也

觀無量壽佛經疏鳥字第九十四　官字第四十三　共二卷

翊灼案此經疏家甚多此疏未曾經見據其文義則亦唐初人所撰也

稻芉經隨聽手鏡記藏字第九　調字第五十　陽字三十四　雲字第十八　結字第五十九　柰字第八十九　鹹字第十四　第五十九　始字第六十二　制

字第七十三　文字第五十八　第七十五　裳字第十三　共十三卷

翊灼案此疏爲相宗秘要之典所述多相宗入門精義惜諸卷重複過多合之仍闕尾也

大乘律藏類

梵網經菩薩戒疏藏字第五十五　第七十四　共二卷

翊灼案此與智者賢首二疏均不同不知何人所著惜已殘佚過半矣

菩薩戒義菜字第七十八　爲字第十四　共二卷

翊灼案此係散義可備參攷

大乘論藏類

起信論釋海字第九十五　衣字第四十　共二卷

起信論義述鹹字第四十六　淡字第四十八　始字第四十　第四十一　共四卷

翊灼案此二種皆賢首宗人著述而義述尤與賢首義記大同或卽義記之初稿歟

十地經論釋鹹字第七十八　一卷

翊灼案此卷前後均佚攷其義趣殆亦唐初人著作也

因緣心論釋海字第十七　一卷

翊灼案此釋係龍猛菩薩造歷代久佚之本也

因緣心釋論開決記麗字第八十三　海字第三十九　共二卷

翊灼案此卽釋前釋論者發明相緣相義甚精惜多佚也

大乘四法經論廣釋開決記結字第三十　官字第四十二　共二卷

翊灼案古來釋四法經論者甚少此卷發明顯透可資尋繹

大乘五門十地實相論騰字第六　露字第四十三　共二卷

翊灼案此論未見著錄譯人及所出年代均不可攷

金剛仙論 地字第五十四 盈字第二十七 閏字第六十六 共三卷

翊灼案此論日本續藏收題爲金剛仙菩薩造開元釋教錄則云金剛仙論十卷尋閱文理乃是元魏三藏菩提留支撰釋天親論者未知孰是

圓明論 服字第六 一卷

內題馬鳴菩薩造

又題目云明心色因果品第一要門方便品第二辨明修道釋因果品第三辨明三乘逆順觀品第四簡異外道緣生本品第五入邪正五門辨因果品第六自心現量品第七簡妄想品第八辨明聲體品第九

翊灼案此論未見著錄譯人出時並不可考

瑜珈師地論隨聽手記 辰字第八十七 秋字第五十七 冬字第七十二 閏字第九十八 露字第八十二 光字第二十六 柰字第九十七 共七卷

翊灼案日本續藏收唐遁倫記二十四卷窺基略纂十六卷瑜珈師地論著述

僅存此矣此卷不知何人著作其云隨聽手記或亦聽奘師講演而記錄之歟
審爾則甚可貴也
瑜珈師地論科 宇字第九十 宙字第六十六 共二卷
瑜珈師地論釋 張字第六十三 官字第十六 共二卷
翊灼案此二種可資參考
百法論疏 荒字第七十八 辰字第七十三 列字第三十二 秋字第六十一
冬字第二十五 呂字第三十七 陽字第二 金字第十八 玉字第五十六
號字第四十 柰字第九十八 菜字第三 潛字第五十七 第五十九 官字
第六十五 字字第三十二 共十六卷
翊灼按此論疏者甚多而流傳甚少此卷不審爲何人著作然其釋義精極作
者其爲大乘光之流亞無疑也
百法義章 露字第四十六 一卷

翊灼案此卷完全釋義亦明了

百法論述義 崑字第六 一卷

翊灼案此卷殘佚太多不可攷辨矣

百法論開宗義記 露字第六 水字第六 出字第一百 海字第十九 鳥字第六十七 共五卷

翊灼案此記未見著錄據文義亦唐初諸師所著發明相宗義甚精詳也

無名論 宙字第九十五 一卷

內題三慧品第一百九十四

又一卷 騰字第二十三 一卷

內題觀聲性空證實際品觀三處空證菩提品

又一卷 露字第二十 一卷

內題求善知識不惜內外壽命嫌疑品第十

又一卷 騰字第五十九 一卷

內題禪章第五般若章第六出家章第七孝愼章第八戒色慾章第九

又一卷 號字第二十六 一卷

內題顯一切衆生身內有佛父母品第六對治服藥論第七除一切衆生修道作佛病品第八一切聖賢心海發作扭振準合品第九一相論法卽道解脫品第十

又一卷 人字第二十 一卷

內題佛性同異章第七

又一卷 爲字第四十六 一卷

內題煩惱卽菩提品第九

翊灼案以上各卷均是論類惜均殘佚姑存於是以俟詳攷

無名論釋 帝字第十七 一卷

翊灼案此卷文義審爲論釋惜所佚太多不可稽考

大乘秘密藏類

無量壽宗要陀羅尼經 盈字第三十一 一卷

翊灼案此經未見著錄綜核文句與元沙囉巴所出之無量壽決定光明王陀羅尼經蓋同一梵本也

如意輪陀羅尼經 餘字第八十五 一卷

翊灼案此又一譯可資仇校

諸星母陀羅尼經 收字第五十七 一卷

金有陀羅尼經 收字第四十 一卷

翊灼案此二經未見著錄

大佛頂首楞嚴陀羅尼經 宇字第二十二 一卷

翊灼案此又一譯可資讎校

解百生怨家陀羅尼經 推字第九十 一卷

翊灼案此卷文義可疑姑存於此以俟後攷

東方金剛大集想 戻字第五 一卷

瑜伽禮 水字第二 一卷

法身禮 推字第七十九 一卷

救濟苦難陀羅尼 始字第六十八 一卷

施餓鬼水食眞言印法 敢字第六 一卷

金剛蓮華大摧碎眞言 戻字第九 一卷

翊灼案以上六種皆眞言宗散法此土阿闍梨之著作也

金剛頂四十九種壇法軌則 冬字第七十四 一卷

內題金剛峻經金剛頂一切如來深妙祕密金剛界大三昧耶修行四十九種

壇法作用威儀法則

大毘盧遮那佛金剛心地法門法界壇法軌則 冬字第七十四 一卷

同前並題大興善寺大廣智三藏不空奉詔譯

金剛頂瑜伽迎請儀 餘字第十九 一卷

內題金剛頂經一切如來深妙秘密金剛界大三昧耶修習瑜伽迎請儀

末題大興善寺大廣智三藏不空奉詔譯

金剛頂經金剛界修習瑜伽儀 餘字第十九 一卷

內題金剛頂經一切如來眞實攝大乘現證大教王經深妙秘密金剛界大三昧耶修習瑜伽迎請儀

末題大興善寺大廣智三藏不空奉詔譯

翊灼案以上四種祕密軌則皆眞言宗要法也

大神力都攝一切咒王帝殊羅尸金剛大道場三昧陀羅尼 光字第九十五 一卷

翊灼案此是佛頂部眞言與大佛頂咒同類也

如意輪王摩尼別行法印 官字第十五 一卷

翊灼案此卷載印法甚悉眞言宗之秘典也

秘密義鈔 淡字第四 一卷

翊灼案此是眞言宗散義

頓悟大乘秘密心契禪門法 致字第八十六 一卷

內題惠達和上撰

翊灼案惠達不可攷此文係頌類明義甚精也

大乘雜藏類

禮阿彌陀佛文 果字第八十八 一卷

淨土願文 服字第二十八 一卷

翊灼案此二種亦不完全不可考證

西方淨土讚 果字第四十一 一卷

歸西方讚 文字第八十九 一卷

翊灼案此二種義甚好著者不可考矣

淨土義 潛字第五十一 一卷

翊灼案此卷發明淨土之義甚精惜首尾不完

淨土懺 乃字第六十八 一卷

翊灼案此懺亦非流通諸種不詳作者也

安心義 宿字第九十九 一卷

眞了性壇語 寒字第八十一 一卷

內題和尚頓敎解脫禪門眞了性壇語

無名上士集 閏字第八十四 一卷

內題觀行法爲有緣沙門知嵩述

大乘無生方便 生字第二十四 一卷

竪義 劍字第八十七 一卷

內題本迹第三眞應第四境智第五因果第六

融卽相無相論 奈字第五十五 一卷

內題三敎對於三佛論第四三根對於三敎論第五釋三佛有說無說論第六

辨共成佛爲不共成佛論第七有執無執論第八淨土論第九二諦論第十十

二因緣論第十一禪枝論第十二

末題承相王五門佛性義

又題汸𠀉釋道遵許 案許字或說是歟

又題沙彌庫狐純祚寫

一乘顯自心論 字字第四 一卷

了性句 裳字第六十七 一卷

證心論 裳字第七十五 一卷

翊灼案以下九種皆是禪宗人著述發明心宗要義甚暢

無相禮 重字第二十 一卷

口口觀脩善法 制字第七十九 一卷

翊灼案此二種亦禪宗撰述之類

所緣緣論釋 鳥字第九十三 一卷

翊灼案此釋不知何人所著發揮相宗義旨甚精也

釋八識義 潛字第六十七 一卷

釋唯心識義 金字第三十三 一卷

相宗散義 月字第九十一 寒字第四十六 陽字第四十三 生字第四十七

珠字第五十一 共五卷

翊灼案右三種皆相宗碎義足資考證

大乘入道次第章 日字第五十 重字第五十一 共二卷

翊灼案此卷係唐智周撰中土久佚日本續藏收惜不全也

無名疏釋 珠字第七十四 柰字第七十六 官字第二十 人字第九十五 共
四卷

翊灼案此四卷文義亦是相宗類惜未能詳攷也

大義章 洪字第五十三 一卷

内題及法師撰

翊灼按晉慧遠有與鳩摩羅什法師問答大乘大義章三卷此不知是否當取
日本續藏收者一校之也

答上問法書 位字第二十 一卷

翊灼案此卷義趣甚精不知何師承答帝問之辭也

斷惑義 文字第一百 一卷

破昏怠法 字字第一 一卷

翊灼案此二種皆大乘散義

禮彌陀彌勒懺文 始字第四十六　一卷

題釋洪秀撰

釋氏雜文稿 宿字第五十　成字第九十八　海字第五十一　字字第五十九

共四卷

義淨三藏碑文 字字第十九　一卷

翊灼案此三卷皆雜稿然可備資參究

無名疏解 結字第四十八　崑字第八十三　柰字第四十　師字第九十七　鳥

字第三十一　制字第四十五　文字第四十一　字字第九十　裳字第五　共

九卷

翊灼案此九卷皆疏釋經論者姑存於此俟後詳考

目蓮入地獄俗文 盈字第七十六　成字第九十六　霜字第八十九　麗字第八

十五　共四卷
八相成道俗文 雲字第二十四　一卷
維摩經俗文 光字第九十四　一卷
佛本行俗文 潛字第八十　乃字第九十二　共二卷
勸戒俗文 鳥字第十　一卷
悉曇頌俗文 鳥字第六十四　一卷
法華經俗文 制字第四十九　一卷
述地獄苦俗文 衣字第三十三　一卷
和戒俗文 推字第二十八　一卷
翊灼案以上九種皆通俗勸導之文也
小乘類
天請問經疏 黃字第十九　一卷

翊灼案此疏發明四諦等義甚精小乘中最要之典也

温室洗浴衆僧經疏 生字第六十八 一卷

翊灼案此隋慧遠所著也釋小乘義極精要惜殘佚甚多

四諦法門經 生字第十 一卷

佛說救疾經 芥字第八十三 一卷

法王經 鹹字第二十六 一卷

五無返復經 制字第六十八 一卷

無常三稽經 辰字第六十三 一卷

翊灼案此五種皆小乘經未詳譯代

佛說犯戒罪報輕重經 裳字第二十七 一卷

四分戒本疏 始字第二十 一卷

翊灼案此二種小乘戒也

三寶四諦 官字第九十三 入字第七十二 共二卷

小乘三科 致字第七十四 龍字第八十二 裳字第六十六 共三卷

小乘部義鈔 洪字第九十 盈字第十 共二卷

翊灼案此皆小乘散義

附錄

觀世音三昧經 餘字第八十 一卷

翊灼案此經見聞錄疑僞類

大辨邪正經 麗字第十 一卷

翊灼案此經托名奘師譯僞也

八陽神咒經 洪字第三十八 一卷

翊灼案此經與藏中收本不同僞也

要行捨身經 張字第六十九 一卷

翊灼案此經見開元錄僞妄類

七階佛名 河字第五十五 帝字第二 共二卷

翊灼案此種周錄入疑僞類

佛說證香火本因經 光字第九十七 一卷

佛說證明經 鹹字第七十七 一卷

勸善經 翔字第二十二 一卷

新菩薩經 師字第二十 一卷

百行章 位字第六十八 一卷

救諸衆生苦難經 乃字第八 一卷

首羅比丘經 陽字第八十七 一卷

翊灼案以上七種文義舛謬皆疑僞類

西藏文經 皇字第七十五 一卷

翊灼未嘗習藏文此卷不能定爲何經姑存於此以俟知者

道家無名經 地字第十七 黄字第八十七 辰字第十七 宿字第五十七 列字第十九 陽字第八十三 露字第四十三 重字第九十五 芥字第九十七 翔字第十四 鳥字第八十四 文字第八十五 服字第四十六 服字第八十九 裳字第三十 位字第三十九 共十六卷

翊灼案此十六卷均道家經典其名未攷

道家儀 麗字第四十七 金字第十八 皇字第二十 共三卷

太上洞元經 列字第十八 一卷

太上一乘海空經 人字第一 一卷

太玄眞一本際經 往字第七十六 一卷

元始上品經 麗字第九十九 一卷

無上祕要道經 珍字第二十 一卷

道家僞經 李字第七 一卷

翊灼案以上七種皆道家

景教經 字字第五十六 一卷

翊灼以種種考證之明此爲景教之經會當別製攷證文以質通士茲不具贅

今秋晤法人歐盧梭君於滬出眎法人伯希和氏所譯此經據云此爲摩尼教經而決非景教謹附識于此 鄧實記

藏外經目

雲臺金石記

秦

秦始皇東海上立石

史記始皇三十五年立石東海上朐界中以爲秦東門漢書地理志東海郡朐班固自注秦始皇立石海上以爲東門闕續漢書郡國志朐劉昭注山海經都州在海中一曰郁州郭璞曰在縣界博物記縣東北海邊植石秦所立之東門

案史記言立石東海上界朐中明非立石朐山也班固亦祇言立石海上劉昭注郡國志朐下一引山海經明指爲郁州一引博物記以爲縣東北海邊考郁州本在漢朐縣東北則始皇立石東海上當爲今之雲臺無疑

後漢

東海廟碑

趙明誠金石錄漢東海相桓君海廟碑云惟永壽元年春正月有漢東海相桓君

又云熹平元年夏四月東海相山陽滿君其餘文字完者尚多大略記修飾祠宇事而其銘有云浩浩滄海百川之宗知其爲海廟碑也鄭樵通志金石略東海祠碑漢永壽五年立洪适隸釋予官京口日將士往來朐山者云海廟一椽不存不復見此刻矣顧藹吉隸辨案碑永壽元年東海相桓君修飾殿宇部掾何俊等欲爲鐫石桓君止之熹平元年後相滿君惜其功績不著乃爲作頌立碑

東海廟碑陰

顧藹吉隸辨一行十七字其文曰闕者秦始皇所立名之秦東門闕事在史記案碑有云□闕倚傾卽此闕也此行尚有拓本流傳

隋

王謨題名

維大隋開皇三年歲次癸卯四月乙亥朔十七日使持節上儀同海州諸軍事海州刺史南陽縣開國侯京兆王謨巡歷至此記後代其詩曰因巡來至此矚海看

波流自茲一度往何日更迴眸

右勒釣臺石壁案王謨隋書無傳隋海州刺史可考者得房恭懿李亮二人是刻爲開皇三年案房恭懿傳開皇初授新豐令政爲三輔最超授澤州司馬遷德州司馬在職歲餘拜海州刺史是其歷官考績頗閱歲時其爲海州刺史當在王謨之後考隋書百官志總管刺史加使持節又上儀同爲從四品開國侯爲正二品王謨殆以總管刺史著功績故勳品較隆歟隋代如樊叔略以汴州刺史加大將軍安定郡公公孫景茂以息州刺史加上儀同三司可證也又案開皇三年十一月甲午罷天下諸郡以州統縣自是刺史名雖存職理一郡而已是刻爲四月尚在未改制以前也

唐

鬱林觀東巖壁記

東海縣鬱林觀東巖壁紀

惟大唐開元七年歲在己未粤正月庚寅朔時大人出爲海州司馬禮當巡屬縣問者疾周覽海甸祭聽訛謠人無事矣乃迴駕惕想眇矚雲山尋紫翠之所登虬龍之道益欲徵靈宅吉洗我塵慮巖巖直上窅窅傍邃霧月與碧海同深霞朝將赤城爭峻代有知而不能至者至而不能賞者賞而不能窮者亟聞我東海縣宰河南元公光發幽躅起予泉石締思搆匠蠲潔形勝遂披叢篁鑿崩壁懸流歕水藏宿雨而時來臥石埋雲觸搖風而不散歷時花木紅紫無名入聽笙簧宮商自合固可爲眞人之別館元始之離宮哉夫登會稽探禹穴慕古長想復何奇乎豈知志在魏闕心遊江海兩忘出處雙遣是非惟元公得之矣攀賞未極列壑生陰促駕言旋攢峯擁騎家君顧而歎曰爾知遊名山勒銘紀者非思入上元道存慮白亦何能造次不遠而爲之吾少事雲林長牽塵迹晚齡心事盡於巖間小子誌之貽夫來者其列座同志次而鐫諸　司馬男清河崔逸文　朝議郎行海州司馬崔惟怦字踐直朝議郎行東海縣令元暧字徽明丞閭朝賓主簿孫克友尉苟

抱僩尉上官崇素司賓寶晏

右崔逸文八分書二十一行行十七字字徑三寸勒故鬱林觀東巖玉壁吳玉搢金石存云唐東海縣鬱林觀東巖壁記海州司馬崔惟怦男崔逸撰不著書人名氏或亦逸筆也今在海州鬱洲山之麓境地幽僻人跡罕至歲久蘚蝕榷拓絕少予宗人麗南僑居東海嘗因遊屐所至獲見是刻掃滌塵翳手錄其文以歸知余篤嗜分隸亟爲余言余慫恿搨之因又言此刻之外尚有宋蘇唐卿篆書石曼卿草書並刻巖間藤蔓菭封頗難識認予聞之益興勃發戊午冬日重錄金石文將畢以不得致此數碑爲憾因作一詩促之明年正月乃先寄摹本俾予入錄覓善工徧搨諸刻以飫余志余案趙氏金石錄目嘗載是記特未及跋尾是此刻曾一入歸來堂中但自趙氏而外迄今絕無知者海上居人如蟻四方遊鬱林者歲不下數千人亦竟莫知山下之有此刻若非麗南之冥探窮搜將益湮沒不復可見而適以益予之不足則尤爲可幸也鬱林觀今已不

存山左右數里居民希少且山石高聳必架木緣絙然後椎搨可施亦大未易
事今案趙氏金石錄引此刻誤作崔文逸顧乾雲臺山志又誤以孫克友爲孫
亨友崔志又誤改記中代有知而不能至之代爲殆今據石刻改正

右鬱林觀東巖壁記海州司馬崔惟怦與東海縣令元曖丞閻朝賓主簿孫克
友尉荀抱簡上官崇素司兵竇晏游賞斯巖而惟怦子逸爲文紀之八分書鑱
諸巖間甚雄偉不著書者姓名疑即出逸手也碑惟見趙錄近代金石家皆未
寓目山陽吳山夫爲予言碑見在海州後廿年嘉善孫山尊令贛榆爲余搨致
其文云晚阾心事盡於巖間阾即齡字之省 潛研堂金石文跋尾卷四

此碑止見金石存及潛研堂題跋至謝啓昆廣西通志收入未見類由以鬱林
二字誤以觀名爲州名耳

宋

海清寺塔柳鑾記碣

維天聖元年歲次癸亥十月辛酉朔八日戊辰建塔都維那柳巒糺化同會弟子
史玩劉仁製郭忻宋聶許志牛智孫璨徐景王肅正韓緒王進劉岳劉巨滔劉翱
新人林澤柳祐己上各備小麥一石米五斗油三觔錢乙百文足潘靖柳遇柳惠
柳逸口口口徐景徐訊相餘慶相興等兩家共備小麥一石油三觔米五斗錢乙
百足修設感聖恩起塔大棻一十三會再會轉化千名赴棻施主每名錢乙百文
足添興釋迦真身舍利阿育王靈牙寶塔竊以此塔鎮在海城靈基山東南角大
唐第二之尊上觀似從天降下迴徹清霄下看似從地湧成寶堂連海求相而千
化撩遶告佛而万瑞分明宿菓等今代遭逢同會者刼末近佛感得皇王萬歲四
塞安甯郡宰千秋庶民康泰積記標鐫永爲不朽者書記俗士牛景寫碑俗士牛
道甯同建塔助緣僧海清宗沼德長宗玠文忠宗詵道圓懷珪功德主僧宗傳造
塔都料泗水成守元鐫

石碣在大村東北海濤寺塔內西壁長約二尺文十九行僅闕數字蓋塔成而

爲施捨修齋之記也中間齋作斋繚繞作撩遶萬作⿱艹品皆當時俗士所稱宿菓
謂宿有因果耳

海清寺塔紀會記碣

南贍部洲大宋國海州東海縣造塔維郍柳巒伏爲建造阿育王眞身舍利寶塔
將發願心紀會縣界

右碣似募榜嵌塔内東壁廣三寸長尺許文二行未載年月案建塔在天聖元
年則此榜必落成時同勒石者

海清寺塔盛延德等記碣

朐山縣西山東保上林村施主盛延德與闔家眷屬等謹捨淨財壹百貫文囗於
東海縣海清寺舍利塔上同添修建同付勝刊上祝皇帝皇太后萬歲重臣千秋
文武官寮保安祿位次願延德闔家眷屬等朝納百祥常逢善友謹錄眷屬題名
如後　盛延德男忠信次男忠恕亡過妻解氏三娘妻劉氏一娘　男婦魏[illegible]三

娘井氏八娘次男婦張氏一娘女二姑三姑孫女不採右件眷屬等謹具題錄如
前口石爲紀以陳不朽之道更望先亡久遠不口口途苦早登菩提之彼岸時皇
宋天聖三年十一月十八日記沛國子朱湘書長安鄧文吉鐫　奉化界弟子曾
榮眷屬等天聖二年正月內設供僧八百五十人天聖三年設供僧九百人天聖
五年設供僧一百人共計壹千八百五十人天聖五年四月十日記
右二記在塔內東壁同刻一石石高尺廣倍之前記十七行眞書後記四行行
書

海清寺塔縣令蘇可久等記碣

東海知縣碑

朝散大夫行東海縣令蘇可久捨鈴一口輒七百三十三口資薦亡妣亡父妻蔡
氏捨輒一百五十口追薦亡妣亡父捨鈴一口追薦亡男二郎長女蘇氏三娘捨
鈴二口保扶父母將仕郎守東海縣尉兼主簿事王淳並妻劉氏共捨鈴二口大

甎三百□天聖六載歲次壬辰六月一日題記手分倪忠書

右碣嵌塔內西隅壁高二尺許額曰東海知縣碑記六字三行文十一行並眞書案記內題名先妣而後父幼高而長卑當非知縣縣尉所記蓋委諸手分倪忠書而刻之者

海淸寺塔單和記碣

南贍部洲大宋國海州懷仁縣東南保興新村淸信弟子單和並合家眷屬等共發宏心捨錢壹百千□□□貫足同修東海舍利塔弟一給今合家有名者單和亡妻許氏六娘妻趙氏一娘男文習男文政男文志男文贍婦六氏八娘趙氏三娘林氏四娘楊氏二娘孫男仁美仁貴仁安仁順仁福□□鄭留猗屎謝婆孫男鄭氏三娘管氏四娘臧氏一娘張氏四娘蔣氏二娘孫男王公巧哥馿年天聖十年正月□日記

右碣在塔內東壁文十行額間尚存倒書八九字結體酷似聖敎序蓋前代碑

版爲宋人磨滅倒刻此記殊可惜也文中驢作駉級作給亦爲乖迕

懷珪題名

懷珪記

右刻在鷹遊山文剝蝕不具案海清寺塔天聖元年碣有僧懷珪名當是一人

故附於此

祖無擇三言詩刻

清原王公袞君章武功蘇唐卿致堯范陽祖無擇擇之

起驚濤放溟渤披宿莽履蝹蚴愒盤石解簪紱挹飛泉醒心骨揮高論謝俗物思

古人自終日足飲酣清思逸即絕壁試奇筆千萬年蒼苔沒後有人爲吾拂　宋

慶歷甲申歲秋七月辛卯朔擇之文致堯筆君章刻

右文十二行行七字字徑八寸篆書勒鬱林觀東巖下大石東面吳玉搢金石

存文此刻在開元七年崔逸東壁記之側歲月遠久苔蘚侵蝕人莫能識且巖

石高險難於椎拓故世遂絕少傳本予廣搜古今墨搨垂二十年宗人麗南始以告予郁洲僻在海壖非宦遊孔道故博雅好古之士皆不得一躡屩其地而居其旁者多樵夫牧豎縱日過其下又漫不省爲何物故三君之名雖與山石並永然雨淋日炙蓬堁蔽翳亦幾與未嘗鐫勒者等予既獲見亟錄一通編入古今篆刻之次雖未必能如昌黎之於峋嶁石鼓歐陽子之於庶子泉銘一經揚扢奕世不泯倘得藉三公之靈使予之綴集賴以不朽或亦終不至湮沒失傳耳

楊公持題名

鄭圃楊公持公承東朐譚亨父同遊大觀丁亥

右文三行共十八字字徑三寸眞書勒石延年詩刻後

石延年詩刻

上躋師子石下有濯纓泉石崖對鐫磨唐宋留二賢大暑日不到銀河傾九天花

氣曉薰谷春風如佩懸坐久捐埃塵冠弁斯冷然　石曼卿賦此詩狀此景窮寫
勝概曲盡其情而無石刻以爲之紀好事者記於州之永安寺壁而慮其歲月深
遠頹毀不存今刊於此以永其傳蓋將託是詩以不朽焉丁亥十月譚亨甫題
右文五行行十字後譚亨甫題六行行十二字字徑二寸五分眞書勒故鬱林
觀東巖下大石南面案曼卿詩刻宜列余授前因磨崖爲大觀丁亥故列於此

劉居實題名

通判海州劉居實德充案行屬部過妙雲觀登師子嵓至鬱林觀少息投宿海清
宮重和二年仲春十有一日
右文五行字徑三寸行書勒故鬱林觀石壁在宋四士題名後案是年十一月
改元宣和故仲春猶稱重和

適野亭記

適野亭記

雲臺金石記　七

宋提督京東路水陸軍馬范榮撰

將之臨邊謀敵國也必曰境土復而兵罷侵疆歸則兵弭神州赤縣厥今安在是固擁貔貅總水中龍虎專閫者宜蚤夜相與以謀焉可也乃燕閒遊息之地必寓意以寫其忠意之誠則適野亭其志矣惟亭因山薙草而有補於國之大事夫豈爲登山懷遠飲酒高會謂從軍之樂欲遵海而南也哉此爲捲黃腄兼曲阜淸敵壘於海岱之間以稱夫職分當然之寄者己知此則茅茨之下亦籌邊之所也高平侯志在於是而其從事李庚遂名之此耳嗣事者幸無媿鄙旹有宋隆興二年秋八月二十有三日記

右在鳳凰山麓案記中所稱高平侯考宋史隆興元年詔以鎮江御前司統制魏全守海州以時考之疑卽魏全此記撰於隆興二年八月考宋史是年七月金人索海泗唐鄧四州地宋遺盧仲賢報之仲賢至宿州布薩忠義懼之以威仲賢惶恐以忠義遺三省樞密院書來張栻奏仲賢辱國八月胡銓上書言海

泗今之藩籬咽喉也彼得海泗且決吾藩籬以瞰吾室扼吾咽喉以制吾命據此則是時疆場多事非燕閒遊息時記中言亭因山薙草又言茅茨之下亦鬱邊之所其志可知案是年十月魏杞如金許割四州則所謂捲黃腄秉曲阜清敵塵於海岱之間者亦爲虛語矣又案名此亭者爲從事李庚考紹興十二年進士有李庚字長子臨海人歷官監察御史知袁州有集號詅癡符自紹興十二年至隆興二年已二十二年不應仍爲幕職此或別一李庚也

趙東題名

湻祐壬子仲秋上弦郡守漢中趙東明叔郡丞北海王琩君玉遵流而東巡歷至此訪臺浦之遺跡玩扶桑之朝暾剔苔讀詩慷慨弔古臨風秉筆聊以紀歲月云

省客蒲纓口植立甫三山陳贇楚客古莒劉津濟川北海周國華實夫長子旦次興孫侍

右勒釣臺側案壬子爲宋理宗淳祐十二年元憲宗二年趙東王琩等俱無考

宋理宗紀淳祐四年知海州者爲周岱趙東其繼岱者歟是時當李全於忙兒弄兵之後猶能剗苔讀詩具此勝情又元憲宗紀三年三月攻海州戍將王國昌逆戰於城下敗之獲都統一人距趙東題名時纔七月未知東在行閒否史文不具莫能考也因歎士大夫受命巖疆或雅歌服人或清談誤國固未可同年語矣

宋四士題名

宋四士嘗登山　石林虞仲子水石草堂道人無礙居士芝臺翁

右刻前一行六字篆書字廣二寸長三寸後四人每一人爲一行行書字徑五寸勒鬱林觀東壁唐隸後案題名無年月篆書宋四士嘗登山蓋在金元間宋之遺民所題故隱其姓名篆法古勁行書亦佳

石林虞仲子題名

右刻只石林虞仲子五字行書與前刻筆法相似但差小耳勒東壁下石面横

書

亢之等題名

亢之同來　祖睍　同遊

右刻三行亢之同家爲一行祖睍爲一行同遊爲一行字徑三寸半行書勒石林慮仲子題名東石面上案筆法亦與前刻相類雖別一石若遙相應但石堅刻深全無剝泐不知祖睍下何以空而不書也

金

宋蟠題名

縣令淇水宋蟠伯升父蒼梧房眞子正彭鑄壽元陳汝霖濟卿僧普照德誠行深同遊介侍父縣令偕行大定甲午夏四月十有五日

右勒釣臺側案甲午爲金世宗大定十四年宋考宗淳熙元年是時海州屬金考金史地理志海州有朐山贛榆東海漣水沭陽五縣宋蟠題名在釣臺殆東

海縣令歟又按宋蟠唐州志作審蟠近得舊搨本辨爲是宋非審故改正

五龍聖泉題勒

五龍聖泉　承安二年　襲封千戸下缺

承安金章宗第三改元

雲臺金石記不著撰人從雲台山志金石門鈔出而稍加整理所采石本均据目睹惟秦東門漢東海廟碑兩條似据古書采入然楊大瓢鐵函齋書跋言其弟楚萍客海州時親見李斯篆秦東門三字唐陶山海州志載海州有秦刻在海濱潮落時乃可見吳平齋有東海廟碑及碑陰殘字雙鈎本陽面存十二字與隸釋同陰面十七字止闕一字亦爲徵實餘如鬱林觀記祖無擇詩爲金石存訪碑錄所收至隋開皇摩崖始見此紀予所臧拓本亦止此三種則撰集出自名家可知江蘇屬邑之石刻上元句容宜興三邑之外無與比矣江陰繆荃孫